PAUL DESMARAIS

Couverture
- Conception graphique:
  Katherine Sapon
- Photo:
  M. Ponomareff
  Pono Presse

DISTRIBUTEURS EXCLUSIFS:

- Pour le Canada:
  AGENCE DE DISTRIBUTION POPULAIRE INC.*
  955, rue Amherst, Montréal H2L 3K4 (tél.: 514-523-1182)
  * Filiale de Sogides Ltée

- Pour la France et l'Afrique:
  INTER FORUM
  13, rue de la Glacière, 75013 Paris (tél.: (1) 43-37-11-80)

- Pour la Belgique, le Portugal et les pays de l'Est:
  S. A. VANDER
  Avenue des Volontaires, 321, 1150 Bruxelles
  (tél.: (32-2) 762.98.04)

- Pour la Suisse:
  TRANSAT S.A.
  Route des Jeunes, 19, C.P. 125, 1211 Genève 26
  (tél.: (22) 42.77.40)

DAVE GREBER

PAUL DESMARAIS

un homme et son EMPIRE

Traduit de l'anglais
par
Normand Paiement

LES ÉDITIONS DE
L'HOMME

Données de catalogage avant publication (Canada)

Greber, Dave

Paul Desmarais, un homme et son empire

Publ. aussi en anglais sous le titre: Rising to Power

Comprend un index

ISBN 2-7619-0707-8

1. Desmarais, Paul, 1927- . 2. Power Corporation of Canada.
3. Hommes d'affaires-Canada-Biographies. I. Titre.

HC112.5.D47G73 1987   338'.7'4'0924   C87-096394-5

Édition originale: *Rising to Power*
Methuen Publication
ISBN 0-458-811904

Bibliothèque nationale du Québec
Dépôt légal — 3ᵉ trimestre 1987

ISBN 2-7619-0707-8

À mes parents, Max et Gertrude Greber, de la part de leur fils qui a, lui aussi, renoncé à la carrière d'avocat.

REMERCIEMENTS

La rédaction de ce livre a été possible grâce à une subvention du Conseil du cinéma et des arts littéraires du ministère albertain des Affaires culturelles. Je tiens à remercier la directrice du Conseil, Ruth Frazer, ainsi que les conseillères Katie Daniel et Judy Hayman, pour l'appui, l'encouragement et l'enthousiasme qu'elles ont su me prodiguer.

Je souhaite également exprimer ma reconnaissance à Betty Palik, Janet Kask et Stuart Robinson, tous trois membres de la section montréalaise de l'Association canadienne des rédacteurs à la pige, ainsi qu'à Barb Giacomin et à Marv Beaman d'Ottawa, qui ont su rendre moins pénibles les nombreuses heures de recherche et de solitude passées dans ces deux villes.

À eux seuls, les noms des personnes qui ont préféré garder l'anonymat, mais qui ont été pour moi des sources précieuses d'information, suffiraient à remplir un ouvrage entier. Qu'elles habitent Montréal, Toronto, Ottawa, Sudbury, Calgary ou Vancouver, je tiens à les remercier ici de leur aide, tout comme celles qui n'ont pas craint de parler ouvertement. Ma gratitude s'adresse en particulier à Jean Pelletier, Françoy Roberge, Ron Lebel, la regrettée Amy Booth, David Schulman, Stephen Jarislowsky, Peter Brieger, David Cruise, Allison Griffiths, Roberta Walker et V. Jeanne Kaufmann, qui m'ont entretenu tour à tour des divers sujets traités dans cet ouvrage.

Mes assistantes, Maxine Dilney et Kate Yorga, ont su réunir à la fois la somme des informations déjà recueillies et effectuer des recherches de dernière minute alors que j'en étais à la phase de

9

rédaction du manuscrit. Je les remercie de leur aide inestimable, ainsi que Sharon Irven d'Ottawa, Shelagh Kenny-O'Rourke de Toronto et Bill et Sue Sass d'Edmonton.

Mes plus sincères remerciements, également, au Dr Hawley Black, à Gillian Steward et à Cal Booth, qui sont gentiment accourus à ma rescousse lorsque mon ordinateur est tombé en panne.

Mais les efforts de toutes ces personnes seraient demeurés vains sans la patience, le soutien et la collaboration de Tanya Long, de Methuen Publications, et de Natalie MacLean et de ses associés, de l'Advisory Group. Je remercie également Greg Cable, qui était l'éditeur de Methuen lorsque je soumis mon projet, et sans qui ce livre n'aurait jamais vu le jour.

Enfin, je tiens à remercier Somigo MacLean, dont le soutien moral m'a permis de garder mon sang-froid lorsque c'était nécessaire.

PRÉFACE

Les grandes choses, mère, naissent des plus petites.

Dave Edmunds

Ne lui en déplaise, Paul Desmarais est un être absolument fascinant. Il est fait de cette étoffe dont sont bâties les légendes: aujourd'hui à la tête d'un empire aux multiples ramifications évalué à plusieurs milliards de dollars, il a débuté en 1951 en sauvant de la faillite une petite compagnie d'autobus criblée de dettes.

Il ne faudrait toutefois pas oublier qu'au sommet de la pyramide sur laquelle règne Paul Desmarais se trouve la société dont il est à la fois le président-directeur général et l'actionnaire majoritaire; Power Corporation du Canada. Il est originaire de Sudbury, en Ontario, mais sa compagnie, dont le siège social est situé à Montréal, a déjà étendu ses tentacules partout dans le monde. Avec le temps, «Paul Desmarais» et «Power Corporation» sont devenus synonymes pour la majorité des gens.

En fin de compte il sera question, tout au long de cet ouvrage, du pouvoir. Celui qui s'exerce non seulement dans le monde des affaires, mais dans tous les domaines. Ceux qui le détiennent ne peuvent agir sans tenir compte des autres, mais il est évident que certains d'entre eux sont plus influents. Le cas de Paul Desmarais est un exemple de la façon dont se répartissent les pouvoirs dans notre société.

Ce livre a été rédigé sans l'accord de M. Desmarais. Son refus de collaborer ne m'a toutefois pas empêché de poursuivre ma tâche;

11

quand on s'est mis en tête d'étudier un modèle grandeur nature (et même plus grand que nature, dans le cas présent), on ne se laisse pas arrêter pour si peu! De fait, ce refus m'a ouvert plus de portes qu'il ne m'en a fermé. J'ai beaucoup appris sur Paul Desmarais en explorant le passé — le sien et le nôtre — au cours des nombreuses heures que j'ai consacrées à faire des recherches et des interviews à Montréal, Toronto, Ottawa, Sudbury et dans ma ville natale de Calgary. Cet homme a beau s'entourer de toute la discrétion voulue, la somme des informations qui le concernent est phénoménale. De toute évidence, il ne peut s'empêcher de créer d'importants remous sur son passage...

J'ai eu, par conséquent, le plaisir de recueillir des informations intéressantes dans tous les domaines et de m'entretenir avec diverses personnalités du monde des affaires, de la finance, de la Bourse ou du journalisme, et qui toutes connaissent ou ont connu Paul Desmarais: des amis, des anciens associés, des ex-employés et même des détracteurs. Tous se sont montrés très aimables et m'ont offert ouvertement leur collaboration, mais la plupart ont préféré garder l'anonymat, certains exigeant même une garantie écrite à ce sujet. J'ai, bien sûr, respecté mes engagements à ce sujet. Lorsque c'était possible, j'ai par ailleurs cherché à corroborer les informations recueillies.

Cette enquête menée dans les coulisses du pouvoir s'est révélée très instructive. Elle m'a permis non seulement d'apprendre comment Paul Desmarais était devenu l'un des hommes les plus puissants du pays, mais aussi de lever le voile sur les intrigues nombreuses qui se trament dans les coulisses du pouvoir, et qui font appel aux plus hautes qualités de chef, de stratège et de tacticien qu'un individu puisse posséder, ainsi qu'à sa grande perspicacité qui lui permet de voir plus loin que ses concurrents.

Vous avez sous les yeux le résultat de cette enquête. Puissiez-vous en retirer une meilleure compréhension du monde des affaires, du pouvoir et de l'argent. Puisse ce livre vous permettre aussi de mieux connaître le Canada et ses habitants, ainsi que Paul Desmarais et son empire économique.

Dave Greber
Calgary, Alberta

PREMIÈRE PARTIE

L'homme

CHAPITRE PREMIER

Qui est Paul Desmarais?

«Alors, quel crime a-t-il commis?» me demanda le chauffeur. Il attendit quelques instants, puis répéta sa question avec impatience. Le ton de sa voix me tira de ma rêverie et me ramena à la réalité de ce taxi surchauffé de Montréal.

Tout me paraissait, en cet après-midi de mars, si triste, si détrempé et si loin de mes Rocheuses natales! La neige avait commencé à fondre et les ornières débordaient d'eau boueuse.

Le chauffeur avait entamé la conversation et j'avais commis l'erreur de lui avouer que je faisais des recherches sur Paul Desmarais. Partisan de l'analyse sociale de l'école balzacienne, qui veut que «derrière toute fortune se dissimule un crime», il se mit aussitôt à dénigrer l'homme qui préside aux destinées de Power Corporation.

Je n'avais que Paul Desmarais en tête, à tel point que c'en était devenu une obsession. Je m'efforçais d'établir une distinction entre l'homme (né en Ontario en 1927, il vit maintenant au Québec, mesure 1,88 m et bégaye à l'occasion) et sa légende (il est passé maître dans l'art de brasser des affaires). J'essayais de faire la différence entre l'homme (il possède un sens aigu des affaires, il sait prendre la mesure des gens et il agit d'instinct) et le mythe qu'il est devenu (il réussit tout ce qu'il entreprend). Mais c'était peine per-

15

due; j'aurais eu plus de facilité à rassembler les pièces d'un casse-tête éparpillées au-dessus du pays.

Ce que j'avais appris au cours de mes recherches me permettait néanmoins d'affirmer que, derrière toute fortune, se trouve un être qui possède une détermination inébranlable. Ceux qui réussissent en affaires connaissent mieux les règles du jeu et sont plus habiles que leurs concurrents. Il n'y a là rien de malhonnête ou de déloyal. Mais quand on fait des généralisations, on tend malheureusement à oublier ce genre de détails.

«Quel crime Paul Desmarais a-t-il commis?» répondis-je en tentant de rassembler les informations que je possédais sur ce dernier.

Il sait se montrer perspicace, résolu et tenace. Il s'est contenté de réussir dans ce qu'il entreprenait et le succès lui a conféré un certain pouvoir auquel il a pris goût au point de vouloir s'en attribuer davantage et de tout mettre en oeuvre pour y arriver.

«C'est comme si vous me demandiez si Wayne Gretzky a vendu son âme au diable pour devenir le meilleur joueur de hockey du monde!» fis-je en haussant les épaules.

Ma réponse ne sembla guère l'impressionner. Pour ma part, j'étais fasciné par le personnage de Paul Desmarais. J'avais entrepris cette enquête après avoir suivi les traces d'hommes d'affaires connus: Carl Icahn, les frères Belzberg et Rupert Murdoch, qui tous, malgré des débuts modestes, avaient réussi à bâtir des empires financiers tout en accumulant d'immenses fortunes personnelles. Je dois avouer que Paul Desmarais est de loin le plus fascinant. À titre de PDG et d'actionnaire majoritaire de Power Corporation, il règne à la tête d'un conglomérat évalué à plusieurs milliards de dollars. Or, il lui a suffi d'investir un dollar en 1951, et de ne cesser depuis de réinvestir les profits réalisés, pour bâtir un véritable empire.

Sa fortune personnelle, qui se situe quelque part entre 500 et 600 millions de dollars, provient des intérêts qu'il détient dans Power Corporation. Il est relativement facile d'évaluer la situation financière de Paul Desmarais puisque Power Corporation est tenue par la loi de publier annuellement un rapport sur ses activités. Paul Desmarais détient en effet un peu plus de 32 p. 100 de la totalité des actions de Power et environ 61 p. 100 des actions avec droit de vote, ce qui lui assure la mainmise sur la compagnie.

Évaluée à 1,5 milliard de dollars, Power Corporation détient ou dirige à son tour quantité d'autres sociétés d'une valeur encore plus considérable. Les analystes financiers ne s'entendent d'ailleurs pas sur la valeur des avoirs de Power; sous l'impulsion de Paul Desmarais, Power et ses filiales ont procédé à un nombre si effarant d'acquisitions, de ventes et de réorganisations de sociétés que les chiffres varient pratiquement d'une semaine à l'autre! Une estimation raisonnable permet néanmoins de situer aux environs de 45 milliards l'ensemble des avoirs placés sous la tutelle de Power Corporation, mais il y a gros à parier que cette estimation ne tiendra plus au moment où vous lirez ces lignes. La seule chose qui ne changera pas, c'est l'argent, qui continuera de s'accumuler dans les coffres de Power Corporation. En 1986, les bénéfices nets de la société totalisaient près de 238 millions de dollars, contre 152 millions en 1985.

Ces chiffres confirment que Paul Desmarais est à la fois riche et puissant. C'est d'ailleurs la seule chose sur laquelle tout le monde s'accorde quand on parle de lui. Très peu de gens se soucient de savoir qu'il a eu soixante ans le 4 janvier 1987, qu'il est marié à Jacqueline Maranger depuis 1953 et qu'ils ont quatre enfants: Paul, André, Louise et Sophie.

D'un bout à l'autre du pays, l'idée que l'on se fait de Paul Desmarais dépend de la position que l'on occupe dans l'échelle sociale. Hommes politiques, membres de conseils d'administration et hauts dirigeants d'entreprises connaissent mieux que quiconque la vraie nature du personnage; après tout, ne lui sont-ils pas souvent redevables des hautes charges qu'ils occupent pour avoir appris sous sa gouverne ou grâce à sa bienveillance les rouages du monde du pouvoir et de l'argent? D'autres hommes d'affaires prétendent le connaître personnellement, sans doute dans l'espoir de se voir auréolés d'une parcelle du prestige qui entoure le gratin de la finance. Pour les tâcherons du monde des affaires, Paul Desmarais est une légende. Pour l'homme de la rue, ce n'est qu'un nom parmi d'autres.

C'est à peine si on le connaît dans les cercles financiers de l'ouest du pays. Il ne joue aucun rôle majeur dans l'industrie pétrolière, même si l'une des filiales d'une société placée sous la tutelle de Power détient d'importants intérêts dans le domaine énergétique.

À Toronto, il étonne: on conçoit mal qu'il soit possible de réussir sans l'aide des financiers de Bay Street! À Montréal, on évoque son nom avec un mélange de respect et d'admiration, mais il arrive aussi qu'on le prenne à tort pour un membre de la famille Des Marais, qui a longtemps dominé les cercles politiques et financiers de Montréal, et qui jouit également d'une grande estime. Dans le milieu francophone des affaires, il est LE modèle à suivre, à tel point que les universités du Québec ont décerné plus de diplômes en administration des affaires (MBA), au cours des cinq dernières années, que toutes les autres universités canadiennes réunies. Et ces diplômés sont en train de chambarder les normes établies en matière de dynamisme économique au Québec.

À Ottawa, l'image que l'on présente de Paul Desmarais dépend, non seulement de l'importance de la personne à qui on en parle, mais aussi du nombre d'années qu'elle a passées dans les officines gouvernementales ou dans les bureaux d'entreprises. Selon le cas, les gens d'Ottawa considèrent que Paul Desmarais: a) est à l'origine de la Commission royale d'enquête sur les groupements de sociétés créée en 1975, et dont les conclusions ont donné lieu à une série de mainmises sans précédent dans l'histoire du pays; b) est l'un des propriétaires de journaux francophones qui ont fait l'objet d'une enquête de la part de la Commission Kent sur la concentration de la propriété dans le domaine de la presse; c) est très lié au Parti libéral; d) est très lié au Parti conservateur depuis que Brian Mulroney, son protégé, est devenu premier ministre. En réalité, Paul Desmarais est tout cela à la fois.

Et à Sudbury, sa ville natale, où il entreprit son ascension vers les plus hauts sommets du monde des affaires, les amis de la famille et ceux qui s'y connaissent en affaires ont gardé de Paul Desmarais un souvenir plein de tendresse, de respect et d'admiration. Ces gens-là sont fiers de celui qu'ils considèrent comme l'un des leurs qui a réussi. Il faut s'y attendre un peu; après tout, Paul Desmarais est issu d'une des premières familles de pionniers du nord de l'Ontario, une de ces familles prospères de classe moyenne nées avec le désir de réussir.

18

Comme beaucoup d'autres villes canadiennes, Sudbury a cependant beaucoup changé en 40 ans. La population a fortement évolué et la plupart des nouveaux habitants de la ville ne savent rien de Paul Desmarais.

La plupart des Canadiens ignorent d'ailleurs son existence. Il arrive à certains de se faire une vague idée de ce qu'il est quand les médias, à l'occasion, évoquent certains personnages fortunés et influents du pays: Paul Desmarais devient alors «ce type de Montréal qui est riche à crever». Ce dernier ne se plaint d'ailleurs pas de la situation; l'anonymat relatif dont il jouit lui procure une certaine sécurité, même si on ne passe jamais tout à fait inaperçu et si on n'est jamais totalement en sécurité lorsqu'on est le grand patron de Power Corporation. Car, ne lui en déplaise, Paul Desmarais est un personnage public. Et il doit en payer le prix: au cours des 20 dernières années, il a dû faire face à des menaces d'enlèvement et d'attentat à la bombe, à des tentatives d'extorsion de fonds, aux déclarations hostiles de groupes marxistes, au ressentiment des indépendantistes québécois, etc.

Parce qu'il est discret et peu enclin à parler en public, Paul Desmarais entretient mystère et confusion autour de sa personne. Mais derrière le mythe et la légende on trouve un homme d'une grande intelligence, qui agit avec beaucoup d'assurance et d'élégance sur une scène économique aux dimensions de la planète. Il n'est guère exagéré de dire que Paul Desmarais est un diplomate de la haute finance.

Il y a quelques années, il a sans doute entrepris la première série de mainmises au Canada. Il a alors fait l'acquisition, progressivement et à des prix souvent dérisoires, d'entreprises que, depuis 1979, les nouveaux venus dans le domaine s'arrachent à une cadence effrénée et à des prix exorbitants. Lorsqu'il se lançait à l'assaut d'une compagnie, Paul Desmarais le faisait avec habileté, calme et diplomatie, à l'abri des regards indiscrets des journalistes et des retombées parfois négatives d'offres d'achat indésirables. Il n'a pas cessé d'accroître la valeur de son patrimoine, mais il procède toujours à son rythme, à sa manière et à ses conditions.

Si la chance joue indéniablement un rôle dans la réussite de tout être humain, elle sourit à plus forte raison aux personnes de la trempe de Desmarais qui savent mettre leurs talents en valeur, canaliser leurs énergies et celles de leur entourage, concevoir des projets à court et à long terme et tout mettre en oeuvre pour les réaliser, et qui ne craignent pas de prendre des risques tout en demeurant patients. Paul Desmarais possède de toute évidence l'étoffe d'un gagnant et c'est ce qui lui a permis de se hisser jusqu'aux plus hautes sphères de l'économie canadienne.

Son intelligence et son habileté font de ce financier un être particulièrement intéressant. Comme la majorité d'entre nous, il n'a reçu ni pouvoir ni fortune en héritage; il a simplement consacré ses talents et ses énergies à les acquérir. Il est cependant loin d'être infaillible et il lui arrive même de manquer de courage. Mais il sait ce qu'il veut et comment l'obtenir.

Paul Desmarais fit ses débuts dans le monde des affaires en reprenant à son compte la compagnie d'autobus que possédait sa famille; l'entreprise n'était guère rentable et avait sérieusement besoin de gestion professionnelle. En 1968, soit 18 ans plus tard, il se retrouvait à la tête de Power Corporation, un modeste conglomérat évalué alors à 250 millions de dollars. Il a, depuis, consolidé amplement sa position et n'a cessé d'édifier son empire. De telles réalisations ont pour effet de réveiller les ambitions qui sommeillent en chacun de nous: pourquoi ne nous serait-il pas possible d'en faire autant?

Pourquoi pas, en effet? Au fond, il suffit peut-être de bien analyser les rouages du système et de les mettre en pratique au bon moment. Mais il nous manquerait encore un ingrédient: la volonté, le désir intense de se battre et de réussir.

Qu'est-ce que le désir de réussir? Demandez à ceux qui font l'ascension de l'Everest, ou qui laissent tomber leur sécurité d'emploi pour écrire, peindre ou faire de la musique. Demandez à celui qui se lance en affaires, au coureur de marathon ou à celui qui embrasse une cause et la défend envers et contre tous. Chacun à leur manière, tous vous répondront que la vie est plus excitante lorsque vous donnez à vos rêves et à vos ambitions la chance de se réaliser.

C'est le plaisir intense de relever les défis dans la joie, de jouir d'une plus grande vivacité d'esprit, de ressentir une poussée soudaine d'adrénaline dans ses veines. C'est aussi le courage de prendre des risques et de jouer le jeu à fond. Celui qui veut sortir gagnant doit d'abord apprendre les règles du jeu et préparer sa stratégie, puis se jeter dans le feu de l'action en faisant appel à toutes ses ressources. Il prend ensuite le temps de savourer sa victoire, de recharger ses batteries, de définir son prochain objectif, puis il se lance à nouveau dans la mêlée, vise de plus gros enjeux, court de plus grands risques et va toujours de l'avant.

Le succès conférant aux joueurs droit de cité parmi les autres joueurs, c'est par ses victoires répétées que Paul Desmarais gagna leur admiration. Le jeune homme dégingandé qui avait connu la victoire loin des cercles d'influence, dans sa petite ville natale de Sudbury, est devenu le maître incontesté dont les autres joueurs attendent les directives. Ses premières victoires, aux enjeux limités, lui permirent d'élargir son champ d'action tout en consolidant ses positions; puis, le succès menant au succès, il fut admis à un niveau supérieur de compétition et ses gains, d'abord modestes, firent rapidement boule de neige.

Ses premiers succès attirèrent bientôt sur lui l'attention de personnages nettement plus influents et plus prospères que lui. Paul Desmarais prenait ses responsabilités au sérieux: il s'acquittait à temps de ses obligations et, par-dessus tout, savait accepter les victoires et les défaites avec la même bonne grâce — du moins en public, où l'image de soi que l'on projette a une importance capitale. L'élite reconnut qu'il avait l'étoffe d'un champion et elle l'invita à pénétrer dans son cercle fermé. Car si les classes dirigeantes ont constamment besoin de sang neuf, elles ont aussi besoin de se rassurer en gardant à vue les meilleurs éléments de la société.

Plus Desmarais se révélait digne de confiance, plus il lui était loisible d'étendre son influence et d'accroître sa richesse personnelle. Il acquit ainsi peu à peu le pouvoir suprême: celui d'échapper à l'influence de ses pairs et de leur dicter ses propres directives. Il est d'ailleurs l'un des rares hommes d'affaires à posséder à la fois la puissance et la richesse. La première règle du pouvoir veut en effet

21

que, si vous n'en faites pas usage, vous risquez tôt ou tard de le perdre et de vous retrouver aussi impuissant que le commun des mortels, quelle que soit par ailleurs l'étendue de votre fortune.

À ses débuts, Desmarais se mit à fréquenter des personnalités comme Jean-Louis Lévesque, E. P. Taylor, Max Bell, Fred Mannix et Roy Thomson. Ces géants de l'establishment canadien s'y connaissaient en matière de richesse et de pouvoir; ils lui apprirent à tirer les bonnes ficelles et l'introduisirent dans les cercles d'influence.

C'est là qu'il fit la connaissance de ceux qui lui permirent d'entrer dans le feu de l'action ou qui lui firent l'honneur d'écouter ce qu'il avait à dire. Les gens placés au sommet de la pyramide sociale se sentent parfois bien seuls et ils ne dédaignent pas, à l'occasion, de prêter une oreille attentive aux idées originales et même d'inviter leur brillant promoteur à siéger aux conseils d'administration de leurs entreprises. Paul Desmarais eut droit à de tels privilèges.

Il fit donc son entrée dans des cercles où il lui importait non seulement de se faire connaître, mais aussi de mettre en avant ses talents; si on ne lui offrait pas sa chance, il serait tôt ou tard exclu du cercle du pouvoir. Cette constatation tend à réfuter l'idée que l'on se fait très souvent d'un Paul Desmarais self-made man. La réalité veut plutôt qu'il ait atteint les sommets avec l'aide précieuse d'un certain nombre de personnes bien placées.

Desmarais est fils de ses oeuvres dans la mesure où il a su dénicher les bonnes occasions et les bonnes personnes pour le seconder, et où il n'a pas craint de courir des risques lorsqu'il le fallait. Mais il est évident qu'on ne peut réussir à partir de rien. Le cow-boy solitaire, qui triomphe envers et contre tous, n'existe que dans l'imagination des scénaristes et des romanciers; dans la réalité, il n'aurait aucune chance de survie.

Lorsque la première occasion se présenta, Paul Desmarais saisit la chance d'exercer ses talents; le destin joua en sa faveur. La seconde règle du pouvoir veut en effet que, plus vous en faites usage, plus vous l'augmentez. En 1968, on put mesurer pour la première fois l'étendue du pouvoir de Paul Desmarais lorsqu'on lui confia la présidence de la campagne de souscription des Fédérations du

Grand Montréal[1] auprès des compagnies. Cette responsabilité échoit habituellement à une personnalité bien en vue de la communauté et du monde des affaires qui incite les dirigeants d'entreprises et les autres chefs de file de la société à accorder leur appui matériel et financier à la campagne.

À mesure que le pouvoir personnel de Paul Desmarais s'étendait, la légende qui l'entoure prenait forme au hasard des anecdotes parfois savoureuses qu'on racontait à son sujet. Après tout, cet être exceptionnel, riche et influent, ne fait-il pas un peu partie de la famille? Quand on enquête sur Paul Desmarais, on est sûr de pouvoir s'entretenir avec un de ses ex-employés ou un de ses anciens voisins qui se fera un plaisir de vous raconter une anecdote inédite à son sujet.

À titre de président de la Fédération professionnelle des journalistes du Québec, Jean Pelletier s'est opposé à l'achat de Télé-Métropole par Power Corporation en 1986. Il n'a, néanmoins, que des éloges à l'endroit de Paul Desmarais, et les anecdotes qu'il nous a racontées en sont la preuve.

Jean Pelletier a obtenu le Prix du gouverneur général pour avoir le premier rapporté les événements qui se sont déroulés à l'ambassade canadienne à Téhéran, et qui ont permis à des réfugiés américains d'échapper à la colère des intégristes iraniens. À cette époque, Pelletier était correspondant à Washington pour le quotidien *La Presse*, propriété de Paul Desmarais.

En 1986, Pelletier s'opposa vigoureusement à la requête de Desmarais auprès du Conseil de la radiodiffusion et des télécommunications canadiennes (CRTC) de faire l'acquisition de Télé-Métropole et de sa station CFTM, qui alimente le réseau TVA, le principal réseau privé de télévision de langue française au Québec. Non seulement Desmarais possède-t-il *La Presse*, mais il a la mainmise sur trois autres quotidiens et de nombreux hebdomadaires en plus de détenir des intérêts dans divers postes de radio et de télévision du Québec. Selon Pelletier, il est inconcevable qu'un seul homme exerce une telle influence sur les médias. «Desmarais n'est pas du genre à dicter leur conduite aux journalistes», précise Pelletier, qui ne s'objecte pas à ce que le président de Power cherche à étendre son empire. «Mais il n'est pas éternel. Qu'arrivera-t-il le jour où son successeur ou un de ses héritiers décidera de chambarder les règles du jeu?»

Jean Pelletier est le fils de Gérard Pelletier, ex-diplomate et ancien compagnon d'armes de Pierre Elliott Trudeau et de Jean Marchand. Après avoir quitté la vie politique mouvementée des années 60 et 70, Gérard Pelletier avait été nommé ambassadeur du Canada en France. Paul Desmarais avait alors coutume de se rendre à Paris au cours de ses nombreux voyages d'affaires sur le sol européen, et il ne ratait jamais une occasion de rendre visite à son ami Pelletier.

Un jour, nous raconte Jean Pelletier, Desmarais remarqua qu'il avait perdu un bouton de manchette serti d'un louis d'or. Toujours tiré à quatre épingles, il était d'autant plus ennuyé qu'il devait se rendre immédiatement à une importante réunion. L'ambassadeur se fit aussitôt un plaisir de lui prêter les siens. Touché par cette marque d'attention, Desmarais retourna un peu plus tard les boutons de manchette empruntés, et y joignit le louis d'or restant en guise de remerciements.

Tous ceux qui le connaissent s'accordent sur ce point: l'argent ne l'a jamais rendu mesquin. Il en use pour son plus grand plaisir et celui de sa famille, mais jamais au point de se laisser corrompre. Ses enfants recevaient de l'argent de poche mais, dès qu'ils étaient en âge de travailler, ils devaient se trouver un emploi d'été pour payer leurs petites dépenses. Par ailleurs, Paul Desmarais et sa femme sont amateurs d'art et, si une oeuvre retient particulièrement leur attention, ils n'hésiteront guère à lui faire une place dans leur collection, l'une des plus importantes du Canada en matière d'art paysager et d'oeuvres impressionnistes et réalistes.

Ainsi, on raconte que, peu avant d'effectuer un voyage d'affaires à New York, Desmarais demanda au cadre qui l'accompagnait d'acheter des actions de la compagnie avec laquelle il comptait faire des affaires. Au cours de la réunion, on annonça que la compagnie était la cible d'une offre publique d'achat. Les administrateurs se retirèrent aussitôt pour préparer la contre-attaque. Ennuyés par ce contretemps, Desmarais et son compagnon décidèrent de terminer leur séjour à New York en s'offrant un repas dans un grand restaurant.

Se rappelant soudain l'achat d'actions effectué plus tôt le matin, Desmarais demanda à son compagnon de s'enquérir de leur valeur auprès de leur courtier. L'homme s'exécuta et découvrit, non sans surprise, qu'elles avaient augmenté leur valeur de 1,5 million de dollars en l'espace de quelques heures à peine. Visiblement satisfait, Desmarais ordonna qu'on les vendît sur-le-champ et demanda l'addition. En route vers l'aéroport, il passa devant une galerie d'art et s'arrêta pour y jeter un coup d'oeil; il en ressortit avec deux oeuvres évaluées à plus de 250 000 dollars.

L'argent n'est pour lui qu'un moyen de satisfaire ses besoins et d'atteindre ses objectifs; mais c'est un outil de première importance qui lui permet de prendre une part active aux changements qui s'opèrent dans la vie économique et sociale du pays et du monde entier.

Il faut dire que Desmarais a été initié tôt au jeu du pouvoir. Mais s'il a pu être le témoin de l'influence exercée par les membres de sa famille sur sa petite ville natale de Sudbury, il lui a néanmoins fallu apprendre à exercer sa propre influence.

Vers la fin des années 60, il avait déjà réussi deux coups de maître au Québec et il était sur le point de quitter le milieu strictement francophone des affaires pour accéder à l'échelon national quand Charles Bronfman, qui désirait acquérir un terrain appartenant à Desmarais, se mit en rapport avec ce dernier. Desmarais invita Bronfman à discuter de l'affaire à son bureau de Montréal.

Bronfman se présenta à l'heure convenue et fut introduit dans la salle de conférence où l'attendait Desmarais. Les rideaux étaient tirés et l'éclairage tamisé. Desmarais était assis à un bout de la table et baignait dans le halo de la lampe placée à ses côtés. Bronfman dut s'avancer dans la pénombre jusqu'à son hôte.

Cette mise en scène fit comprendre à Bronfman qu'il n'était pas maître de la situation. Desmarais, le nouveau venu dans les cercles de la haute finance, usait de tactiques propres à ce milieu pour se placer habilement aux commandes. Bronfman était en quête d'un service et Desmarais lui apportait, symboliquement, la lumière.

Ajoutons que les deux hommes sont devenus depuis de bons amis et qu'il leur arrive même d'unir leurs efforts pour des affaires importantes. Desmarais détient d'ailleurs un siège au conseil de Seagram, la distillerie qui forme le coeur de l'empire des Bronfman, et Charles Bronfman siège pour sa part au conseil de Power Corporation.

Desmarais, soit dit en passant, n'a pas inventé la technique du «halo de lumière». Le millionnaire albertain Max Bell, un important actionnaire du Canadien Pacifique, en avait fait les frais quelques années plus tôt. Propriétaire d'un quotidien de Calgary dont les bureaux et les presses se trouvaient sur un terrain appartenant à Marathon Realty, une filiale du CP, Bell refusait l'augmentation substantielle de loyer qu'on lui proposait. Bien décidé à obtenir gain de cause dans cette affaire, il alla trouver Rod Sykes, alors directeur de Marathon à Calgary, et qui devint par la suite maire de cette ville.

Sykes, dont les pouvoirs étaient beaucoup moins étendus que ceux de Bell, accueillit ce dernier dans ce qui préfigurait le fameux «halo de lumière». Ceci eut pour effet de renverser les rôles. Convaincu que cette augmentation serait à l'avantage des actionnaires, Sykes réfuta les arguments et les menaces à peine voilées de Bell. Ce dernier dut abandonner la partie; plus tard, il ne manqua pas de faire l'éloge de Sykes devant le conseil du CP!

Comme Bell et Desmarais avaient fait connaissance par l'intermédiaire de financiers tels que E. P. Taylor, Jean-Louis Lévesque et Roy Thomson, il n'est pas impossible que Bell ait raconté sa mésaventure à Desmarais, et que ce dernier en ait tiré une leçon. C'est d'ailleurs ce qui fait le génie de Desmarais et le distingue de ses pairs: il tire un profit étonnant de toutes ses expériences et il a le don d'aller droit au but et d'évaluer rapidement à qui il a affaire. Son père disait de lui qu'il pouvait lire un bilan avec autant de facilité que d'autres lisent un roman: à la fin, il connaissait l'histoire et la situation exacte de la compagnie! D'autres estiment qu'une simple visite lui permet de se faire une idée des forces et des faiblesses d'une entreprise.

Son génie lui permettrait même de se faire une idée de la situation mondiale et de discerner, parmi les nouvelles tendances du marché, celles qui seront les plus profitables. S'il sait ainsi tirer des leçons du passé, c'est qu'il est féru d'histoire et qu'il s'intéresse tout particulièrement à la biographie des personnages qui, en dépit de leurs origines modestes, se sont hissés au faîte de la puissance et de la gloire.

Fréquentant à son tour les hautes sphères du pouvoir, il a désormais accès à des sources d'information privilégiées, ce qui lui donne une vision du monde des affaires dont peu d'entre nous peuvent se prévaloir. Il a ainsi pu dîner sous la tente en compagnie du cheik Yamani d'Arabie Saoudite, avoir un entretien avec le Shah peu avant la révolution iranienne et même discuter capitalisme avec les dirigeants chinois. Il a siégé à divers conseils d'administration à Paris, Genève et Bruxelles et il a eu des entretiens avec certains présidents et premiers ministres.

Paul Desmarais perçoit donc le monde à sa manière et agit en conséquence. Il ne se contente pas de suivre le courant. Parce qu'il est l'un des hommes d'affaires canadiens les plus structurés et les plus au fait de ce qui se passe dans le monde, Paul Desmarais fait indéniablement partie de la race des pionniers dans le monde des affaires et de la finance du pays.

NOTE

1. Désormais connues sous le nom de Centraide, les Fédérations du Grand Montréal ont fusionné en 1974. *(N. D. T.)*

CHAPITRE 2

Le maître du jeu

La valeur des intérêts de Paul Desmarais dans Power Corporation du Canada se situe entre 500 et 600 millions de dollars. Cette richesse impressionnante est répartie entre les diverses sociétés privées de placement que détiennent les membres de la famille Desmarais. On peut schématiser comme suit les liens qui unissent Paul Desmarais à Power Corporation:

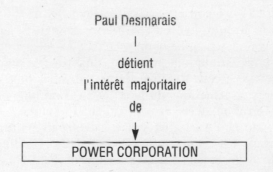

La société Power Corporation, dont le siège social est situé à Montréal, est un holding, c'est-à-dire une société financière qui possède les actions d'autres compagnies et qui dirige leurs activités. Elle ne manufacture donc aucun bien et ne fournit aucun service. Elle se contente d'investir dans des compagnies manufacturières et de services déjà existants. Elle est évaluée entre 1,3 et 1,5 milliard de dollars uniquement en vertu des intérêts (généralement sous forme d'actions) qu'elle détient dans ces compagnies. Elle n'est par conséquent que la pointe d'un iceberg financier estimé à 45 milliards de dollars et réparti sur trois secteurs industriels et commerciaux: le secteur des produits d'emballage et forestiers, le secteur des communications et celui des services financiers (qui comprend un réseau de sociétés de placement au Canada et à l'étranger).

En 1984, les renseignements recueillis en vertu de la Loi sur les déclarations des corporations et des syndicats ouvriers démontraient que Paul Desmarais, par l'intermédiaire de Power Corporation et de ses sociétés de placement privées, détenait des intérêts dans pas moins de 160 compagnies canadiennes! Ce nombre est passé depuis à 120, par suite de restructurations et autres remaniements qui permirent au conglomérat de conserver son dynamisme et sa vitalité. On trouvera le schéma de l'empire de Paul Desmarais à la figure 1.

Ses deux fils, Paul et André, sont vice-présidents de Power Corporation et respectivement présidents de Corporation Financière Power et de Gesca Limitée, deux filiales de Power Corporation. À titre de président du conseil de Power et d'architecte de l'empire, Paul Desmarais père conserve toutefois le pouvoir ultime de décision, du moins jusqu'au jour où l'héritier présomptif, Paul Desmarais fils, prendra la relève pour de bon.

Selon une estimation prudente, les divers placements de Power permettent à cette dernière de brasser pour plus de 200 milliards d'affaires en Amérique du Nord et en Amérique du Sud, dans les Antilles, en Angleterre et en Europe de l'Ouest, sans oublier l'Afrique, l'Asie et l'Australie, grâce à des partenaires européens regroupés depuis 1981 sous la tutelle de Pargesa Holding S. A., une filiale dont le siège social se trouve à Genève. Paul Desmarais a par ailleurs conclu des ententes avec le gouvernement chinois, et il compte en faire autant avec les Soviétiques. Peut-être réussira-t-il là où Napoléon, un de ses héros préférés, a échoué, c'est-à-dire dans la conquête de la Russie.

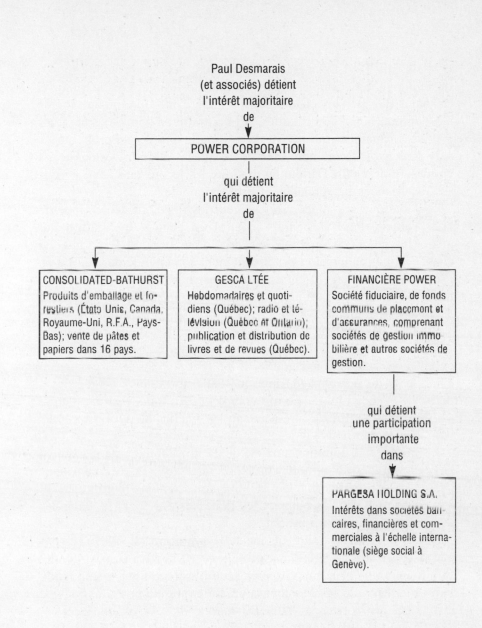

Paul Desmarais
(et associés) détient
l'intérêt majoritaire
de

POWER CORPORATION

qui détient
l'intérêt majoritaire
de

CONSOLIDATED-BATHURST
Produits d'emballage et forestiers (États-Unis, Canada, Royaume-Uni, R.F.A., Pays-Bas); vente de pâtes et papiers dans 16 pays.

GESCA LTÉE
Hebdomadaires et quotidiens (Québec); radio et télévision (Québec et Ontario); publication et distribution de livres et de revues (Québec).

FINANCIÈRE POWER
Société fiduciaire, de fonds communs de placement et d'assurances, comprenant sociétés de gestion immobilière et autres sociétés de gestion.

qui détient
une participation
importante
dans

PARGESA HOLDING S.A.
Intérêts dans sociétés bancaires, financières et commerciales à l'échelle internationale (siège social à Genève).

Figure 1

31

En fait, Paul Desmarais a l'envergure nécessaire pour conquérir le monde. Sa position lui permet, tant sur les plans économique et financier que personnel, d'avoir une vue d'ensemble et un champ d'action pour ainsi dire illimités. Au contraire de nombreux hommes d'affaires canadiens qui rêvent de transactions à l'échelle internationale sans avoir la moindre idée de ce qui les attend, Desmarais est en mesure de mettre partout en pratique les leçons qu'il a su tirer de ses expériences personnelles et professionnelles.

Alors que ses concurrents suivent les règles du jeu comme de bons soldats, Paul Desmarais agit tel un général qui définit lui-même les règles de sa stratégie. Parce qu'il a toujours su tenter sa chance au bon moment et tirer habilement son épingle du jeu, il a pu passer du stade de petit entrepreneur obscur à celui de figure dominante du monde des affaires, dont la seule ambition est désormais de conquérir le monde.

Il serait simpliste de prétendre que l'argent demeure sa motivation essentielle. Même si tant de pouvoir et de richesses lui procurent une satisfaction certaine, il ne faudrait pas sous-estimer la complexité du personnage, imbriqué dans un système économique, politique et social lui-même fort complexe. Au fond, Paul Desmarais a simplement su tirer à son avantage les ficelles du système capitaliste dans lequel nous vivons.

Sa véritable ambition aura été de définir librement la place qu'il désirait occuper au sein de l'ordre social établi. En exerçant avec succès cette liberté, il a pu étendre son domaine d'influence et acquérir peu à peu les biens et les richesses qui sont les symboles de la réussite et de la prospérité.

On pourrait craindre qu'une telle ambition, si elle n'est pas maîtrisée, puisse conduire aux pires excès. Mais les forces sociales sont heureusement là pour assurer l'équilibre entre les besoins individuels et ceux de la communauté. Cela explique, entre autres, que le CRTC ait refusé à Paul Desmarais l'autorisation de faire l'acquisition de Télé-Métropole. Compte tenu des intérêts que Desmarais détenait déjà dans le domaine des médias écrits et électroniques au Québec, il n'était pas souhaitable de le laisser y étendre son emprise.

Dans ce cas précis, la dynamique sociale a joué contre lui. Son intention d'améliorer la qualité de CFTM et du réseau TVA n'a pu faire oublier au CRTC que Desmarais détenait déjà une trop large part du domaine des médias et des communications au Québec. À la dynamique sociale, il faut ajouter aussi la dynamique individuelle qui prévient, par le biais de la rivalité, l'accumulation de la puissance et de la richesse entre les mains d'un seul et même individu. Celui qui tenterait de fonder un empire économique auquel tous seraient assujettis serait assuré de connaître un échec en raison des immenses ressources humaines, naturelles et financières qui seraient englouties au moment d'édifier un tel empire.

Les populations, encouragées par de nouveaux chefs de file, se révolteraient inévitablement contre un empire planétaire omnipotent, qui croulerait par ailleurs sous le poids de sa structure administrative. Tôt ou tard, les lois de l'entropie auraient raison d'un tel système.

Il n'y a qu'à suivre l'évolution des conglomérats pour s'en rendre compte. Ceux-ci naissent à la suite de fusions ou d'acquisitions, et s'éteignent lorsque les entreprises fusionnées ne peuvent plus s'imbriquer harmonieusement l'une dans l'autre. Paul Desmarais doit justement sa réussite au fait d'avoir mis ses talents et son dynamisme au service de conglomérats en voie d'effondrement.

S'il est par conséquent douteux que Desmarais puisse un jour conquérir le monde, il n'est toutefois pas impossible que ce soit le genre d'objectif que lui ou tout autre homme d'affaires de sa trempe ait en tête. Un être dévoré par une telle ambition peut vite devenir un personnage légendaire aux yeux du commun des mortels. Surgi du coeur de l'Ontario, notre héros part en toute candeur à la conquête du monde. Chemin faisant, il découvre peu à peu toute la démesure de son ambition. Mais, plutôt que de renoncer à ses rêves et de s'abandonner à l'inertie, il poursuit sa route pour le seul plaisir de l'aventure.

Les héros sont toutefois des êtres plus complexes dans la réalité que dans les légendes. C'est le cas de Paul Desmarais, dont on peut dire qu'il est passé maître dans l'art de jouer au jeu du pouvoir qui se manifeste à tous les niveaux de la société. Sa spécialité consiste à brasser des affaires en usant de son influence; il adore faire bouger les choses et s'enivre du sentiment de puissance qu'il en retire! Ses succès en affaires lui ont d'ailleurs permis de poser sa griffe dans d'autres domaines et de jouir de privilèges réservés aux puissants de la terre. Qu'il s'agisse d'argent, de voyages, d'expériences inédites, de rencontres avec les élites du monde entier, de limousines avec chauffeur, de jets privés, de cartes de membre des clubs les plus sélects, d'oeuvres d'art ou de résidences somptueuses sur des sites exotiques, tous ces privilèges ne constituent pourtant que des symboles de réussite. Ils ne servent, en aucun cas, de détonateur à la motivation.

Le jeu du pouvoir et de l'argent comporte par ailleurs son lot de responsabilités. Et Paul Desmarais est très conscient des obligations morales qui l'engagent auprès de bien des gens: lui-même d'abord, sa famille ensuite, et enfin les actionnaires de ses diverses sociétés, ses clients, ses employés, et les différents organismes chargés de faire respecter les règles du jeu. Mais parce qu'il sait manoeuvrer à l'intérieur des règles établies et se montrer à la hauteur de ses responsabilités, il est digne de porter le titre de maître du jeu.

Un mécanisme d'autorégulation assure en permanence la survie du système. Plus les compagnies dirigées par Desmarais sont rentables, plus sa position est renforcée. Les profits constituant, aux yeux des actionnaires, la meilleure preuve de son efficacité professionnelle, ces derniers lui accordent toute leur confiance en investissant dans ses compagnies ou en s'y procurant biens et services.

Ses réalisations dépassant largement celles du commun des mortels, Paul Desmarais en tire des avantages proportionnels aux efforts fournis et aux risques exceptionnels encourus, même si, de nos jours, les risques pris sont bien moindres que par le passé. Il ne lui est désormais plus nécessaire, comme c'était le cas dans les années 60, de jouer le tout pour le tout pour édifier rapidement son empire. Il se contente en effet d'analyser froidement les offres qui lui sont soumises, pour ne garder que les plus susceptibles de s'intégrer au système déjà en place et d'accroître l'étendue de ses pouvoirs.

Rien ne justifie dorénavant ce besoin d'expansion, si ce n'est que toute entreprise tend, à un moment donné, à acquérir une vie qui lui est propre et à échapper à l'emprise de son fondateur ou de celui qui en hérite. Une sorte de nécessité interne la pousse à croître dans toutes les directions, souvent aux dépens de ses concurrentes, comme si c'était une question de vie ou de mort. Mais tant que Paul Desmarais aura son mot à dire, l'inévitable expansion de Power Corporation se fera à coups de fusions et d'acquisitions à l'amiable. Desmarais déteste en effet consacrer inutilement ses efforts, son temps et ses ressources à acquérir des entreprises contre le gré de leurs dirigeants. Cette attitude lui a valu la réputation d'un homme qui aime voir satisfaites les deux parties engagées dans une transaction.

La plupart du temps, cette réputation est méritée. Du moins si l'on en croit David Schulman, un analyste financier de Montréal, qui estime que les actionnaires restés fidèles à Power Corporation ont considérablement accru leur avoir au cours des années. Par contre, Stephen Jarislowsky, conseiller financier et président de Jarislowsky, Fraser et Cie, ne se gêne pas pour critiquer ouvertement les agissements de Paul Desmarais. M. Jarislowsky, dont la firme gère des placements institutionnels et privés de quelque 14 milliards de dollars, explique le peu d'estime qu'il a pour Paul Desmarais en se référant à une cause que sa firme dut défendre jusqu'en Cour supérieure du Québec avant d'obtenir satisfaction contre Domglas, une filiale de Power Corporation.

L'histoire remonte à 1974, au moment où la filiale en question décida de racheter les 3 p. 100 d'actions encore en circulation de la compagnie Dominion Glass. On offrit 20 dollars l'action à la firme de Jarislowsky et à certains clients de cette dernière, qui détenaient alors des actions de Dominion Glass. Jarislowsky argua, en s'appuyant sur la jurisprudence, que les actionnaires minoritaires, forcés de se départir de leurs intérêts, méritaient une prime de compensation. En 1981, la Cour leur donnait finalement raison; le prix de rachat fut fixé à 30 dollars l'action et Domglas dut également verser 4,60 dollars par action pour les frais.

Jarislowsky en veut à Desmarais pour toutes ces tracasseries, puisque c'est lui, le PDG de Power, qui a décidé au départ de faire de Dominion Glass une compagnie détenue à part entière par une filiale du groupe. Par conséquent, Desmarais est responsable, aux yeux de Jarislowsky, de la tentative de rachat au rabais fondée sur l'impuissance des actionnaires minoritaires.

Mais peut-on vraiment accuser Desmarais de ne pas avoir joué franc jeu en pareil cas? D'une part, tous s'accordent à dire que seule la loi de l'offre et de la demande devrait permettre de déterminer les prix des biens et services. D'autre part, dans le cas présent, il faut bien constater que le marché était trop limité pour permettre de fixer un prix basé sur ce principe sacro-saint. Les règles du jeu pouvaient donc difficilement s'appliquer, d'autant plus que la compagnie mère possédait infiniment plus de ressources que les actionnaires minoritaires pour débattre en justice. Paul Desmarais ou ses lieutenants ont-ils porté des coups bas dans cette affaire? Tout dépend, au fond, de la conception que l'on a du monde des affaires, dont tout l'art consiste, ne l'oublions pas, à exploiter à son avantage les situations qui se présentent.

La Cour ayant penché en faveur des actionnaires minoritaires et la décision ayant été maintenue en appel, pareille argumentation ne pouvait que revêtir une valeur théorique. Dominion Glass fut entièrement absorbée par l'empire Desmarais et les actionnaires dédommagés comme convenu.

Paul Desmarais n'a toutefois pas l'habitude de commettre de tels impairs. On n'en compte jusqu'à présent que deux autres. Ainsi, en 1975, il a raté une belle occasion de mettre la main sur Argus Corporation, une gigantesque société de placement dont le siège social est à Toronto. Lorsqu'il fit l'acquisition de La Great-West, Compagnie d'Assurance-Vie, il dut également payer pour les pots que le perdant, peu enclin à s'adapter aux circonstances, ne manqua pas de casser. Mainmises et acquisitions figurent néanmoins au premier rang des méthodes employées par Desmarais pour étendre rapidement son empire.

C'est en 1951, dans sa ville natale de Sudbury, qu'il entreprit, à l'âge de vingt-quatre ans, son ascension vers les plus hautes sphères du monde de la finance. Il avait temporairement abandonné ses études de droit, car il n'était pas certain de vouloir devenir avocat. Sa famille possédait une compagnie d'autobus qui était assez mal administrée, et il décida de s'en occuper pour passer le temps. Il ne tarda pas à manifester des talents d'entrepreneur, en montrant qu'il était parfaitement capable de mener à bien l'entreprise qu'il prenait en main. Il rationalisa le fonctionnement et l'administration de la compagnie d'autobus, en définit clairement les objectifs et la transforma finalement en entreprise rentable. Son cran et ses connaissances en droit commercial furent à la base de ses premiers succès.

Sa stratégie était somme toute assez simple: avant de poursuivre ses études de droit, il voulait vérifier s'il avait ou non la bosse des affaires. Son plan d'action consistait à tenter de rentabiliser l'entreprise familiale.

À l'âge de vingt-huit ans, il avait réussi à rembourser les 350 000 dollars de dettes de la compagnie, qui disposait de 100 000 dollars en banque et qui pouvait désormais compter sur une administration professionnelle. Une fois l'opération de sauvetage réussie, Desmarais songea à nouveau à terminer ses études de droit. Mais il changea vite d'idée lorsqu'on lui offrit l'occasion de renflouer une autre compagnie d'autobus déficitaire.

Abandonnant définitivement le droit, il répéta ses exploits sur une plus grande échelle. Sa voie semblait désormais tracée: acheter et rentabiliser des entreprises sous-évaluées et mal administrées. De succès en succès, ses placements fructifiaient par bonds prodigieux. Il lui fallait maintenant réévaluer ses ambitions, car il n'avait pas l'intention de recommencer indéfiniment la même chose. Contrairement aux personnes motivées uniquement par l'appât du gain, Desmarais avait besoin de relever chaque fois de nouveaux défis.

Il prenait goût au succès. Il lui fallait donc décider consciemment d'aller ou non de l'avant et, dans l'affirmative, mettre au point des stratégies davantage adaptées à ses nouvelles ambitions. Les occasions d'affaires étant plutôt limitées à Sudbury, il étendit d'abord ses activités aux villes d'Ottawa et de Québec, puis aux provinces de l'Ontario et du Québec. Il commença alors à concentrer son attention sur d'autres secteurs d'activités.

Il se mit également en quête de personnel qualifié, apte à surveiller le fonctionnement quotidien de son empire pendant que lui-même consacrerait de plus en plus d'énergie à en concevoir l'expansion. Ces personnes lui seraient d'une aide inestimable; il s'agirait de partenaires ou d'employés capables de subordonner leurs propres ambitions à celles de Desmarais, ou qui croiraient pouvoir réaliser leurs propres ambitions en lui permettant de réaliser les siennes.

Il a de toute évidence réussi à trouver des personnes compétentes, à leur confier des postes qui leur convenaient et à les motiver. En reconnaissant que des employés fiables et efficaces constituaient sa plus grande richesse, il a tout mis en oeuvre pour leur faciliter la tâche; ceux-ci le lui ont généralement bien rendu. Une autre des qualités de Desmarais consiste à savoir effectuer adroitement les changements de personnel qui s'imposent parfois. Et là, il ne faudrait pas passer sous silence son grand sens de l'égalité: il ne fait aucune distinction de race, de sexe ou de religion lorsqu'il est question de compétence.

Lorsque Paul Desmarais prit en charge l'entreprise familiale qui menaçait de fermer ses portes, il permit aux chauffeurs d'autobus et aux mécaniciens de la compagnie de garder leurs emplois. Ils firent donc preuve de loyauté à son endroit, du moins tant qu'il s'efforçait d'améliorer la situation de la compagnie. Ils trimaient dur et acceptaient de continuer à conduire de vieux autobus pendant que lui s'attaquait aux problèmes d'ordre économique. Pour assurer la viabilité à long terme de la compagnie, il devait s'assurer de sa survie à court terme.

C'est dans ces conditions peu favorables que Desmarais démontra à ses employés qu'ils avaient eu raison de lui faire confiance, alors que les habitants de la ville l'exhortaient à fermer boutique pour limiter les pertes. Il gagna ainsi le respect de ses employés, qui lui restèrent fidèles et continuèrent de faire leur travail même lorsqu'ils recevaient leur paie avec quelques jours de retard ou autrement qu'en argent comptant. La situation n'est guère différente de nos jours, bien que le contexte soit tout autre. Sa réputation de «gentilhomme des affaires» ne se dément jamais, ce qui ne veut pas dire qu'il soit pour autant un mouton. Les témoignages que j'ai recueillis à son sujet (très souvent sous couvert de l'anonymat) font tous état de son élégance et de sa politesse, ainsi que de sa volonté de fer, certes, mais dotée d'un tel degré de raffinement qu'elle n'a nul besoin de recourir à la force pour obtenir ce qu'elle désire.

Il ne s'est évidemment pas fait que des amis en cours de route, et il arrive bien souvent que ses collaborateurs lui servent de paravent contre le monde extérieur. Ils filtrent les visiteurs en éloignant les indésirables, ce qui lui permet de demeurer élégant et poli en tout temps. La tâche difficile de refuser les offres non sollicitées et de repousser au besoin avec fermeté les personnages importuns ne lui incombe somme toute jamais. Ainsi, en 1972, il fit congédier les administrateurs de *La Presse* qui avaient laissé dégénérer un conflit de travail en une grève longue et coûteuse. Il laissa à ses subalternes le soin de faire le sale boulot, cependant qu'il se chargeait d'engager le nouvel éditeur.

Ses collaborateurs sont infatigables et il arrive qu'ils deviennent importuns lorsqu'ils veulent obtenir quelque chose. Son comptable évalue le coût de ses projets et son conseiller fiscal en évalue les conséquences fiscales. Puis, recherchistes, experts-conseils et planificateurs se mettent au boulot. Desmarais écoute les explications et les conseils avec attention, mais c'est toujours lui qui prend les décisions. Il est le patron et, si une transaction lui semble profitable, une armée d'employés remuent aussitôt ciel et terre pour transformer ses désirs en réalité.

N'ayant ni à mettre la main à la pâte ni à s'occuper de détails tels que l'embauche, le congédiement du personnel ou l'achat et la vente de biens et de services, Desmarais passe inévitablement pour un gentilhomme. Ce sont ses subalternes qui transmettent pour lui bonnes et mauvaises nouvelles.

Ainsi, lorsque j'ai demandé à l'interviewer, M. Desmarais m'a fait part de son refus par le biais d'une missive plutôt courtoise. Je me suis donc rabattu sur un des principaux administrateurs de Power, qui demanda, «par précaution», à en discuter d'abord avec le grand patron. La réponse, moins polie que la première fois, se terminait sur ces mots: «Nous ne tenons pas à nous associer à un projet dont nous ne sommes pas les instigateurs.»

En fait, ni Desmarais ni ses subalternes n'ont intérêt à se laisser interviewer. Il est tout d'abord essentiel pour un homme d'affaires d'employer son temps à bon escient. Et dès lors qu'il décide de consacrer du temps à tel projet ou à telle affaire, c'est qu'il est certain d'en tirer parti.

Or, dans le cas présent, Paul Desmarais n'était pas sur un gros coup. La gloire, il l'aurait eue depuis longtemps s'il l'avait voulue. Si l'on considère les rares cas où il a accordé des entrevues, on se rend compte qu'il avait alors un but précis, comme en témoigne le lien qui existe, *grosso modo,* entre ces interviews et certains faits significatifs (victoires ou défaites) de sa carrière.

Il est par ailleurs dangereux de laisser voir son jeu: un de vos concurrents peut fort bien prévoir votre stratégie et vous prendre de court.

Par conséquent, pourquoi risquer de mettre cartes sur table quand vous menez la partie? Bien des gens d'affaires sont d'avis qu'il est préférable d'en dire le moins possible, et cela explique sans doute que je n'aie guère eu plus de succès auprès d'autres collaborateurs de Power.

La loi du silence est d'or pour quiconque détient ou souhaite détenir un jour un poste de commande au sein de l'empire. Desmarais doit son ascension en grande partie à la loyauté de ses sujets. Autant ces derniers (dont d'anciens chauffeurs d'autobus de l'époque de Sudbury) se souviennent de lui avec affection, autant il n'oublie pas ceux qui l'ont aidé en cours de route ou qui ont été méritants.

Dans les années 60, Desmarais n'avait pas encore de chauffeur privé. Un jour, quelques collaborateurs et lui-même atterrirent à l'aéroport de Dorval; incapables de trouver un taxi ou une limousine, ils se rendirent jusqu'à l'arrêt d'autobus, dont la compagnie appartenait à Desmarais, et ordonnèrent au chauffeur de les conduire immédiatement en ville. Celui-ci refusa: son travail consistait à rentabiliser le service en transportant le maximum de passagers payants.

Pointant Desmarais du doigt, un des administrateurs le présenta comme le patron de la compagnie. Mais le chauffeur répliqua, tout en considérant Desmarais, qu'il ne recevait d'ordres que de son répartiteur.

Pour sortir de l'impasse, Desmarais fit réserver sur-le-champ toutes les places disponibles et, à la satisfaction de tous, le groupe put se rendre à destination. En guise de récompense pour avoir respecté les règles du jeu, le chauffeur reçut une promotion accompagnée d'une augmentation de salaire.

Il n'est pas certain que cette anecdote soit véridique, mais elle est néanmoins caractéristique de la façon d'agir de Desmarais. Il sait reconnaître les gestes de loyauté et ne manque jamais une occasion de les récompenser à leur juste valeur: une bouteille de whisky à Noël pour les chauffeurs d'autobus de Sudbury, d'attrayantes options d'achat d'actions pour ses principaux administrateurs, etc.

On raconte d'ailleurs qu'un prêtre a un jour rendu service à Desmarais en lui prêtant la somme nécessaire pour payer les salaires des chauffeurs d'autobus de Sudbury, alors qu'aucune banque ne voulait plus lui faire crédit. Cela explique sans doute qu'il soit aujourd'hui si généreux envers les membres du clergé qui font appel à lui.

Paul Desmarais comprend autant les êtres humains qu'il a le sens des affaires, et c'est ce qui explique sans doute sa formidable réussite. Au début des années 50, il n'était probablement pas conscient de l'importance du facteur humain dans la bonne marche de ses affaires mais, le temps et l'expérience aidant, il a vite appris à ne pas négliger cet aspect des choses. Cette remarquable faculté d'apprentissage, il la doit sans doute à son intense désir de réussir. Aucune distraction, aucun obstacle ne parvient à le détourner de ses objectifs.

Il sait cependant faire preuve de souplesse lorsque les circonstances l'exigent. Ainsi, il renonça volontiers à sa stratégie initiale (qui consistait à remettre sur pied des entreprises mal en point) dès qu'il découvrit une méthode de travail plus efficace et plus rentable. Cette méthode, appelée «mainmise inversée[1]», consiste en la fusion de deux compagnies de tailles différentes, dont la plus petite absorbe la plus grosse avec le consentement de cette dernière. Avec le temps, le répertoire de ses stratégies prit de l'ampleur et lui permit de se hisser au niveau des financiers les plus talentueux. Il avait désormais affaire à des concurrents de taille, ce qui ne fut pas sans lui procurer une certaine satisfaction.

C'est alors qu'il fit la plus importante découverte de sa carrière, celle qui allait le propulser dans les rangs des vrais bâtisseurs d'empires. Il découvrit qu'il n'était pas nécessaire de détenir la totalité des actions d'une société pour avoir la mainmise sur cette dernière. Il suffit en effet de détenir 50,1 p. 100 des actions avec droit de vote et le tour est joué!

Les gens d'affaires distinguent généralement trois choses lorsqu'ils décident d'acheter ou de vendre une compagnie: les capitaux propres ou l'avoir des actionnaires, qui déterminent la valeur de la compagnie; la participation aux décisions, qui est reliée au nombre d'actions assorties du droit de vote; et enfin, la participation aux profits. Pour les investisseurs, cette distinction signifie qu'il existe diverses manières de financer la croissance d'une entreprise. Par exemple, il est possible de vendre jusqu'à 49,9 p. 100 des actions avec droit de vote, ou encore de vendre plus de 50 p. 100 de toutes les actions de la compagnie, et de toujours détenir le poste de commande. En contrepartie, il n'est pas nécessaire d'acheter toutes les actions d'une compagnie pour en prendre la tête.

Inutile de dire que la compréhension de ces principes est fondamentale pour quiconque veut bâtir rapidement un empire à partir d'un modeste capital. Il suffit d'acquérir les intérêts majoritaires de plusieurs compagnies. C'est ce que fit Desmarais, qui apprit en outre qu'il suffit parfois de ne détenir qu'une faible proportion des actions avec droit de vote pour s'assurer de la mainmise sur une compagnie, du moment qu'on en est le principal actionnaire. La raison en est que les grandes sociétés appartiennent souvent à des milliers de petits actionnaires qui, pris individuellement, n'exercent aucun pouvoir de décision. Les experts ne s'entendent toutefois pas sur le pourcentage minimum d'actions nécessaire pour exercer cette mainmise. Notons simplement que, dans la réalité, une compagnie telle que Bell Canada est dirigée par un actionnaire qui détient moins de 1 p. 100 des actions avec droit de vote...

Fort de ces renseignements, Paul Desmarais rassembla toutes ses énergies et toutes ses ressources financières, et il joua son va-tout en faisant l'acquisition de Power Corporation.

Il n'est toutefois pas propriétaire de la compagnie. Il détient à peine plus de 30 p. 100 de toutes les actions en circulation (l'avoir des actionnaires) mais, comme il détient un peu plus de 61 p. 100 des actions assorties d'un droit de vote, il décide, pour ainsi dire tout seul, du sort de Power. (Voir l'annexe A pour avoir un aperçu du fonctionnement d'une société par actions.)

Le capital de Power Corporation se compose de trois catégo-ries d'actions: des actions privilégiées de premier rang, des actions privilégiées participantes à dividende de 3,75 ¢ et des actions com-portant des droits de vote limités. Les premières ne comportent aucun droit de vote mais donnent droit à un dividende cumulatif de 2,375 $ (soit 5 p. 100 de leur prix d'émission de 47,50 $); si, pour une raison quelconque, le dividende n'est pas versé une année, il s'accumule jusqu'au jour où la compagnie sera en mesure de le remettre aux actionnaires. Le rôle des actions privilégiées est géné-ralement de permettre aux sociétés de se procurer des fonds.

Les actions privilégiées participantes de Power Corporation comportent chacune 10 droits de vote et donnent droit à un divi-dende annuel fixe de 3,75 ¢ par action, ainsi qu'à une participation aux profits éventuels. Les actions avec droits limités comportent un seul droit de vote par action et donnent droit à une participation aux bénéfices sous forme de dividendes.

Le tableau 1 donne une idée de la répartition de chacune des catégories d'actions qui composent le capital de Power Corporation. Près de 123,5 millions d'actions comportent un total de 225,4 mil-lions de droits de vote mais, en réalité, il suffit de détenir toutes les actions privilégiées participantes (soit à peine plus de 9 p. 100 de toutes les actions assorties d'un droit de vote) pour s'assurer plus de 50 p. 100 des droits de vote, et par le fait même la mainmise sur la compagnie.

Ainsi, même s'il n'est propriétaire que de 30 p. 100 du capital de Power, Paul Desmarais en détient 61 p. 100 des droits de vote

Tableau 1

Capital déclaré de Power Corporation (au 31 décembre 1986)

Catégorie d'actions	Droits de vote	Actions en circulation	Nombre total de votes
Privilégiées de premier rang	aucun	2 221 195	aucun
Privilégiées participantes	10 votes par action	11 323 804	113 238 040
Comportant des droits de vote limités	1 vote par action	112 166 352	112 166 352
NOMBRE TOTAL: D'ACTIONS AVEC DROITS DE VOTE = DE DROITS DE VOTE = D'ACTIONS =		123 490 156 125 711 351	225 404 392

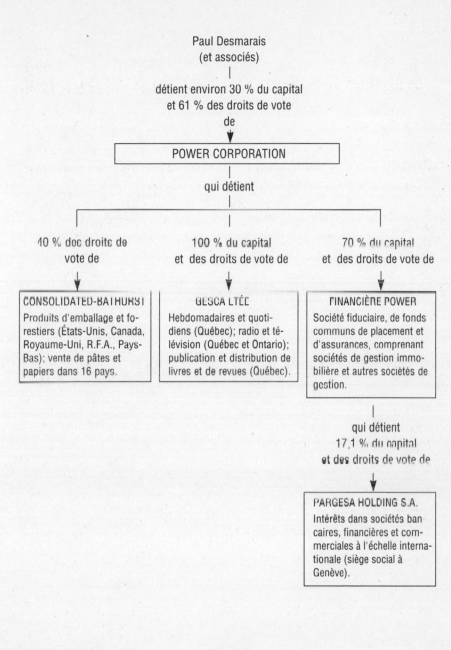

Paul Desmarais
(et associés)
|
détient environ 30 % du capital
et 61 % des droits de vote
de
↓

| POWER CORPORATION |

qui détient
|

10 % des droits de vote de

100 % du capital
et des droits de vote de

70 % du capital
et des droits de vote de

CONSOLIDATED-BATHURST
Produits d'emballage et fo-
restiers (États-Unis, Canada,
Royaume-Uni, R.F.A., Pays-
Bas); vente de pâtes et
papiers dans 16 pays.

GESCA LTÉE
Hebdomadaires et quoti-
diens (Québec); radio et télévision (Québec et Ontario);
publication et distribution de
livres et de revues (Québec).

FINANCIÈRE POWER
Société fiduciaire, de fonds
communs de placement et
d'assurances, comprenant
sociétés de gestion immo-
bilière et autres sociétés de
gestion.

qui détient
17,1 % du capital
et des droits de vote de

PARGESA HOLDING S.A.
Intérêts dans sociétés bancaires, financières et commerciales à l'échelle internationale (siège social à
Genève).

Figure 2

45

par le biais des actions privilégiées participantes et des actions avec droits de vote limités qu'il possède. On retrouvera à la figure 2 le schéma de la structure financière de Power Corporation, qui nous donnera une idée de la puissance de Paul Desmarais.

Il faut bien l'admettre, celui-ci a réussi à mettre la main de façon magistrale sur un actif considérable en ne payant qu'une fraction de sa valeur globale. Depuis qu'il a ainsi acquis Power en 1968, Desmarais n'a cessé, malgré quelques erreurs de parcours, d'accumuler puissance et richesse.

Mais ce que Paul Desmarais a accompli entre 1951 et 1968 devrait nous rappeler que, déjà, il possédait l'étoffe nécessaire pour devenir le maître incontesté du jeu de la finance et des affaires.

NOTE

1. Traduite de l'anglais *reverse takeover*, l'expression «mainmise inversée» est mieux connue sous sa forme anglicisée «prise de contrôle inversée». *(N. D. T.)*

CHAPITRE 3

Au pays des pionniers

Alors qu'il était encore enfant, dans les années 30, Paul Desmarais avait parfois l'occasion d'accompagner son grand-père, Noël Desmarais, qui détenait des droits de coupe dans des régions boisées situées à l'ouest du lac Nipissing. Ils inspectaient alors ensemble les arbres de cette partie du centre de l'Ontario située en bordure du Bouclier canadien.

Le Bouclier est un plateau rocailleux d'une superficie de 4,6 millions de kilomètres carrés, couvert de forêts, qui s'étend autour de la baie d'Hudson et recouvre le Labrador et certaines parties du Québec, de l'Ontario, du Manitoba, de la Saskatchewan et des Territoires du Nord-Ouest. Il date des bouleversements géologiques de l'ère précambrienne. Le roc est composé principalement de granit, matière dure et solide créée par l'intrusion de magmas en fusion (en provenance du noyau terrestre soumis à des pressions et à des températures extrêmes) dans les failles de l'écorce terrestre. Le socle contient également du basalte, autre roche éruptive, qui s'est solidifié à la surface du sol.

Exposée aux glaces de l'Arctique se déplaçant vers le sud, la surface rocheuse fut sans cesse érodée; une fois les derniers glaciers disparus, il resta un plateau accidenté, riche en minéraux, en forêts et en rivières qui se jettent en cascades rapides dans des vallées toutes désignées pour des aménagements hydro-électriques.

Peu après la formation du Bouclier canadien, si l'on en croit les géologues, une pluie de météorites s'est abattue sur le plateau laurentien, situé à quelque 400 kilomètres au nord de la région actuelle de Toronto. Il en est résulté la vallée de Sudbury, au centre de laquelle s'est formé le lac Ramsey. La ville de Sudbury s'étend au nord, au sud et à l'ouest des rives du lac.

Nous sommes au pays des pionniers, là où les bâtisseurs de chemins de fer anglophones et francophones sont arrivés, en 1885, pour se frayer un passage à travers le roc. Ont suivi les trappeurs, les bûcherons, les commerçants et les menuisiers. Riche en cuivre et en nickel, la région attira également les prospecteurs. Elle est reconnue depuis comme l'une des plus importantes régions minières du pays.

Dès l'ouverture des premières mines, les immigrants ne tardèrent pas à affluer tant du reste du Canada que de régions minières d'Europe comme le nord de l'Italie, la Finlande, l'Ukraine, la Pologne, l'Allemagne et la Russie. Nombreuses au début, les petites compagnies minières allaient peu à peu fusionner pour ne plus former que deux géants de l'industrie, Falconbridge Nickel et International Nickel.

De simple relais ferroviaire situé au coeur de ces activités bourdonnantes, la ville de Sudbury est rapidement devenue une dynamique colonie frontalière composée de 30 p. 100 d'anglophones, de 30 p. 100 de francophones et de 40 p. 100 de divers autres groupes ethniques. Tous étaient de rudes travailleurs et bon nombre de ces pionniers s'établirent définitivement dans cette région qui les avait aussi bien transformés qu'ils l'avaient, eux, transformée.

Noël Desmarais fut l'un de ces pionniers qui décidèrent de s'établir dans la région. Habitué, jeune, aux questions d'abattage des arbres, il était arrivé à Sudbury en 1900, âgé de vingt-sept ans; on lui avait confié la supervision de la coupe du bois destiné à la construction de la fonderie de la mine Victoria. Une fois les travaux terminés, il renonça à retourner dans sa ville natale de Buckingham, au Québec, et devint le patriarche de la lignée franco-ontarienne de la famille Desmarais.

Il se lança en affaires mais il ne renonça jamais totalement aux travaux d'abattage, dont il tira de grands bénéfices. Son père, Thomas, l'un des premiers bûcherons québécois, l'avait initié à ce métier dans les années 1870 et 1880. À son tour, Noël faisait de même avec ses enfants et ses petits-enfants. Et c'est ainsi que Paul apprit en sa compagnie, au cours de leurs promenades en forêt, les rudiments du commerce du bois.

Il n'était certes pas question de faire de Paul un bûcheron. Il suffisait de le voir jouer avec les autres garçons de son âge pour constater qu'il était né pour diriger. Il avait toujours un plan en tête ou une idée à proposer. Il deviendrait certainement avocat comme son père, ou il se lancerait en affaires, deux options qui réjouissaient parfaitement sa famille.

Ces marches régulières dans les bois servaient donc à la fois à prendre la mesure des ambitions du jeune Paul et à lui faire comprendre que la chance sourit aux audacieux. Noël Desmarais, qui avait ainsi instruit ses 10 enfants et bon nombre de ses petits-enfants, était persuadé que, en leur transmettant son savoir, il les préparait à affronter le monde.

En quittant le Québec pour Sudbury, Noël avait reçu comme mot d'ordre de son père: «J'ai réussi en faisant mieux que mon père, et je m'attends à ce que tu fasses mieux que moi.» Cette phrase est devenue depuis la devise de la famille. Il était écrit que Paul Desmarais connaîtrait le succès.

Toute sa vie, Thomas Desmarais avait renforcé, par ses paroles et ses actions, la portée de ce message; Noël, le cadet de ses cinq enfants, n'avait pas manqué à son tour d'en faire autant. Né en 1873, ce dernier avait en tête la devise familiale lorsqu'il décida, en 1902, de se lancer à son compte après avoir terminé certains travaux à la mine Victoria. Il savait en effet qu'il ne pourrait faire mieux que son père s'il continuait à travailler pour les autres.

Noël voulut tenter sa chance en ouvrant un magasin général au sud-est de Sudbury, dans une nouvelle région difficile d'accès où les colons dépendaient du monde extérieur. Le matériel et les vivres arrivaient par chemin de fer jusqu'à North Bay, située sur la rive nord-est du lac Nipissing, d'où ils étaient expédiés par chalands vers les autres rives du lac; les colons devaient ensuite les transporter à l'intérieur des terres. Fort occupés à chasser, à bûcher ou à labourer, ils avaient à peine le temps de veiller à ces problèmes d'expédition, mais il leur était également difficile de ne pas s'en préoccuper.

Noël installa son commerce sur les rives d'un des affluents de la rivière French, qui draine le lac Nipissing vers la baie Géorgienne. Situé à 65 kilomètres au sud-est de Sudbury, l'endroit, où se dressaient à peine 5 cabanes, n'était guère accessible. Noël dut y transporter sa femme Roseanne, leurs deux fils, Jean-Noël (le père de Paul) et Gilles, ainsi que tout l'équipement et le matériel nécessaires, sur une distance d'environ 200 kilomètres, en train, en chaland et, finalement, en traîneau à billes tiré par des chevaux.

Il construisit une maison assez grande pour y abriter à la fois sa famille et son commerce. Puis il s'occupa tout à la fois de tenir son magasin, d'élever sa famille et de faire prospérer la colonie; il y avait tant de choses à faire et si peu de gens pour s'en occuper. Ayant compris que sa prospérité et celle de sa famille dépendaient de la prospérité de la région, il prit la tête de sa communauté et transforma la colonie en un petit village florissant, puis en une ville qui allait plus tard porter le nom de Noëlville en son honneur.

Il s'intéressa par ailleurs, sa vie durant, au commerce du bois; ambitieux et toujours le coeur à l'ouvrage, il obtint en 1913 ses premiers droits de coupe. Thomas Desmarais aurait été fier de son fils: non seulement Noël réussit-il en affaires, mais il devint le premier receveur des postes et le premier maire de Noëlville, et il y occupa pendant 35 ans la fonction de juge de paix. Il était toujours l'un des premiers à prendre part aux activités de l'Église, de l'école et de la municipalité et il fut un membre influent des partis conservateurs provincial et fédéral même après avoir franchi le cap des quatre-vingts ans! On le surnomma non sans raison le «bon Samaritain de Noëlville».

Noël Desmarais ne manqua évidemment pas de transmettre la devise familiale à ses 10 enfants, qui connurent la réussite dans des domaines aussi divers que la médecine, le droit, le commerce, la finance, l'industrie forestière et l'agriculture. Certains d'entre eux ont cherché fortune ailleurs mais une partie du Canada français s'est néanmoins enracinée avec eux dans cette région du bouclier canadien et y connaît, depuis, la prospérité.

Une fois leurs études terminées, certains des enfants de Noël, Jean-Noël (avocat) et Gilles (chirurgien), retournèrent pourtant vivre et s'établir dans la région de Sudbury. Lorsque Noël mourut en 1964, à l'âge de quatre-vingt-onze ans, son fils aîné Jean-Noël, le père de Paul, lui succéda à titre de patriarche de la lignée franco-ontarienne de la famille. Le 29 mai 1976, J.-N. (comme on appelait familièrement Jean-Noël) se voyait octroyer un doctorat honorifique en droit à l'occasion d'une cérémonie spéciale qui eut lieu à l'Université Laurentienne de Sudbury. Âgé de quatre-vingts ans, il recevait ainsi les hommages de l'université qu'il avait contribué à fonder. Cette récompense venait couronner la carrière et les efforts d'un homme entièrement dévoué à sa famille et à sa communauté, suivant, en cela, les traces de son père.

Vers l'âge de dix-huit ans, J.-N. avait quitté Noëlville pour poursuivre des études en sciences commerciales à l'Université d'Ottawa et en droit à Osgoode Hall à Toronto. En 1922, son diplôme de droit en poche, il retournait s'établir à Sudbury, décidé à tirer parti du fait que la ville était en pleine expansion. Il épousa la même année Lébéa Laforest, fille de Louis et Emma Laforest, une famille de notables de l'endroit, et ouvrit un cabinet d'avocat dans un édifice appartenant à son beau-père.

Il se consacra à sa famille et à sa carrière durant les 54 années qui suivirent. Il connut la prospérité en dépit de la Dépression, géra divers placements et s'engagea dans la vie de sa communauté. Il siégea entre autres au Conseil des écoles secondaires de Sudbury, au comité exécutif des Soeurs de l'Ordre de Victoria et à celui de la ligue de hockey de la région, et fut pendant deux ans président de l'association de droit de la région. En tant que chef de file de la communauté, il avait ses responsabilités à coeur.

Son sens de l'organisation l'amena également à devenir membre actif du Parti conservateur, et il le demeura toute sa vie. Il fut à l'origine de la victoire de Welland Gemmel aux élections pro-

51

Cinq générations de Desmarais

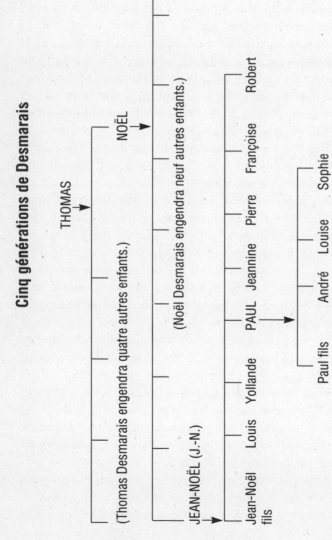

Figure 3

vinciales de 1950, et il apprécia d'autant plus cette expérience que M. Gemmel fut, par la suite, nommé ministre des Mines et Ressources de l'Ontario.

Les enfants de Jean-Noël ne manquèrent d'ailleurs pas de tirer parti des diverses expériences de ce dernier. Aux côtés de leur père qui s'entretenait aussi bien avec les personnages les plus influents de la scène locale qu'avec certains hommes politiques provinciaux et fédéraux, ils apprenaient à coup sûr le fonctionnement du pouvoir et de la politique. Mais ils prenaient également conscience de leur appartenance et de leurs origines. Ardent fédéraliste, J.-N. acceptait l'autorité nominale de l'Angleterre sur le Canada, mais il refusait de renier son héritage culturel français. Il croyait fermement aux vertus d'un pays qui possède deux langues et deux cultures distinctes.

Tel n'était toutefois pas le sentiment de ses compatriotes québécois, dont le développement social, économique et politique semblait s'être arrêté au tournant du siècle. Le clergé tout-puissant et réactionnaire s'opposait à tout changement qui aurait permis de moderniser la société québécoise. En politique, l'Union nationale de Maurice Duplessis ne fit que renforcer cette tendance en exacerbant le nationalisme de la population.

Pendant ce temps, Jean-Noël Desmarais transmettait ses convictions fédéralistes à ses enfants; il utilisait le français à la maison et l'anglais à l'extérieur, et toute la famille était en mesure de communiquer avec les membres des deux communautés fondatrices du pays. Inutile de dire qu'avec un tel bagage culturel, associé aux autres convictions transmises par leurs parents, les enfants de Jean-Noël et de Lébéa Desmarais ont tout naturellement pris goût à la réussite et au succès.

Le jour où leur père se vit remettre un doctorat honorifique, les enfants et les petits-enfants de J.-N. reçurent la confirmation que les efforts consacrés au service de la communauté étaient incontestablement gratifiants. À l'époque où Jean-Noël participa à la fondation de l'Université Laurentienne, il existait déjà de nombreux établissements d'enseignement dans la région de Sudbury, dirigés pour la plupart par des communautés religieuses. Mais seule l'Université de Sudbury détenait le pouvoir de décerner des grades universitaires, dans un nombre par ailleurs restreint de disciplines. La plupart des jeunes désireux de faire des études supérieures se dirigeaient par conséquent vers Toronto, et ils n'en revenaient pas toujours à la fin de leurs études.

Pendant des années, plusieurs institutions avaient tenté en vain de se regrouper pour former une université. Excédé par les piètres résultats de ces efforts, J.-N. décida en 1957 de prendre les choses en main. Il s'entoura de personnages influents, issus de milieux divers, et l'équipe se mit à l'oeuvre. En 1959, après avoir surmonté maints obstacles, elle recevait du parlement ontarien l'autorisation de créer l'Université Laurentienne de Sudbury.

Celle-ci fut constituée en 1960, et J.-N. fut élu vice-président du conseil d'administration, composé en grande partie de ceux qui l'avaient aidé dans ses démarches. Il occupa également le poste de président du comité exécutif (où se prenaient les décisions importantes) jusqu'en 1968. Il avait alors soixante et onze ans et exerçait toujours le métier d'avocat.

Jean-Noël pratiqua le droit de 1922 à 1977; il avait quatrevingts ans lorsqu'il prit sa retraite! En réalité, il se contenta de ralentir ses activités professionnelles, agissant à titre de conseiller principal pour l'étude d'avocats Desmarais, Keenan, Beaudry et Cie et travaillant aux côtés de son fils cadet Robert. J.-N. est décédé en 1983, à l'âge de quatre-vingt-sept ans, après avoir transmis avec succès la devise familiale à ses enfants. Des huit enfants, il ne fait toutefois aucun doute que Paul est celui qui en a le mieux compris et assimilé la signification profonde.

Ses filles Yolande, Jeannine et Françoise ont repris les principes contenus dans cette devise pour contribuer au succès de leurs maris. Son fils aîné, Louis, est associé à une firme de comptables de Montréal; il a été conseiller municipal à Sudbury ainsi que député fédéral de la circonscription montréalaise de Dollard. Il a également occupé diverses fonctions administratives au sein de l'empire de Paul Desmarais durant les années 60 et 70. Jean-Noël fils est radiologue à Sudbury; il a siégé aux conseils d'administration de l'Université Laurentienne et de divers hôpitaux. Membre influent de la profession médicale de Sudbury, il a formé une coopérative qui assure en permanence la satisfaction des besoins de la ville en radiologie. Le ministère ontarien de la Santé a d'ailleurs officiellement reconnu à Sudbury le statut de centre médical régional. Pierre, le sixième enfant, a oeuvré comme cadre supérieur de Transport Provincial, une filiale de Power Corporation, au cours des années 70; il s'est lancé à son compte le jour où Power s'est départie de ses activités de transport. Quant à Robert, le cadet, il est juge à la Cour provinciale de l'Ontario.

Né le 4 janvier 1927, Paul est le quatrième enfant de la famille. À sa naissance, le Canada connaissait la décennie la plus florissante de son histoire. Aux côtés de pays tels que l'Australie, la Nouvelle-Zélande, l'Argentine et le Brésil, le Canada voyait son développement s'accélérer rapidement; tous les espoirs étaient permis.

La population se divisait presque à parts égales entre citadins et paysans, mais la valeur de la production industrielle était presque le double de celle de la production agricole. Un boom spéculatif à l'échelle de toute l'Amérique du Nord ne faisait que confirmer la tendance à l'industrialisation. Des capitaux énormes arrivaient du nord des États-Unis, prêts à être investis, au fur et à mesure que leurs détenteurs constataient, tout comme les capitalistes canadiens, que les industries du pays étaient, au sortir de la Première Guerre mondiale, solides, rentables et relativement peu endettées. Les salaires étaient bas et les produits canadiens fortement en demande, particulièrement dans le domaine des ressources naturelles brutes et partiellement transformées.

Les industries du secteur primaire recueillaient le plus gros des investissements. En tête de liste, on retrouvait l'industrie des pâtes et papiers, qui comptait en 1929 pour 64 p. 100 de la production mondiale. L'industrie hydro-électrique, créée principalement pour satisfaire les besoins de l'industrie des pâtes et papiers, prenait maintenant un nouvel essor grâce à l'électrification rapide des centres urbains. Durant les années 20 seulement, le coût des nouvelles installations électriques se chiffra à plus de 600 millions de dollars[1]. L'exploitation minière prenait de l'ampleur, le développement ferroviaire se poursuivait et la production agricole était stable.

Le secteur manufacturier gagna également en importance. Les

investisseurs canadiens et étrangers contribuèrent à mettre sur pied une infrastructure industrielle dont le coût fut évalué à plus de six milliards de dollars[2]. Cela eut pour effet d'accroître la quantité des biens et services d'origine canadienne tant au pays qu'à l'étranger.

Telle était la situation économique du pays au moment où Paul Desmarais naquit: tout semblait aller pour le mieux dans le meilleur des mondes. Mais cette prospérité apparente reposait en réalité sur des bases bien fragiles. Le secteur primaire se limitait à quelques industries fortement dépendantes de la demande extérieure: l'industrie forestière et celle des pâtes et papiers, l'industrie minière, l'agriculture et la pêche. Nos plus importants clients étaient les États-Unis, le Royaume-Uni et l'Europe. Or, les marchés européens d'après-guerre demeuraient fragiles et un vent de protectionnisme s'élevait de plus en plus aux États-Unis.

Le sort des industries canadiennes était lié à celui de quelques pays étrangers. Si des difficultés d'ordre politique, économique ou social surgissaient dans ces pays, le Canada en subirait inévitablement les contrecoups.

Lorsque le krach boursier de New York se produisit en 1929, les Canadiens ne comprirent pas immédiatement ce qui se passait. Ce qui allait donner naissance à la Dépression des années 30 fut d'abord interprété comme une faiblesse passagère du marché. La correction boursière avait été sévère, certes, mais une légère reprise redonna bientôt espoir aux investisseurs. Ceux qui avaient perdu leur fortune dans l'effondrement des cours n'avaient qu'à se blâmer de leur témérité.

Mais, en juin 1930, la Dépression avait affecté tous les pays du monde, et les exportations canadiennes s'effondrèrent, entraînant dans leur chute le prix des stocks invendus, ainsi que des actions et des obligations. Faute de clients et de rentrées de fonds, bon nombre de compagnies durent fermer leurs portes. De grosses sociétés telles que Canada Steamship Lines, la coqueluche de l'establishment anglophone de Montréal, et le Canadien Pacifique, la société préférée des investisseurs étrangers, subirent également de lourdes pertes. L'industrie des pêches et celle des pâtes et papiers virent leurs marchés se rétrécir considérablement, cependant que les ventes de blé s'effondraient complètement, les prix passant d'un sommet de 1,60 dollar le boisseau en 1929 pour atteindre leur plus bas niveau à 38 cents en 1932.

Les compressions salariales et les mises à pied furent le lot des travailleurs pendant toutes ces années. Le pouvoir d'achat des familles s'en ressentit considérablement. Peu à peu, l'idée qu'on était plongé dans une crise économique majeure s'imposa clairement aux autorités, mais il était trop tard pour mettre en place des mécanismes propres à en atténuer les effets.

Partout, le mot d'ordre des années 30 était de survivre, mais la crise ne frappa pas tous les secteurs industriels et toutes les régions avec la même ampleur. Ainsi, Sudbury ne se trouva projetée au coeur de la Dépression qu'à partir de 1931. Jean-Noël Desmarais appartenant à la classe moyenne des professionnels, sa famille fut relativement à l'abri de la crise. Mais dans une petite ville comme Sudbury, dont l'économie reposait en grande partie sur l'industrie minière, le ralentissement général des affaires n'épargna personne. Durant les années d'enfance de Paul Desmarais, l'optimisme connut son niveau le plus bas dans une communauté où les ambitions ne se limitaient plus qu'à vivre au jour le jour.

Néanmoins, un enfant ne manquait pas d'occasions de faire des expériences enrichissantes à Sudbury. Dans les années 30, la ville comptait environ 18 500 habitants. Pour le jeune Paul, l'aventure commençait aux limites de la ville, situées à quelques minutes à peine de la demeure familiale de la rue Drinkwater.

Les environs immédiats de Sudbury offraient de vastes espaces à explorer, autant d'endroits où commettre des sottises. À cause de leur statut social, les parents de Paul étaient largement connus et respectés dans toute la ville. J.-N. et Lébéa Desmarais ne manquaient donc jamais d'être informés des mauvais coups de leur progéniture, à qui de fréquentes escarmouches entre bandes de francophones et d'anglophones, ou entre bandes de francophones et d'Ukrainiens ne déplaisaient pas. Les parents toléraient volontiers ces débordements d'enthousiasme et d'énergie, mais ils tenaient leurs enfants pour responsables de leurs actes et les éduquaient en conséquence.

Durant la Dépression, le jeune Paul put mieux que jamais se

rendre compte jusqu'à quel point son père et son grand-père étaient des personnes influentes dans leur milieu. On les consultait pour obtenir de l'aide, un conseil, un emploi ou même pour faire débloquer des subventions auprès des politiciens afin de créer des emplois dans la région. Ceux qui possédaient le pouvoir et ceux qui le recherchaient s'entretenaient autour de la table familiale; ces échanges coutumiers semblaient tout naturels pour les jeunes Desmarais, qui apprenaient ainsi peu à peu les règles du jeu du pouvoir en même temps que les convenances, les bonnes manières et l'anglais.

Dans la famille Desmarais, tout le monde avait un rôle à jouer et une tâche à remplir, mais les enfants avaient néanmoins amplement le temps de s'amuser. Dans une ville dont la proportion d'immigrants était forte, chacun devait s'efforcer de respecter l'autre. Paul Desmarais se souvient d'avoir appris tout jeune les lois de la coexistence pacifique: «Il fallait bien que nous nous entendions. Même à mon école, qui était française, on retrouvait plein d'anglophones, d'Italiens, de Finlandais et d'enfants d'origines diverses[3].» Pour préserver la paix, il fallait être tolérant et savoir faire des compromis.

Sudbury étant somme toute une petite ville, il était difficile d'y éviter les mélanges ethniques. Les rapports d'affaires se transformaient inévitablement en rapports sociaux. Certains cousins de Paul portaient, par la force des choses, des noms irlandais, écossais ou européens. C'étaient les liens familiaux qui, au fond, poussaient les gens à faire preuve de tolérance.

Parce que les enfants francophones allaient tous à la même école, il ne leur venait pas non plus à l'esprit de faire des distinctions entre les classes sociales. Une fois plus âgés, ils avaient déjà appris à respecter les autres et savaient qu'on ne se vante pas de son statut social, de sorte que cette question ne faisait pas vraiment problème.

Il en allait tout autrement au Québec, où les francophones se destinaient aux professions libérales, à la prêtrise, à l'agriculture ou au travail manuel, cependant que les anglophones formaient la classe des industriels et des dirigeants qui avaient la mainmise sur

58

le commerce, les affaires et la finance.

Au centre de l'Ontario, une sorte d'égalité régnait alors entre les pionniers qui habitaient à la limite des terres colonisées. Aucune règle établie, aucune tradition ne leur dictait la conduite à adopter. Les choses iraient certes en changeant, les Franco-Ontariens réclamant de nos jours une plus grande reconnaissance de leurs droits mais, dans les années 30, le français n'était qu'une langue parmi d'autres à Sudbury. Les enfants francophones s'y sentaient à égalité avec les autres, et parfois même légèrement supérieurs aux autres si leurs parents avaient le privilège d'appartenir à la bourgeoisie locale. Délivrés du poids de l'histoire, ils n'étaient pas tentés de croire que seuls les «Anglais» avaient le droit de réussir. Il leur arrivait bien sûr de se faire reprocher à l'occasion de parler français, mais les jeunes italophones ou germanophones subissaient le même genre de reproches, de sorte que tout le monde était sur un pied d'égalité.

Cette diversité culturelle a grandement influencé Paul Desmarais. Grâce à l'esprit de tolérance acquis durant sa jeunesse, il a toujours su établir des ponts entre francophones et anglophones. Inutile de dire que cette attitude lui a énormément servi tout au long de son ascension.

Ses études supérieures l'ont également beaucoup aidé, non seulement en lui permettant d'acquérir des connaissances utiles, mais en le mettant aussi en rapport avec d'autres jeunes hommes ambitieux comme lui qui allaient l'appuyer dans l'avenir. Ces liens de jeunesse donnaient à chacun la chance d'évaluer le caractère de l'autre. Lorsqu'ils atteindraient l'âge adulte, ces hommes sauraient en qui avoir confiance et quels pourraient être leurs alliés ou leurs concurrents.

C'est pourquoi les fils des riches anglophones fréquentaient l'Upper Canada College avant de se rendre à l'Université Western Ontario ou à l'Université Queen, deux institutions prestigieuses réservées aux classes dominantes. Leurs équivalents respectifs au Québec étaient les collèges Brébeuf et Loyola, ainsi que l'Université Laval. Les Franco-Ontariens préféraient, quant à eux, l'Université d'Ottawa, une petite université bilingue qui établissait un pont entre les deux cultures du pays et que seuls les jeunes hommes avaient alors le droit de fréquenter. Le père de Paul y avait fait son cours de droit et son frère aîné Louis y étudia aussi quelque temps avant de poursuivre ses études à l'Université McGill. Après avoir terminé son cours secondaire à Sudbury en 1947, Paul Desmarais s'inscrivit à son tour à l'Université d'Ottawa.

Dans cette deuxième moitié des années 40, très peu de Canadiens avaient le privilège de suivre des cours universitaires. Il n'était pas encore question d'universalité en ce domaine et le gouvernement hésitait entre favoriser l'accessibilité aux études supérieures et faciliter le retour au pays des anciens combattants. On comptait 63 550 étudiants à temps plein au Canada[4] au moment où Paul commença ses études. À la remise des diplômes en 1949, il figurait parmi les 1 362 diplômés (dont 71 jeunes filles) en sciences commerciales au pays[5].

Le programme en sciences commerciales de l'Université d'Ottawa avait alors très peu de chose à voir avec les cours en administration des affaires dispensés de nos jours par les grandes universités. Il s'agissait davantage d'un programme d'enseignement général auquel s'ajoutaient quatre cours en sciences commerciales: deux cours de comptabilité générale, un de finance administrative et un de droit commercial. Le programme général comprenait des cours obligatoires de langue et de littérature, de philosophie, de mathématiques, d'économie et de religion, ainsi que des cours au choix en langues, en histoire, en chimie, en géologie, en sciences politiques et en enseignement.

Pareil programme d'études permettait non seulement d'acquérir un solide bagage de connaissances générales, mais fournissait également de précieux outils à tout jeune homme désireux de parfaire ses connaissances, de réussir dans sa carrière et d'imposer son nom, même lorsqu'il ignorait par où commencer.

Une fois son diplôme en poche, Paul songea à faire ses études de droit à Osgoode Hall comme son père. Il pourrait pratiquer le droit quelques années aux côtés de ce dernier, puis reprendre la petite compagnie de tramways que possédait la famille à Sudbury. La compagnie n'avait jamais été vraiment rentable, excepté pendant la guerre, alors que l'usine de la compagnie Inco à Copper Cliff fonctionnait 24 heures sur 24, que les automobiles étaient rares et que le rationnement de l'essence et des pneus obligeait toute la population à utiliser les transports en commun. Dès la fin de la guerre, le nombre de passagers chuta cependant radicalement, et la petite compagnie de tramways parvint à peine à rentrer dans ses frais. Pour la rentabiliser, il fallait une administration professionnelle qui moderniserait la compagnie et la rendrait efficace.

Selon certains, Paul Desmarais aurait décidé, alors qu'il était encore étudiant à l'Université d'Ottawa, qu'il mettrait un jour la main sur le Canadien Pacifique. La légende veut en effet qu'il ait écrit une thèse sur la manière de s'emparer du CP, mais il n'en existe aucun exemplaire aux archives de l'Université et personne n'a pu ou n'a voulu me fournir de renseignements à ce sujet.

En 1986, Desmarais reconnut avoir songé à faire l'acquisition du CP lorsqu'il confia à un journaliste que l'opération ne lui aurait coûté que 50 millions de dollars. On peut donc supposer que le document existe, mais on imagine mal qu'un étudiant de dix-neuf ans ait eu assez d'ambition pour chercher à s'emparer du CP. Sans vouloir sous-estimer l'intelligence de Paul Desmarais, je soupçonne que les adolescents n'ont la révélation de leur destin que dans les mythes et les légendes.

Il est plus probable que Paul essayait simplement de se faire une idée de son avenir. Il pouvait difficilement espérer faire mieux que son père en devenant avocat comme lui, mais rien ne lui interdisait de tenter sa chance en suivant sa propre voie.

À Ottawa, il avait été trésorier de l'association des étudiants; il y avait appris à exercer son influence et s'y était initié au jeu du pouvoir. «Il restait toujours à l'arrière-plan», se rappelle Pierre Genest, un ancien compagnon de chambre de Desmarais qui devint plus tard son associé. «Les candidats à une fonction quelconque devaient obtenir sa bénédiction ou bien ils faisaient mieux d'y renoncer[6].»

Pendant ce temps, une activité fébrile régnait au pays depuis la fin de la guerre. La Première Guerre mondiale avait laissé des séquelles sur les plans économique et social, et on craignait qu'il n'en fût de même après la Deuxième Guerre. Mais la réalité s'avéra moins pénible que prévu. Les programmes de restriction gouvernementaux avaient permis de juguler l'inflation et le rationnement avait forcé les familles à mettre des économies de côté. En 1947, la reconversion de l'économie s'achevait sans heurt.

Une ère de prospérité s'annonçait dans tout le pays. Grâce à leurs économies accumulées, les gens pouvaient maintenant s'offrir des autos, des meubles, des appareils ménagers, des maisons, des vêtements et autres biens durables ou de consommation courante. Après avoir enduré pendant 19 ans les privations causées par la crise économique, la guerre et la période de reconversion économique d'après-guerre, toute la population désirait rattraper le temps perdu.

L'industrie canadienne fut également appelée à répondre à la demande d'une Europe qui tentait de se relever de ses cendres. En 1947, il devenait toutefois évident que l'Europe ne parviendrait pas à se reconstruire toute seule. Les États-Unis mirent sur pied le plan Marshall, qui injecta 12 milliards de dollars en quatre ans dans l'économie européenne. Mais les industries américaines, déjà très occupées à satisfaire les besoins de leur pays, ne parvenaient pas à suffire à la demande extérieure. C'est ainsi que le Canada prit la relève, particulièrement au niveau de la production du bétail, de la viande, du blé, du charbon, des métaux, du bois de construction, des textiles, etc. À nouveau, l'horizon semblait illimité et les gens désireux de se lancer en affaires se laissèrent tenter par l'aventure. La demande était telle que les nouvelles entreprises avançaient à pas de géant. Les emplois ne manquaient pas pour les cadres et les administrateurs de talent, et quiconque le désirait pouvait espérer gravir rapidement les échelons et même atteindre les plus hauts sommets de l'échelle sociale.

Après avoir obtenu son diplôme de l'Université d'Ottawa en 1949, Paul Desmarais entreprit quant à lui des études de droit à Osgoode Hall à Toronto. Mais il lui tardait trop de passer à l'action pour s'éterniser encore longtemps sur les bancs d'école.

Tant de choses se déroulaient dans le monde extérieur! Il suffisait de tenter sa chance pour avoir droit à sa part du gâteau. Pour

Paul Desmarais, la chance se présenta en 1951, lorsque ses parents décidèrent de se défaire de la compagnie d'autobus familiale, une petite entreprise qui essuyait des pertes depuis la fin de la guerre et depuis que la famille avait remplacé ses vieux tramways par des autobus. C'était exactement le genre d'occasion dont Paul rêvait, et il la saisit!

NOTES

1. De telles installations électriques coûteraient de nos jours environ 4,2 milliards de dollars, si on multiplie par un facteur de conversion de 7 le coût de 600 millions de dollars de 1927.

2. Environ 42 milliards de dollars en dollars d'aujourd'hui.

3. Arnopolous, *Voices from French Ontario* (Voix françaises de l'Ontario), p. 160.

4. *Relevé de l'enseignement supérieur*, Statistique Canada, catalogue n° 81-402.

5. *Éducation supérieure au Canada*, Statistique Canada, 1948-1950.

6. Newman, *L'Establishment canadien*, Éditions de l'Homme, p. 78.

DEUXIÈME PARTIE

L'empire

CHAPITRE 4

Les affaires roulent à Sudbury

Paul Desmarais était âgé de vingt-quatre ans lorsqu'il reprit la Sudbury Bus Lines (Compagnie d'autobus de Sudbury), qui succédait à la Sudbury-Copper Cliff Suburban Electric Railway Company (Compagnie de tramways de banlieue Sudbury-Copper Cliff). C'était en 1951 et il en coûtait environ 20 cents pour un pain (1,14 dollar en 1987), cependant que le revenu annuel moyen se situait à près de 2 400 dollars (22 748 dollars en 1987). La dette cumulative de la compagnie s'élevait à plus de 340 000 dollars, ce qui équivaudrait de nos jours à quelque 1,7 million de dollars!

Un groupe d'hommes d'affaires locaux, dont le grand-père maternel de Desmarais, Louis Laforest, avait fondé la compagnie en 1912. Ils entendaient bâtir un réseau de tramways qui desservirait Sudbury ainsi que les mines et les fonderies situées à l'extérieur de la ville. Ils obtinrent la permission de construire deux lignes dans la ville et un embranchement qui devait relier, sur une distance de huit kilomètres, le sud-ouest de Sudbury à Copper Cliff, un petit village situé près des compagnies minières qui employaient le gros des travailleurs de la région.

Les hommes d'affaires espéraient des bénéfices sans cesse accrus de l'exploitation de ce service, mais la réalité fut autre. Ils prévoyaient d'assurer le transport aussi bien des marchandises que des passagers. Le nombre de travailleurs qui devaient se rendre chaque jour à Copper Cliff ou dans les environs était assez élevé, et il en était de même des gens qui avaient besoin de se déplacer dans la ville. Mais les hommes d'affaires espéraient surtout relier Sudbury à l'une des deux compagnies de chemin de fer qui desservaient la ville.

À l'époque, le Canadien Pacifique (CP) et le Canadian Northern (CN) se disputaient le droit de raccorder Sudbury au reste du pays. Fort étendu dans les Prairies, le réseau du CN ne jouissait d'aucun droit de passage dans le nord-ouest de l'Ontario. Les trains du CN devaient emprunter les voies du CP jusqu'à Sudbury, où les rails du CN reprenaient vers l'est en passant par Ottawa. À l'inverse, les trains de marchandises du CN en provenance de l'est devaient emprunter les voies du CP au nord-est de Sudbury avant d'arriver à la gare du CP de la ville, où ils étaient déchargés. Le CN devait acquitter une redevance proportionnelle à la distance parcourue par ses trains sur les voies du CP.

Comme le CP ne manquait pas d'exiger des droits élevés de son concurrent, il en coûtait excessivement cher de faire livrer des marchandises par le CN à Sudbury. Les hommes d'affaires croyaient pouvoir s'enrichir en apportant une solution à ce problème: transporter à moindre coût par tramway jusqu'à Sudbury les marchandises que les trains du CN déchargeraient à la fin de la voie du CN.

La construction débuta en 1913. La voie effectuait un curieux détour au centre-ville, les tramways devant déposer les ouvriers en provenance de Copper Cliff directement devant le magasin des alcools qui, comme par hasard, appartenait à Louis Laforest. La ligne entra en service en 1915. Un seul tramway fonctionnait alors, le manufacturier new-yorkais éprouvant des difficultés de livraison. Pendant quelques mois, le CN dut même prêter à la petite compagnie un tramway appartenant à l'une de ses filiales de Toronto.

L'horaire régulier débuta au printemps 1916, une fois qu'il y eut assez d'équipement pour permettre aux tramways de rouler toutes les demi-heures entre Sudbury et Copper Cliff. Mais il s'avéra rapidement que personne n'allait s'enrichir dans cette histoire. À la suite de difficultés financières, la compagnie Canadian Northern se voyait rachetée par le gouvernement fédéral en 1917. Le nouveau propriétaire s'empressa de modifier tous les projets de la compagnie (qui allait devenir le Canadien National), et le projet d'association avec la petite compagnie de tramways ne vit jamais le jour. Forcée de se rabattre sur le transport des passagers, cette dernière dut lutter pendant des années pour assurer sa survie.

On tenta de céder le service de tramways à la municipalité de Sudbury; la tentative échoua en 1920, malgré des conditions pourtant très alléchantes pour la Ville. En 1927, les pertes de la compagnie se montaient à plus de 4 000 dollars, soit l'équivalent de 28 000 de nos dollars. Il ne resta bientôt plus que deux associés dans l'affaire, dont Louis Laforest, qui légua la moitié de sa participation de 50 p. 100 dans la compagnie à sa fille Lébéa, et l'autre moitié à son fils. Il n'était guère courant de léguer une entreprise à une femme dans les années 30, mais il était encore moins courant de voir une femme racheter les actions d'une compagnie, comme le fit Lébéa à la mort de son frère dans les années 40. À la fin de la guerre, elle racheta également la participation que l'associé de son père avait laissée à ses héritiers et dirigea seule les activités de la compagnie.

La compagnie avait été rentable pendant la guerre à cause de l'activité qui régnait dans les mines et les fonderies de Copper Cliff. Le nombre de travailleurs qui s'y rendaient était si élevé qu'il fallut envoyer deux tramways déglingués au rebut et les remplacer par trois tramways d'occasion qu'on ne prit pas le temps de repeindre et qui portaient les couleurs de leur précédent propriétaire, la société Wilkes-Barre de Pennsylvanie.

À la fin de la guerre, des difficultés techniques empêchèrent la petite compagnie de continuer à prospérer. Rendu désuet par l'usage intensif qu'on venait d'en faire, l'équipement demandait à être renouvelé; mais les coûts de remplacement avaient grimpé énormément, sans compter que certaines pièces étaient de plus en plus difficiles à obtenir. Conçu en 1913, le système n'était par ailleurs plus adapté aux besoins d'une ville qui avait pris beaucoup d'expansion depuis. Tenter d'agrandir le réseau aurait coûté une fortune. Il était encore préférable de remplacer les tramways par des autobus. C'était par ailleurs le désir des élus municipaux de doter la ville d'un service d'autobus moderne sur l'ensemble de son territoire.

Il était donc logique de penser que la famille Desmarais serait appelée à mettre sur pied le nouveau système de transport. Mais des compagnies indépendantes desservaient déjà par autobus les banlieues négligées par la compagnie de tramways. Désirant assurer la viabilité de la future entreprise, les Desmarais voulaient non seulement desservir certaines de ces communautés mais conserver le trajet Sudbury-Copper Cliff. Sinon, il n'était pas question pour la famille de remplacer les tramways par des autobus.

Il s'ensuivit une série de négociations entre les Desmarais et les autorités municipales, ainsi qu'entre les Desmarais et leurs concurrents. La question fut réglée en 1949. Les Desmarais achetèrent les droits de l'importante ligne Sudbury-Copper Cliff ainsi que ceux rattachés à la partie ouest de la ville. Le conseil municipal leur accorda par ailleurs la concession d'autobus pour l'ensemble du territoire de la ville. Les coûteux travaux de reconversion purent donc commencer. On acheta des autobus, on enleva les rails et les installations électriques et on remit les routes en état.

À l'automne de 1950, la compagnie de tramways possédait 33 autobus et s'apprêtait à réorganiser ses activités. Par suite de ces changements, la dette de la compagnie, rebaptisée Sudbury Bus Lines, se chiffrait à quelque 300 000 dollars. Mais la prospérité d'après-guerre n'allait qu'ajouter aux difficultés de la compagnie: bien des gens pouvaient désormais se permettre d'avoir leur auto, et plusieurs s'en servaient pour aller à leur travail.

Les propriétaires de l'entreprise s'adaptaient par ailleurs difficilement aux changements administratifs devenus nécessaires après la reconversion de l'entreprise. Alors que les tramways n'avaient que 14,6 kilomètres à parcourir sur deux routes fixes (la ligne nord-sud croisait la ligne est-ouest qui se rendait à Copper Cliff), les autobus devaient parcourir la ville en tous sens afin d'assurer un service complet aux usagers. Ce n'est qu'à coups d'erreurs coûteuses qu'on put établir quels itinéraires étaient rentables et quels étaient les coûts réels d'exploitation des autobus.

Entre-temps, trois autres transporteurs avaient reçu l'autorisation de prendre des passagers entre certains points de la ville et d'autres situés à l'extérieur, où se trouvaient, entre autres, les compagnies minières Falconbridge et Frood, situées respectivement au nord-est et au nord de Sudbury. Comme aucun accord n'existait à ce sujet entre les quatre transporteurs, les passagers qui devaient changer d'autobus étaient obligés de payer à nouveau. Cette situation allait avoir des conséquences fâcheuses pour les quatre transporteurs.

Dès l'été 1951, tous les problèmes accumulés semblèrent s'abattre d'un coup sur la Sudbury Bus Lines. Bien qu'elle pût rentabiliser son exploitation, la compagnie était incapable de rembourser son énorme dette. Elle avait besoin à la fois d'une injection de capitaux et d'une administration professionnelle. Il fallait en faire une compagnie d'autobus moderne au plus tôt ou elle devrait cesser ses activités.

Jean-Noël et Lébéa Desmarais prirent le parti de limiter leurs pertes et de vendre au plus offrant. Paul, qui venait de rater son examen d'histoire du droit pour la troisième fois (il était féru d'histoire, sauf d'histoire du droit), avait besoin de prendre du recul avant de s'essayer à nouveau. Il persuada ses parents de le laisser s'attaquer aux problèmes de la compagnie pendant ses vacances d'été. Ceux-ci lui vendirent pour la somme symbolique d'un dollar la petite compagnie d'autobus qui allait lui permettre d'édifier son empire.

Les efforts de Paul Desmarais pour rentabiliser la compagnie font désormais partie de la légende. Il consacra toutes ses énergies, en dépit du scepticisme général, à renflouer puis finalement à rentabiliser l'entreprise, et ses anciens dénigreurs se vantent à présent d'avoir su dès le départ qu'ils avaient affaire à un génie.

Ainsi Pete Lafontaine, ancien employé de Desmarais et aujourd'hui chauffeur à la Société de transport de la ville de Sudbury, déclare: «Une fois les problèmes réglés, la compagnie fonctionnait mieux que jamais. L'équipement de la compagnie, le moral de l'équipe, tout allait vraiment mieux depuis qu'il avait repris l'affaire.»

Au moment où Desmarais prit les affaires en main, la compa-

71

gnie ne générait pas assez de revenus pour faire simultanément face aux coûts d'exploitation et au fardeau de la dette. Elle jouissait par contre d'un avantage non négligeable: tant que les autobus roulaient, l'argent rentrait régulièrement! Il fallait donc garder les autobus assez longtemps sur la route pour trouver un moyen d'augmenter les revenus ou de refinancer la dette. Mais s'il était relativement facile de définir la voie à suivre, les choses se compliqueraient sans doute lorsque viendrait le temps de passer à l'action.

Malgré les conseils de ceux qui l'exhortaient à voir la réalité en face et à fermer ses portes, il s'entêta à poursuivre ce qu'il avait entrepris. Tiré à quatre épingles, il planifiait, au bureau de la compagnie, les horaires et les itinéraires ou négociait le prix des pneus, de l'essence et des pièces de rechange. Puis il se rendait au dépôt d'autobus, y revêtait une salopette et donnait un coup de balai, nettoyait l'atelier ou aidait les mécaniciens.

Il consacra également beaucoup de temps, au cours des six premiers mois, à trouver les fonds nécessaires pour assurer la survie de la compagnie. Celle-ci était en état de crise permanent, car il fallait 3 000 dollars chaque semaine pour payer les employés. «C'est là que j'ai appris à quel point il est important d'avoir du liquide, affirma-t-il un jour. Sans argent liquide, il est impossible de rester en affaires[1].»

Afin de réduire les coûts d'administration, il n'avait pour tout personnel de bureau que sa secrétaire et lui-même. Il put se vanter d'avoir les meilleurs chauffeurs d'autobus et mécaniciens de toute la ville, eux qui n'avaient pas déserté les rangs parce que Paul était le fils de leur ancienne patronne, Mme Desmarais, et parce qu'il leur permettait de conserver leurs emplois. Persuadé que ces employés fiables et dévoués constituaient son meilleur atout, il s'assura de leur loyauté en leur remettant leur salaire sans faute tous les vendredis, même si lui-même devait rentrer à la maison les mains vides.

Aujourd'hui à la retraite, Cec Schreyer, chef de l'équipe des chauffeurs d'autobus en 1951, résume ainsi la situation qui prévalait alors à la compagnie: «Pendant à peu près six mois, les choses n'ont pas été faciles. Il (Desmarais) empruntait de l'argent à tout le monde, à Monseigneur — un drôle d'homme qui prêtait main-forte aux gens —, aux responsables de la compagnie Inco, à tous ceux qui voulaient bien lui prêter de l'argent.»

Des années plus tard, alors que la compagnie était solidement établie, Desmarais s'assura de la collaboration de ses employés en leur consentant des salaires et des privilèges supérieurs à ceux des autres chauffeurs d'autobus de Sudbury. À Noël, il veillait à leur accorder une gratification et à leur offrir la tournée générale lorsqu'ils revenaient de leur dernier quart de travail le 24 décembre.

En été et en automne, il les amenait à ses frais à la chasse et à la pêche. «Un jour, il a découvert que j'avais emprunté de l'argent à une compagnie de financement pour agrandir ma maison, raconte Herb Larocque, un ancien chauffeur. Il m'a aussitôt prêté l'argent sans intérêts pour liquider ma dette, que je lui ai remboursée par versements prélevés sur ma paye. Il m'a conseillé de revenir le voir si jamais j'avais encore besoin d'argent et de me tenir éloigné des compagnies de financement. C'était vraiment un bon patron.»

Mais Desmarais ne put faire preuve de telles largesses dès le départ. Il lui fallut d'abord maîtriser la situation financière de la compagnie. Il en réorganisa les horaires et les itinéraires de manière à les rentabiliser et il en rationalisa tout le système administratif. Mais la compagnie ne rapportait parfois pas assez pour lui permettre de payer les dettes, les dépenses et les salaires de la semaine. Il lui fallait alors emprunter ou même payer ses employés avec... des billets d'autobus!

Il découvrit très rapidement qu'une telle façon de faire ne pouvait que le conduire au désastre. Certains personnages historiques avaient eux aussi appris à leurs dépens qu'on ne remplace pas les espèces sonnantes et trébuchantes par du papier sans valeur réelle. Cela crée des problèmes «semblables à ceux qu'on retrouve en temps d'inflation[2]», admit plus tard Desmarais.

Cec Schreyer ne peut s'empêcher de rire en se rappelant l'expérience: «Les chauffeurs donnaient presque leurs billets pour avoir un peu d'argent.» L'idée ne fit d'ailleurs pas long feu. Les femmes des chauffeurs se plaignirent directement à Desmarais; elles ne pouvaient ni acheter à manger ni payer le loyer avec des billets d'autobus! Il lui fallait trouver une autre solution ou perdre ses chauffeurs.

Ce qui avait commencé comme un emploi d'été devint un défi de taille que Paul Desmarais décida de relever avec tout le sérieux dont il était capable. Lorsque vint l'automne, il renonça à ses études de droit et se mit en devoir d'affronter la situation.

Les rentrées d'argent étaient toujours insuffisantes et la dette s'élevait maintenant à 384 000 dollars, mais il possédait un atout dans son jeu: l'un des itinéraires menait à la compagnie Inco. Cet itinéraire était aussi, hélas! la cause de tous ses malheurs.

Il est relativement facile de prévoir les coûts d'exploitation d'une ligne d'autobus. Ces coûts incluent l'essence et les lubrifiants, les salaires et les avantages annexes des chauffeurs, l'amortissement pour l'équipement et les pneus, les frais généraux, l'impression des billets, etc. Il suffit alors de faire la différence entre ces coûts et les rentrées d'argent pour savoir si chaque ligne, prise individuellement, est rentable.

Généralement, les propriétaires de compagnies d'autobus planifient leurs horaires et leurs itinéraires de manière à ce que chaque ligne soit rentable par elle-même. Mais les permis accordés par les villes, qui exigent des services complets, obligent souvent les exploitants à maintenir en service certaines lignes peu rentables ou déficitaires. Pour être viable, une compagnie d'autobus doit par conséquent voir à ce que ses lignes rentables compensent amplement les lignes déficitaires.

L'analyse des états financiers de la Sudbury Bus Lines montrait clairement que, sans la ligne menant à Copper Cliff, la compagnie pouvait être rentable. La population croissante de Sudbury utilisait largement le service de transport en commun de la ville. La ligne Sudbury-Copper Cliff essuyait par contre des pertes telles que celles-ci entamaient tous les surplus de la compagnie. Il s'agissait d'un service interurbain dont le mode d'exploitation différait autant de celui d'un service urbain qu'une compagnie d'autobus peut différer d'une compagnie de tramways.

Pourtant, la plupart des travailleurs qui devaient se rendre à Copper Cliff prenaient l'autobus. Le problème, c'est que les autobus demeuraient presque vides entre les quarts de travail, alors qu'ils étaient bondés une heure avant le début et une heure après la fin des quarts. Les autobus étaient utilisés à pleine capacité pendant à peine quatre ou six heures par jour, selon que les compagnies minières faisaient appel à deux ou à trois équipes de travail. Pendant que les autobus roulaient à perte entre Copper Cliff et Sudbury, ils auraient pu être utilisés avec profit en ville aux heures de pointe.

Il était cependant impossible d'abandonner la ligne menant à Copper Cliff. Tout le monde était persuadé qu'il s'agissait là de l'itinéraire le plus rentable de la compagnie et les créanciers n'auraient pas pardonné à Desmarais de faire pareille folie. Une partie de la dette de la compagnie provenait d'ailleurs du rachat de cet itinéraire en 1949. Peut-être suffisait-il de le revendre à une des sociétés de transport de la région qui saurait le gérer plus efficacement?

Mais si elle était le point faible de la compagnie de Desmarais, la ligne menant à Copper Cliff pouvait néanmoins lui servir d'atout. Il lui suffisait de trouver la bonne personne avec qui négocier. En toute logique, la haute direction d'Inco constituait le partenaire idéal, étant donné que bon nombre de ses employés demeurant à Sudbury ne possédaient pas d'auto pour faire quotidiennement les 19 kilomètres aller-retour qui séparaient les deux villes.

La solution préconisée par Desmarais pour mettre fin à ses problèmes était non seulement logique, audacieuse et bien pensée, mais elle permettait d'entrevoir des bénéfices à long terme. Cette solution contenait déjà en elle toutes les qualités propres à Desmarais. À la fougue de la jeunesse, il a simplement ajouté une plus grande maîtrise des règles du jeu du pouvoir et de la finance.

Il rédigea un plan quinquennal sur un rouleau de papier peint, de manière à rassembler tous les renseignements dont il avait besoin sur la même feuille. Il découvrit ensuite que le vice-président Les Beattie était responsable de la ponctualité des employés et de la productivité à la compagnie Inco; il lui présenta donc son projet. On pouvait y lire que Desmarais avait l'intention de rentabiliser sa compagnie en lui donnant une assise financière solide, ce qui assurerait du même coup le transport des travailleurs de l'Inco. Le hic, c'est qu'il fallait une injection de fonds immédiate de 138 000 dollars. Desmarais ne pouvait toutefois emprunter une telle somme, qui n'aurait fait qu'ajouter au fardeau financier de la compagnie.

Desmarais raconte que Beattie examina le projet qui couvrait tout son bureau et opina du chef pendant qu'il fournissait les explications nécessaires. Beattie trouva de toute évidence que le projet se tenait. C'est alors qu'il s'enquit de la provenance des fonds. Desmarais regarda Beattie dans les yeux et dit simplement: «De vous.» Beattie enleva les cendriers qui retenaient le rouleau de papier peint, qui s'enroula d'un coup sec, et il signifia à Desmarais que l'entretien était terminé.

Mais Desmarais n'entendait pas lâcher prise aussi facilement. Il avait déjà mis ses créanciers au courant de ses projets, et ceux-ci consentaient à le laisser aller de l'avant. Si Inco acceptait de financer le plan quinquennal de Desmarais, les créanciers de la compagnie acceptaient, moyennant paiement d'un acompte, de rééchelonner la dette sur cinq ans.

Desmarais ne cessa de faire pression sur Inco; il rencontrait régulièrement divers membres de la haute direction de la compagnie dans le but d'en venir à une entente au sujet de la ligne Sudbury-Copper Cliff. Ceux-ci ne pouvaient ignorer qu'un service de transport entre les deux villes était une nécessité, pas plus qu'ils ne pouvaient ignorer le plan de Desmarais qui garantissait ce service.

Entre-temps, Desmarais était entré en pourparlers avec les dirigeants de la Local Lines, l'une des compagnies d'autobus qui transportaient des passagers de Sudbury vers l'extérieur de la ville. Non seulement les dirigeants de cette compagnie s'y connaissaient en matière de transport interurbain, mais ils avaient réussi à rentabiliser la ligne Sudbury-Copper Cliff avant de vendre les droits sur celle-ci à la Sudbury Bus Lines en 1949.

Pressés par Desmarais, les administrateurs d'Inco acceptèrent pour leur part de financer le service de transport entre Sudbury et Copper Cliff. Ils versèrent donc les 138 000 dollars proposés, en échange de la garantie que le service entre les deux villes continuerait de fonctionner. Desmarais se défit aussitôt de cet itinéraire en cédant les droits sur celui-ci à la Local Lines, qui saurait mieux que sa compagnie comment l'exploiter de façon rentable. Du même coup, il assurait la survie de ce service et celle de sa compagnie!

Une partie des 138 000 dollars alla au versement de l'acompte sur le rééchelonnement de la dette de la compagnie, et l'autre partie fut utilisée pour rentabiliser davantage le service de transport urbain.

Ce que Desmarais venait de réussir allait lui servir de modèle dans l'avenir. Il avait trouvé le point faible de l'entreprise (l'itinéraire Sudbury-Copper Cliff), avait posé la question de son orientation (offrir des services de transport urbain ou interurbain) et avait tranché la question en faveur du transport urbain. Il n'avait pas craint non plus de demander l'aide dont il avait eu besoin. Assez curieusement, ceux qui lui ont porté secours étaient en général persuadés qu'il dépensait ses énergies en pure perte.

Une fois la décision prise de se défaire de l'itinéraire de Copper Cliff, Desmarais avait eu le génie de l'utiliser comme moyen d'obtenir l'argent nécessaire à la réorganisation de son entreprise. Il avait également su persuader les personnes clés qu'elles tireraient avantage de l'appui qu'elles lui apporteraient. Une fois cette délicate opération terminée, il s'était consacré à poursuivre le plan de redressement de l'entreprise et à la mener sur la voie de la rentabilité.

Il lui fallut cinq ans pour mener sa tâche à bien. Il y réussit grâce au soutien d'employés consciencieux et travailleurs, grâce à l'appui également de son frère Louis et de Jean Parisien, qui s'étaient associés pour ouvrir une firme de comptables à Sudbury, et qui joueraient un rôle subalterne mais important dans les entreprises ultérieures de Paul. En somme, le secret de la réussite de ce dernier tenait à peu de chose. Une fois la dette de la compagnie d'autobus bien en main, Desmarais s'appliqua à réduire les dépenses, à assurer l'entretien de l'équipement et un service de transport en commun impeccable à la ville de Sudbury.

En 1955, sa réussite lui avait déjà rapporté 100 000 dollars[3] et il n'avait pas encore trente ans. Il était marié à Jacqueline Maranger, qui avait suivi son cours d'infirmière et qu'il avait connue à l'école secondaire, et il venait de reprendre ses études de droit tout en demeurant propriétaire de la Sudbury Bus Lines. C'est alors que Pierre Genest, son ancien compagnon de chambre à l'Université d'Ottawa, lui fit savoir que la Gatineau Bus Lines, la compagnie qui assurait le service de transport en commun dans la région de Hull-Ottawa, était à vendre. Desmarais acheta la compagnie et déménagea à Ottawa pour en prendre la direction. Il ne termina jamais ses études de droit.

À Sudbury, Ron Dixon, l'ancien chef mécanicien de la compagnie, prit la tête de la Sudbury Bus Lines sous la direction de Desmarais. L'entreprise prospéra dans le calme jusqu'en 1960, année où la population de la ville doubla presque par suite de l'annexion par la municipalité de deux banlieues avoisinantes.

Même s'il brassait à présent de grosses affaires au Québec, Paul Desmarais demeurait propriétaire de la Sudbury Bus Lines. Il ne pouvait par conséquent demeurer insensible au sort de la petite compagnie, sur laquelle le projet d'annexion n'allait pas manquer d'influer. Il allait du coup recevoir une dernière leçon d'affaires de sa ville natale.

L'expansion de la ville changea la nature des services de transport en commun à Sudbury. Jusque-là, la Sudbury Bus Lines avait concentré ses activités dans la vieille partie de la ville, cependant que trois autres transporteurs s'étaient chargés de relier la ville à ses environs. Désormais, la ville et les environs ne formaient plus qu'un seul et même territoire.

Lorsque la Sudbury Bus Lines avisa le conseil municipal de son intention de prendre également de l'expansion afin d'offrir ses services à l'ensemble de la ville, comme le stipulait l'entente originale, les conseillers décidèrent de ne pas interpréter cette entente au pied de la lettre. La Ville craignait d'avoir à dédommager les compagnies forcées de se retirer des affaires ou, pis encore, que la Sudbury Bus Lines eût à rembourser ses concurrentes au prix de sa propre perte, auquel cas la Ville aurait à payer les pots cassés. On décida donc de laisser les transporteurs libres d'offrir leurs services où bon leur semblait. Seul un accord tacite entre les quatre transporteurs existants empêcha l'anarchie de s'installer dans la ville; chacun conservait les privilèges et les prérogatives dont il jouissait avant l'annexion.

Mais cette entente avait des failles. Certains territoires de la ville étaient privés de service parce qu'aucun des transporteurs ne désirait s'y aventurer sans avoir obtenu au préalable l'assurance d'y détenir l'exclusivité. D'autre part, les passagers ne recevaient aucun ticket de correspondance qui aurait pu leur permettre d'utiliser les autobus d'une autre compagnie.

Le conseil municipal dut mettre un comité sur pied afin de trouver une solution à cet imbroglio. Entre-temps, un franc-tireur, la Yellow Coach Lines, se lança à son tour dans l'aventure du transport en commun en faisant rouler ses autobus sur des itinéraires de son choix, qui recoupaient parfois certains des trajets des quatre autres transporteurs! «C'était complètement dingue! rapporte le chauffeur Luc Brosseau. Vous conduisiez votre autobus et voilà tout à coup qu'un autre chauffeur d'autobus vous doublait et moyennant 10 cents de moins ramassait tous les passagers qui vous attendaient.»

Lorsqu'ils commencèrent à essuyer des pertes, les quatre transporteurs décidèrent de mettre fin à cette petite guerre et fusionnèrent pour former la Laurentian Transit Company, une société qui assurerait des services intégrés de transport en commun dans toute la ville. Les transporteurs firent une demande en ce sens à la Ville. Si on leur accordait pour cinq ans le droit exclusif d'offrir leurs services aux usagers habituels, ils s'engageaient à desservir même les territoires peu rentables ou déficitaires et ce, sans subvention. Une clause stipulait également que si l'entente n'était pas renouvelée après cinq ans la Ville devrait racheter la nouvelle compagnie.

Bien que conscient des problèmes du transport en commun à Sudbury, le conseil municipal refusa l'entente proposée. Il accepta par contre une recommandation du contentieux de la Ville, selon laquelle toute nouvelle concession dans le domaine du transport en commun comporterait désormais une clause permettant au conseil de déterminer les itinéraires et le prix des billets.

Paul Desmarais retira la Sudbury Bus Lines de l'association nouvellement constituée. Si la compagnie ne pouvait avoir les coudées franches, signer de contrat de service ou faire pleinement partie des services municipaux, il ne voyait pas l'intérêt d'y rester plus longtemps. Les autres associés proposèrent une nouvelle solution à la Ville: offrir des services subventionnés. La Ville eut recours à une consultation populaire sur la question en 1963. Les citoyens rejetèrent la proposition à huit contre un.

La situation finit par se stabiliser, surtout après la faillite de la Yellow Coach Lines, qui ne put soutenir longtemps sa politique de tarifs réduits. En 1964, la Ville demanda au président du Conseil des transports de St. Catharines, en Ontario, de faire un rapport sur la situation du transport en commun à Sudbury.

En août 1965, toujours aux prises avec un système de transport en commun déficient, le conseil municipal se déclara prêt à nouveau à examiner toute soumission qui viserait à assurer un service d'autobus intégré et complet, basé sur les recommandations du rapport. Seule la compagnie de Paul Desmarais fit une soumission. Celle-ci contenait un projet d'entreprise en coparticipation d'une durée de 10 ans avec la Ville; la Sudbury Bus Lines aurait fourni les autobus, le support technique et les services administratifs nécessaires au coût annuel de 25 000 dollars. Tous les revenus auraient été remis à la Ville, qui aurait cependant dû assumer tout déficit éventuel ainsi que les coûts de remplacement de l'équipement.

Les élections municipales approchant, le maire et ses conseillers étaient bien trop occupés pour prendre le temps de lire ou de commenter ces propositions. Par ailleurs, la compagnie d'autobus se voyait dans l'obligation de faire d'énormes investissements pour moderniser son équipement; mais elle craignait d'engager des frais sans savoir ce que l'avenir lui réservait. Au début de décembre 1965, la compagnie signifia donc à la Ville qu'elle fermerait ses portes le 31 janvier 1966 si aucune réponse ne lui parvenait d'ici là.

À partir de ce moment-là, plus rien ne sembla fonctionner pour Desmarais à Sudbury. Tout indiquait que le nouveau maire ne lui accorderait jamais la concession quel qu'en fût le prix. Au cours de la campagne électorale, le futur maire n'avait cessé de dénoncer l'establishment de Sudbury (dont les Desmarais faisaient partie) et il avait été élu en dépit de l'opposition de nombreux nantis de la ville. Il semblait à présent vouloir prendre sa revanche en forçant Paul Desmarais à fermer les portes de sa compagnie d'autobus.

Bien qu'il soit difficile, 20 ans plus tard, de rétablir la véracité des faits, tout indique que Desmarais ne fut pas traité avec bienveillance par le nouveau conseil municipal. Le maire et deux employés municipaux se rendirent à Montréal à la mi-janvier 1966, afin de décider avec Paul Desmarais, son frère Louis et Jean Parisien du sort de la Sudbury Bus Lines et de sa soumission. Desmarais accepta de maintenir ses autobus en service jusqu'à ce que le conseil municipal fût mis au courant de sa proposition. À son retour à Sudbury, le maire exposa aux associés de la Laurentian Bus Lines les détails de la proposition de Desmarais, et leur demanda de faire une contre-proposition. Il négligea toutefois de mettre Desmarais au courant des détails de cette contre proposition, comme il eût été équitable de le faire.

Le Conseil se contenta, lors de la séance suivante, au grand dam des administrateurs de la Sudbury Bus Lines sans doute, d'étudier exclusivement la soumission de la Laurentian Bus Lines, qui réclamait une subvention pour entrer en service. Selon les règlements de la Ville, il fallait à nouveau avoir recours à une consultation populaire sur la question. Le maire s'étant fait élire en promettant de résoudre ce conflit sans accorder de subvention aux services de transport en commun, tout laisse croire qu'il avait déjà choisi la compagnie qui obtiendrait le contrat de la Ville.

Mais il comptait sans l'opposition des citoyens fermés à toute idée de subventionner un service d'autobus, et son projet fut battu le 21 mars 1966. Deux jours plus tard, Desmarais informait la Ville qu'il ferait cesser les activités de sa compagnie le 29 mars si sa proposition ne faisait pas l'objet d'une consultation populaire. Ce jour-là, la Sudbury Bus Lines aurait en effet à débourser 3 000 dollars pour le renouvellement de son permis d'exploitation.

Le conseil municipal refusa d'obtempérer et, le 29 mars 1966 à minuit, les autobus de la Sudbury Bus Lines regagnèrent le garage de la compagnie pour la dernière fois.

Comme le résume Cec Schreyer, qui perdit son emploi cette nuit-là: «Quelque chose clochait entre le maire et M. Desmarais. Personne ne savait pourquoi, mais le maire éprouvait peu de sympathie pour Paul et il l'a traité de façon injuste.» Ni Schreyer ni

aucun des 65 autres employés de la Sudbury Bus Lines ne songè-
rent à rejeter sur Desmarais la responsabilité de la fermeture de la
compagnie. Celui-ci leur offrit d'ailleurs de les embaucher dans ses
autres compagnies d'autobus.

«Il a été honnête avec nous», dit Schreyer en repensant probablement à ce qui aurait pu se produire s'il avait accepté, lui, de
suivre Desmarais. Mais sa femme ne voulait pas déménager et il
est resté à Sudbury, où il habite toujours depuis. Ceux qui ont suivi
Desmarais ont connu la prospérité. Même les administrateurs des
autres compagnies d'autobus ont su tirer leur épingle du jeu. Une
fois à Montréal, Desmarais leur vendit en effet ses compagnies
d'autobus à raison d'un dollar chacune plus une participation aux
éventuels bénéfices, qui ne tardèrent pas à se réaliser lorsque les
municipalités rachetèrent l'une après l'autre les services de transport en commun. Schreyer poursuit: «Néanmoins, tous ceux qui sont
restés à Sudbury n'ont eu aucune difficulté à se faire embaucher par
le service d'autobus de la Ville.»

Quant à l'actif de la Sudbury Bus Lines, Desmarais refusa de le
vendre à la Ville ou à quiconque. «Il se disait, nous raconte Luc
Brosseau: «Puisqu'ils n'ont pas voulu m'accorder ce que je souhai-
tais, je ne les laisserai pas se servir de mes autobus.» Desmarais
les fit donc transporter à Ottawa, les fit inspecter et réparer, avant
de les revendre à d'autres transporteurs ou de les utiliser dans ses
autres services de transport en commun. Quant au terrain et aux
édifices de la Sudbury Bus Lines, ils furent utilisés à des fins
diverses: une école et des habitations à loyer modique furent construites sur le terrain cependant que le reste de l'édifice abrita,
jusqu'à tout récemment, une manufacture de panneaux de vinyle.

L'aventure et les malheurs de la compagnie d'autobus de Sudbury étaient terminés. Les leçons que Desmarais en tira lui étaient
sans doute déjà familières. Il avait ses bureaux à Montréal et n'était
plus exactement un nouveau venu dans le monde des affaires. Il
savait qu'il est essentiel pour toute entreprise de réduire ses pertes
et de poursuivre ses activités, mais il s'était obstiné pour rien dans
l'aventure de Sudbury. Peut-être était-ce par attachement pour la
petite compagnie qui lui avait servi de tremplin, ou parce qu'il

s'inquiétait du sort de ses fidèles employés. Mais quelles que fussent ses motivations, il tint bon. Il n'avait d'ailleurs guère eu le choix puisqu'il avait voulu absolument sortir sa compagnie et lui-même de l'impasse.

Il connut des difficultés particulières avec l'homme clé de la situation. Il se fait depuis un point d'honneur de savoir dénicher les personnes qui ont tout intérêt à l'aider dans la poursuite de ses objectifs. Il a de toute évidence été incapable de se faire un allié du maire de Sudbury, et c'est pourquoi il a dû abandonner la partie. Dans un geste qui lui est maintenant caractéristique, il a rompu abruptement les liens qui le rattachaient au passé. Il n'était pas question pour lui d'avoir recours à l'arbitrage ou à quelque intervention extérieure que ce fût.

Paul Desmarais avait réussi une première fois à sauver sa compagnie en se gagnant les faveurs de ceux qui détenaient le pouvoir de lui venir en aide. Mais il ne put en faire autant en 1966. Pour une des rares fois dans sa carrière, il s'était mis son allié éventuel à dos. Et chaque fois que la chose s'est reproduite, il a dû payer cher les pots cassés, alors que le jeu n'en valait pas toujours la chandelle.

NOTES

1. «Le Président», de la série télévisée *L'Establishment canadien*, produite par Radio-Canada en 1980.

2. Ibid.

3. Ces 100 000 dollars en vaudraient 450 000 de nos jours, si on multiplie par un facteur de conversion de 4,5 les dollars de 1955.

CHAPITRE 5

Les affaires roulent au Québec

De 1955 à 1959, Paul Desmarais habita Ottawa, où il prit la tête de sa deuxième compagnie d'autobus, la Gatineau Bus Lines. Sans être particulièrement remarquable, cette période le tint pour tant fort occupé et lui permit d'accroître considérablement son avoir.

Au fur et à mesure que son caractère se forgeait et qu'il assimilait les leçons apprises à Sudbury, Desmarais évoluait avec de plus en plus d'aisance et de raffinement dans le monde des affaires. Les expériences accumulées lui avaient permis de comprendre les principes de base des affaires et il pouvait maintenant obéir à son intuition. Au fond, diriger une entreprise, c'est s'allier avec un groupe de gens dans le but de rentabiliser au maximum une opération, sans se laisser embarrasser de paperasseries inutiles. Cela explique sans doute pourquoi la structure administrative de Power Corporation n'a jamais compté plus d'une trentaine de cadres supérieurs.

Lorsqu'il prit la Gatineau Bus Lines en main, Paul Desmarais savait ce qu'il avait à faire. Fort de son expérience à Sudbury, il ne fit que répéter ses exploits mais sur une plus grande échelle: rendre plus efficace et plus rentable que jamais auparavant un système de transport en commun qui faisait peu de profits. Certains détails différaient; il fallait faire face à de nouvelles difficultés (au niveau des règlements municipaux, des relations de travail ou de l'importance de la population, par exemple) mais, au fond, les principes de gestion d'une entreprise de transport en commun varient peu d'une ville à l'autre.

Desmarais s'occupa donc de faire prospérer sa nouvelle entreprise, ce qui renforça sa réputation d'homme d'affaires compétent, honnête et solvable. Il fit également divers placements dans des sociétés qui offraient d'excellentes perspectives d'avenir, mais la plus importante de ses décisions consista, à cette époque, à rencontrer d'autres gens d'affaires. Il voyagea d'une ville à l'autre et y noua des liens avec des personnes qui lui apprirent les règles du jeu.

Rien ne laissait encore présager qu'il deviendrait un jour un bâtisseur d'empire et l'un des plus importants financiers du pays. Il ne s'intéressait alors qu'au domaine du transport par autobus. Il était peut-être passé maître dans l'art de compresser les dépenses, de motiver le personnel et de redresser la situation financière d'une entreprise, mais il était encore loin des hautes sphères du pouvoir et de la finance. Malgré ses succès récents, il n'avait rien en commun avec ces magnats de la finance qu'étaient alors Taylor, MacDougald, Bell, Weston et compagnie. En Ontario seulement, ils étaient des milliers de petits entrepreneurs comme Desmarais qui essayaient de se frayer un chemin à travers la jungle économique des grandes villes.

«À Sudbury, il n'y avait pas beaucoup d'occasions de remonter, admit-il quelques années plus tard. Mais lorsque j'en sortis, lorsque je passai quelque temps à Toronto, et lorsque j'achetai par la suite la ligne d'autobus d'Ottawa et m'y installai pour vivre, cela m'ouvrit des portes. J'eus l'occasion de rencontrer différentes personnes et de bavarder de choses et d'autres[1].» Ce furent sans aucun doute des conversations intéressantes, qui lui permirent d'acquérir le raffinement et l'élégance nécessaires pour brasser des affaires à Ottawa au cours des années 50. Mais la route qui le mènerait vers les plus hauts sommets était encore longue.

L'ascension de Desmarais peut se comparer à celle d'un officier de carrière, si l'on admet que les officiers composent en quelque sorte la classe des administrateurs de l'armée. Tous les ans, de jeunes et talentueuses recrues sont promues au grade de sous-lieutenants, le premier échelon dans la carrière d'un officier. Pendant 20 à 25 années, on observera ces officiers et on les mettra à l'épreuve afin de déterminer ceux qui ont assez d'étoffe pour devenir généraux. Seront alors promus ceux qui possèdent les talents, la volonté et l'intelligence requis; les autres seront refoulés dans des postes subalternes ou redeviendront de simples civils.

Tout comme il existe très peu de postes de généraux à combler dans l'armée et très peu d'officiers aptes à assumer une telle responsabilité, il ne peut y avoir qu'un nombre limité de hauts dirigeants dans le monde des affaires. Même si la discipline est moins rigide en affaires que dans l'armée, on retrouve dans les deux cas un objectif similaire: remporter la victoire à moindres frais. Et si les gens d'affaires emploient généralement des méthodes moins expéditives que celles des militaires, il n'empêche que les êtres exceptionnels sont une denrée rare dans les deux camps.

Et s'il s'en trouve, ceux-ci doivent alors faire leurs preuves avant d'espérer gravir les échelons de leur hiérarchie respective. Cela leur permet de commettre, au moment où les enjeux sont encore de peu d'importance, les inévitables erreurs imputables au manque d'expérience. Ainsi, lorsque les enjeux seront de taille, ils auront appris à agir sans faillir.

À Sudbury, Desmarais avait été l'équivalent d'un sous-lieutenant doué et désireux de réussir, mais inexpérimenté. Il possédait de bonnes connaissances théoriques, acquises durant ses études aussi bien que dans son entourage familial, ainsi qu'une bonne dose de fougue et d'enthousiasme. Il ne manqua pas de commettre des erreurs: celle de vouloir payer ses chauffeurs avec des billets d'autobus par exemple. L'idée était originale, mais elle faisait perdre toute valeur à des titres de transport qui constituaient sa seule source de revenus. Cette erreur lui fit comprendre que son but était de vendre des billets d'autobus, et non de les donner. Il comprit par la même occasion l'importance qu'il y avait à détenir assez de liquidités pour assurer la survie de son entreprise; en permettant à ses chauffeurs d'entrer en concurrence avec lui pour la vente des billets, il s'était privé de précieuses rentrées de fonds. Mais son expérience à Sudbury lui fit comprendre par-dessus tout l'importance qu'il y avait à diriger lui-même les activités de ses compagnies; c'était le meilleur moyen de faire respecter ses volontés. Cela explique pourquoi Desmarais cherche toujours à s'installer aux postes de commande plutôt que de se contenter d'acquérir d'importants blocs d'actions des sociétés qui l'intéressent.

Au moment où il se rendit à Ottawa pour prendre en charge la Gatineau Bus Lines, Paul Desmarais avait la stature d'un lieutenant ou d'un capitaine; il avait des responsabilités accrues, mais son jeu avait encore besoin de poli et de raffinement. Toutefois, s'il faisait encore preuve de naïveté en affaires lorsqu'il acquit la Gatineau Bus Lines, il allait révéler une plus grande maturité au moment de mettre successivement la main sur les compagnies Québec Autobus et Transport Provincial .

La Gatineau Bus Lines, une filiale de la société Gatineau Power, assurait les services de transport en commun dans les villes voisines de Hull et d'Ottawa. Au moment où ses propriétaires mirent la compagnie en vente, en 1955, elle générait trop peu de profits pour assurer la survie de son système d'exploitation. Desmarais avait repris ses études de droit lorsqu'il eut vent de la chose, mais les affaires l'attiraient désormais davantage. Il était jeune, il avait pris goût à la réussite et, comme il le déclara 14 ans plus tard, après avoir mis la main sur Power Corporation, il avait appris qu'on pouvait s'amuser à gagner de l'argent: «C'est beaucoup de travail, évidemment, mais c'est aussi amusant[2].»

Tableau 2

La progression de Paul Desmarais

1951: reprise et renversement de la situation de:	SUDBURY BUS LINES
1955: achat et amélioration de la rentabilité de:	GATINEAU BUS LINES
1959: vente de:	GATINEAU BUS LINES
1960: achat de:	QUÉBEC AUTOBUS
1960: achat de:	TRANSPORT PROVINCIAL

Après avoir examiné les documents remis par la Gatineau Bus Lines aux acheteurs éventuels, Desmarais rencontra Code Brittain, l'administrateur de Gatineau Power chargé de vendre la compagnie d'autobus. Se fondant sur les renseignements contenus dans les livres de la compagnie, Desmarais offrit 275 000 dollars. Brittain jugea l'offre raisonnable. Évaluant le temps qu'il lui faudrait pour obtenir le financement nécessaire de la Banque Canadienne Nationale à Montréal, Desmarais demanda une option de trois jours sur la transaction. Brittain la lui accorda.

Cette transaction dut certainement préoccuper Paul Desmarais car, dans un geste de pure bravade, il sortit son chéquier et signa un chèque de 50 000 dollars pour régler le prix de l'option. Cette somme représentait la moitié des 100 000 dollars[3] gagnés à Sudbury. Sans doute avait-il senti soudain le besoin de prouver qu'il pouvait jouer gros.

La compagnie d'autobus appartenait à la Gatineau Electric, une des grandes compagnies hydro-électriques du Québec qui permirent à bon nombre de financiers canadiens de s'enrichir. Les actionnaires majoritaires en étaient les Drury de Montréal, une famille relativement influente. Par conséquent, Desmarais avait l'impression de faire affaire, même si c'était par personne interposée, avec les grands de la finance. Il tendit le chèque comme s'il avait eu les moyens d'en faire autant tous les jours.

Lorsqu'il se rendit au siège social de la banque à Montréal, Desmarais était persuadé de pouvoir obtenir son prêt sur-le-champ; il croyait que la recommandation de la succursale de Sudbury équivalait à un engagement ferme en ce sens. Mais il se heurta à la circonspection du directeur de la banque, qui refusait de prêter à un nouveau venu en affaires au Québec.

Lorsqu'il rentra à Ottawa, Desmarais était en proie aux pires tourments. Il venait de risquer la moitié de sa fortune pour un geste ridicule; la défaite lui laissait un arrière-goût amer. Mais Brittain ne lui en tint pas rigueur; il s'offrit même à lui prêter main-forte pour la simple raison que Desmarais était l'un des rares acheteurs sérieux et que la compagnie désirait vendre à tout prix. Aussi, lorsque Desmarais proposa de chercher à obtenir son prêt par l'intermédiaire d'une de ses connaissances de Sudbury qui travaillait à la Banque Royale d'Ottawa, Brittain ne se fit pas prier pour confirmer que Desmarais et lui négociaient ensemble la vente de la compagnie d'autobus. La banque consentit le prêt sans difficulté.

Pendant les quatre années où il fut propriétaire de la Gatineau Bus Lines, Paul Desmarais en modernisa l'équipement et en améliora le fonctionnement, puis il mit en place une administration plus efficace et rentabilisa les itinéraires. Il augmenta également le capital et les revenus de la compagnie, ce qui lui permit de rembourser son emprunt de 175 000 dollars. Comme à Sudbury, il avait suffi d'une administration professionnelle, axée sur les intérêts de la compagnie et compétente en matière de transport urbain.

Lorsqu'il vendit la compagnie en 1959, il encaissa 300 000 dollars. Le total de sa fortune s'élevait alors entre 750 000 et un million de dollars[4]. Il souhaitait à nouveau poursuivre ses études de droit et entrer en exercice plus tard avec son père et son jeune frère, tout en dirigeant la Sudbury Bus Lines à temps perdu. Mais il venait à peine de toucher ses bénéfices sur la vente de la Gatineau Bus Lines qu'une nouvelle occasion se présenta: Québec Autobus, une filiale de la compagnie d'électricité Shawinigan Water and Power, était à vendre.

Plus avisé que lors de l'achat de la Gatineau Bus Lines, Paul Desmarais prit la peine de préparer soigneusement cette transaction. Pendant qu'il occupait son élégante demeure à Rockliffe et que ses autobus roulaient à Hull, il avait appris une chose importante sur le Québec: personne ne pouvait y faire affaire sans l'approbation du Premier ministre du temps, Maurice Duplessis.

Duplessis avait été au pouvoir entre 1936 et 1939, et y était revenu depuis 1944. Il s'était efforcé tout ce temps de promouvoir dans sa province et au pays ce qu'il considérait être les intérêts des francophones.

Ce nationalisme, qui obtenait l'appui de la majorité des francophones du Québec, servait à exprimer la frustration de tout un peuple qui ne détenait aucun pouvoir sur les plans économique et financier. Unis par les liens que constituaient la famille, les relations d'affaires et les intérêts de classe, les anglophones de Montréal avaient en effet la mainmise sur le commerce et l'industrie du Québec et ne se gênaient pas pour afficher ouvertement leur supériorité. Ces «Rhodésiens de Westmount», comme on appelait les anglophones qui habitaient majoritairement cette banlieue cossue de Montréal, considéraient même l'élite financière de Toronto comme une bande de parvenus arriérés avec qui ils entraient volontiers en concurrence pour dominer économiquement et politiquement le pays. Jugés inaptes à occuper des postes de haute direction ou à siéger aux conseils d'administration des grandes entreprises, les Canadiens français étaient systématiquement écartés du pouvoir économique.

Il faut dire que l'origine de ces préjugés remontait loin dans le temps. Après la Conquête de 1759, les Anglais qui prirent la tête de la colonie trouvèrent à leur arrivée les descendants des premiers immigrants venus de France à partir de 1609, ainsi que des immigrants récents, des administrateurs et des commerçants.

La mère patrie, pour qui la colonie servait uniquement à des fins commerciales, s'y approvisionnait en matières premières et y exportait des produits manufacturés. Les administrateurs et les principaux commerçants (il s'agissait souvent des mêmes personnes) retournèrent en France après la signature du traité de Paris en 1763. Quant aux colons de vieille souche ou récemment immigrés (agriculteurs, chasseurs, trappeurs et artisans), ils ne pouvaient aller nulle part et se considéraient ici chez eux. Ils restèrent donc et furent par conséquent les premiers témoins de l'arrivée des nouveaux maîtres du pays, les administrateurs, commerçants et immigrants anglais.

Pour les nouveaux arrivants, les Canadiens français étaient des paysans et cette image s'est transmise de génération en génération, en dépit des transformations sociales qui n'ont pas manqué de se produire par la suite. Au début du XXe siècle, la mentalité des anglophones de Westmount avait à peine évolué et ils s'étaient convaincus, une fois pour toutes, que les Canadiens français avaient une vocation d'artistes, de philosophes, de prêtres, de professionnels, de propriétaires terriens et qu'ils pouvaient appartenir à la rigueur à la petite noblesse rurale. Et comme les francophones se contentaient de jouer ces rôles-là, les préjugés des anglophones s'en trouvaient renforcés.

Aussi les gens de Westmount se croyaient-ils justifiés de resserrer les rangs lorsqu'un francophone audacieux tentait de pénétrer dans leur chasse gardée. Les francophones étaient admis comme fonctionnaires et on leur permettait même de gérer de petites manufactures ou de petites entreprises, mais on les jugeait totalement inaptes à occuper de hauts postes de direction ou à devenir propriétaires de leurs propres entreprises.

Entre 1936 et 1939, Duplessis avait tenté de renverser ces préjugés en canalisant les énergies de ses compatriotes vers des avenues qui devaient déboucher sur le progrès et la modernisation du Québec. Mais il ne réussit qu'à permettre à une petite élite francophone de détenir autant de puissance et d'influence que les riches anglophones.

Il commença par rendre l'éducation plus accessible, tout en préservant les valeurs traditionnelles, telles que la famille et la culture, afin de maintenir la cohésion sociale. Il laissa donc le système d'éducation entre les mains d'un clergé rétrograde et se contenta d'en financer l'expansion. Grâce au système de subventions qu'il instaura, il avait son mot à dire sur la manière dont les religieux et les religieuses enseignaient ces valeurs traditionnelles.

Afin de favoriser le changement, des sommes considérables furent investies dans les infrastructures gouvernementale, sociale, scolaire et matérielle de la province. Il en résulta une croissance indue de l'appareil gouvernemental et le favoritisme s'installa au détriment d'une administration saine et efficace des affaires publiques. Parce qu'il avait tenté d'accomplir trop rapidement et sans personnel qualifié des transformations coûteuses, le gouvernement Duplessis fut accusé de dépenser inutilement l'argent des contribuables.

En 1939, au moment où se déroulèrent les élections provinciales, le Canada était déjà en guerre. L'occasion était belle pour les industries québécoises, concentrées principalement dans les villes, de prendre une expansion rapide. Les partisans de Duplessis, pour la plupart issus des milieux ruraux, considéraient que cette guerre était celle des Anglais et qu'elle les touchait peu. Mais l'industrialisation rapide du Québec favorisa la concentration de la population dans les grands centres urbains et les liens familiaux, qui servaient de support aux valeurs traditionnelles, se relâchèrent.

Duplessis perdit ses élections parce que la perspective de se trouver des emplois dans les industries avait davantage séduit l'électorat urbain que sa vision d'un Québec traditionnel. Les institutions financières (pour la plupart aux mains des anglophones) avaient par ailleurs cessé d'approvisionner le gouvernement en argent frais pour contribuer à l'effort de guerre, et elles clamaient tout haut que la réélection de Duplessis n'y changerait rien.

Lorsque Duplessis reprit le pouvoir en 1944, son nationalisme exacerbé provoqua un repli de la population du Québec sur elle-même. Les vertus de la race, de la langue et de la foi furent élevées au rang de dogme; la foi catholique avait soi-disant permis de sauver la culture et l'autonomie du peuple canadien-français depuis la Conquête et elle continuerait de le faire. En se servant de cette idéologie, Duplessis n'avait toutefois qu'un but: maintenir le peuple sous l'emprise de son pouvoir.

Il s'opposa donc farouchement à tout ce qui menaçait l'ordre établi, et en particulier aux tentatives du gouvernement fédéral d'implanter ses services et ses programmes dans la province ou d'empiéter sur son autonomie. Son parti, l'Union nationale, allait du coup devenir le bouclier qui protégerait la culture québécoise et couvrirait le Québec de son ombre.

Bien décidé à ne plus dépendre des financiers anglophones, le gouvernement Duplessis cessa d'emprunter. Il finança les travaux publics à même les recettes fiscales, ce qui eut pour effet de ralentir considérablement la croissance du Québec. Cette politique peut se comparer à celle pratiquée par Mussolini en Italie à la même époque; il s'agissait d'une forme de corporatisme d'État qui accordait la préséance aux amis du régime. Duplessis accordait ou retirait subventions, contrats, permis, droit de passage, etc. à qui bon lui semblait. Cette façon de faire encourageait non seulement la corruption au sein du gouvernement, mais contribuait à faire de Duplessis une espèce de monarque qui décidait du sort de ses sujets.

C'est dans le château fort de Duplessis, la ville de Québec, que Desmarais comptait étendre ses affaires en 1959. Il cherchait à réunir les deux millions de dollars nécessaires à l'achat de la compagnie Québec Autobus. Il lui fallut près d'un an pour y arriver, en partie à cause des problèmes inhérents au financement de la transaction, mais aussi parce qu'il lui fallait obtenir le permis d'exploitation du service de transport. En pratique, cela signifiait que Duplessis devait donner sa bénédiction à Desmarais.

Celui-ci avait le malheur d'être originaire de l'Ontario, ce qui le rendait aussi suspect aux yeux de Duplessis que n'importe quel anglophone du pays. Mais Desmarais avait tout de même la réputation de savoir rentabiliser une compagnie d'autobus et il fallait bien assurer les services de transport en commun à Québec. Duplessis aurait pu nationaliser la compagnie, mais au prix de sérieuses entorses à la loi, la ville de Québec étant souveraine en matière de transport municipal. Un des amis du régime aurait alors pu diriger la compagnie, mais bien peu de gens possédaient les talents de Desmarais en la matière.

Lorsque les deux hommes se rencontrèrent enfin, Duplessis interrompit Desmarais, qui se présentait comme Canadien français de l'Ontario, et le corrigea en lui donnant la qualificatif de Franco-Ontarien. Sans se laisser troubler par cette remarque, Desmarais fit appel à des arguments logiques pour démontrer qu'il possédait tous les atouts pour devenir propriétaire de Québec Autobus. À force de tact et de persuasion, Desmarais eut raison des réticences de Duplessis, qui ne posa plus qu'une condition à son accord: «Si tu me garantis que mes fonctionnaires vont arriver à l'heure, je te l'accorde ta ligne d'autobus[5].»

S'agissait-il d'une blague ou d'un sérieux avertissement? Nul ne le sait. Toujours est-il que Desmarais avait réussi à convaincre l'homme clé de la situation de lui faire confiance, contrairement à ce qui allait se passer quelques années plus tard avec le maire de Sudbury. Desmarais reconnaît volontiers que l'arène politique est plus importante que le domaine des affaires; après tout, ce sont les hommes politiques qui définissent les règles du jeu (par l'intermédiaire des lois et des organismes de réglementation) dont les gens d'affaires doivent s'accommoder.

Dans nos sociétés démocratiques, il est souvent difficile de contrer le pouvoir des hommes politiques, mais il est presque toujours possible de composer avec ces derniers. Desmarais a toujours refusé de devenir un homme public, même s'il y a été fortement encouragé; cela ne l'empêche pas, en fin connaisseur qu'il est du jeu du pouvoir, de comprendre et de fréquenter les personnages politiques les plus en vue. Depuis sa rencontre avec Duplessis, il s'est toujours fait un point d'honneur d'établir des liens personnels avec tous les premiers ministres du Québec et du Canada, indépendamment de leurs orientations politiques. Même si on l'associe souvent au Parti libéral du Canada à cause des liens étroits qu'il a entretenus avec des membres influents du parti au cours des années 70 et au début des années 80, il se défend bien de faire partie de quelque camp politique que ce soit. Seul le pouvoir l'intéresse, et il ne manque jamais d'avoir ses entrées auprès du parti au pouvoir, quel qu'il soit.

Il fait en sorte de répartir équitablement ses généreuses contributions entre les deux grands partis politiques fédéraux, afin de toujours demeurer au-dessus de la mêlée. Lorsqu'il exprime son opinion sur des questions controversées de politique ou d'économie, il sait que ses propos sont entendus aux plus hauts échelons du pouvoir politique.

Bon nombre de hauts fonctionnaires et d'hommes politiques à la retraite occupent d'ailleurs des postes importants au sein de Power Corporation. Parmi les membres actuels du conseil d'administration de la société, on retrouve l'ex-Premier ministre de l'Ontario William Davis (son prédécesseur, le regretté John Robarts, a également siégé au conseil de Power), ainsi que le sénateur Michael Pitfield, qui fut secrétaire du Conseil privé sous le gouvernement Trudeau et qui occupe actuellement le poste de vice-président du conseil de Power.

Paul Desmarais put acquérir Québec Autobus en partie grâce à la confiance qu'il inspirait à ses créanciers. Ainsi, Industrial Acceptance Corporation, qui lui était venue en aide à Sudbury, lui avança 700 000 dollars; la compagnie British American Oil (qui devait plus tard devenir Gulf Canada) lui prêta 800 000 dollars et la Banque

Royale lui accorda 500 000 dollars contre la garantie apportée par la vente de la Gatineau Bus Lines.

L'apport de la British American Oil illustre magnifiquement l'habileté avec laquelle Desmarais réussit à contourner la politique interne de la compagnie. Dans les années 50, il était en effet coutume pour une société pétrolière d'aider financièrement ses clients à se lancer en affaires. Toutefois, cette politique s'appliquait généralement aux propriétaires de stations-service; en prêtant à Desmarais, la British American Oil renonçait de toute évidence à suivre sa politique au pied de la lettre.

Desmarais administra Québec Autobus avec cette efficacité qui avait fait son renom à Sudbury et à Ottawa. Pat Taschereau, qui travailla à Transport Provincial et qui administre à présent le Service de transport en commun de la ville de Sudbury, est persuadé que Paul Desmarais a l'art de diriger une compagnie d'autobus. Le problème des itinéraires et des horaires étant invariablement la pierre d'achoppement, Desmarais s'y attaquait immédiatement avec l'aide de ses superviseurs.

Il avait l'habitude de se rendre à son bureau en passant par le dépôt d'autobus plutôt que par la porte d'entrée. Cela lui permettait de rester en contact avec ses employés et de surveiller le fonctionnement de l'exploitation sans nuire pour autant à l'autorité de ses administrateurs. «Une fois, nous rappelle Taschereau, il est venu faire son tour au milieu de la nuit. Les portes du garage étaient ouvertes et il faisait moins 20 degrés à l'extérieur. Il a aussitôt appelé un contremaître et lui a demandé de veiller à garder les portes fermées pendant l'hiver. Il a ensuite aperçu des vis sur un baril et il a dit: «Ça vaut de l'argent», puis il les a fait ranger.»

Même si cette histoire de vis peut paraître insignifiante, elle est très révélatrice de la façon de penser de Paul Desmarais. Une vis mal rangée ne peut servir au moment où on en a besoin. S'il faut la remplacer dans l'inventaire, elle représente une dépense inutile. S'il faut la remplacer lorsqu'un besoin urgent se présente, le délai de livraison constitue une perte de temps et l'autobus immobilisé, une perte de revenus.

Desmarais comprima donc les coûts et les dépenses et

s'entoura d'administrateurs capables de superviser l'exploitation et le personnel de l'entreprise. En 1961, soit un an après son rachat, la compagnie générait des profits de 350 000 dollars, alors qu'elle avait essuyé des pertes de 60 000 dollars lors du précédent exercice financier.

Pendant ce temps, Desmarais et Jean Parisien, le comptable qui l'avait aidé au temps de la Sudbury Bus Lines, s'associaient pour fonder la Transportation Management Corporation. Desmarais demeurait l'associé principal et, pour la première fois, il créait sa propre compagnie au lieu d'en acheter une. Dorénavant, il pourrait se permettre de faire des offres non sollicitées.

Transportation Management était une société de placement qu'il comptait utiliser pour abriter son futur empire du transport en commun. Tout en demeurant privée, la nouvelle compagnie s'occupait des questions fiscales et juridiques et assurait l'administration des terrains et des édifices aussi bien que des relais, des concessions et des restaurants qui appartenaient aux diverses compagnies d'autobus locales et interurbaines. Comme Desmarais voulait en accroître le nombre, il était parfaitement avisé de songer à regrouper l'administration des terrains et des propriétés sous un même toit et de laisser chaque compagnie s'occuper strictement de problèmes de transport.

S'il avait l'intention de gravir les échelons du monde de la finance et des affaires, Desmarais avait tout intérêt à s'associer avec Parisien. Il avait appris à Sudbury qu'on ne peut survivre ou prospérer sans appuis. Le secret du succès réside dans cette aptitude à mobiliser les énergies des autres pour son propre intérêt, que ce soit en faisant appel à leur loyauté, à leur sens du devoir ou à leurs convictions.

Le succès sourit aussi à celui qui sait se couper des activités quotidiennes de son entreprise et mettre au point des plans pour l'avenir. Mais pour faire le lien entre le court et le long terme, il faut pouvoir compter sur une personne capable d'avoir à la fois une vision d'ensemble et une approche analytique de chaque maillon de l'entreprise avant de déléguer des tâches à des personnes compétentes et responsables.

Dans l'armée, l'homme qui s'occupe des questions administratives et, si nécessaire, des questions opérationnelles, est le chef d'état-major. Il permet à son supérieur de planifier sa stratégie sans avoir à se perdre dans les détails. Si le commandant désire lancer une attaque tel jour, à telle heure, avec telles unités d'infanterie, d'artillerie et de blindés, le chef d'état-major est celui qui voit à la bonne marche des opérations.

Dans le domaine des affaires, le patron définit sa stratégie, la cible de ses prochaines acquisitions ou les orientations de l'entreprise. Son «chef d'état-major», c'est-à-dire son adjoint, rassemble alors toutes les informations pertinentes: résultat des recherches et des études de marché, évaluation des coûts, analyse des ressources et plan d'action. Jusqu'à son décès en 1976, Jean Parisien fut le chef d'état-major de Desmarais, le spécialiste de la logistique, de l'administration et de la finance qui complétait la vision synthétique de Desmarais en s'attachant aux moindres détails afin d'assurer la bonne marche et la rentabilité de l'empire.

Pour réussir en affaires, il faut de toute évidence savoir réduire en objectifs facilement réalisables le plus impressionnant des plans d'ensemble, quel qu'il soit. Parisien avait donc pour rôle de mener à bien les projets de Desmarais en distribuant les tâches. Leur première opération en tant qu'associés consista à acquérir 51 p. 100 (et par conséquent la direction) de Transport Provincial au moyen de capitaux propres et empruntés. Les autobus de cette compagnie de transport interurbain roulaient sous le nom de Voyageur au Québec et de Voyageur-Colonial en Ontario.

L'entreprise prenait de l'ampleur et promettait d'atteindre de nouveaux sommets. Le réseau s'étendait et prenait de la force en assurant le service de transport des passagers et des marchandises ainsi que certains services express entre les villes. Les revenus générés étaient beaucoup plus considérables que ceux des réseaux urbains. Desmarais venait de franchir la première étape qui devait le conduire vers l'édification d'un réseau d'autobus à l'échelle du continent.

Sans prendre la peine de souffler, il décida de privatiser Transport Provincial. Il souhaitait offrir 15 dollars pour chacune des

350 000 actions en circulation, soit un total de 5 250 000 dollars. Il ne voulait toutefois pas endetter davantage la compagnie et il décida de procéder à une émission d'obligations afin de récolter les fonds nécessaires à l'opération.

Le premier courtier en valeurs qu'il consulta refusa de garantir l'émission. C'est alors qu'un de ses anciens confrères de l'époque de l'Université d'Ottawa, l'avocat Peter Porteous, le présenta à Jean-Louis Lévesque, le financier montréalais, dont la maison de courtage venait à peine de fusionner avec une maison concurrente pour fonder la firme Lévesque, Beaubien. Cette dernière accepta de garantir les obligations de Desmarais.

Cette opération ne le classait pas encore parmi les grands financiers québécois, mais elle lui permettait d'émerger comme un homme d'affaires d'une certaine envergure déjà. Le fait d'avoir Jean-Louis Lévesque à ses côtés constituait par ailleurs un privilège à ne pas dédaigner. Bien que né au Québec, Lévesque avait débuté en affaires à Moncton, au Nouveau-Brunswick, en travaillant pour une maison de courtage après ses études à l'Université de Moncton. À son retour au Québec, il s'était mis à racheter au rabais des compagnies en difficulté, les restructurant et les modernisant avant de les revendre avec d'intéressants profits. Il conserva quelques-unes de ces compagnies et finit par mettre sur pied, au cours des années 40 et 50, un conglomérat assez hétéroclite, La Corporation de Valeurs Trans Canada. Cette société avait des intérêts diversifiés dans des pistes de courses de chevaux, l'assurance-vie, la vente au détail et la fabrication de meubles. Les actions de ce fonds de placement étaient détenues par quelques investisseurs privés, Lévesque étant l'actionnaire principal.

Celui-ci savait par expérience quelles difficultés attendaient un Canadien français qui désirait se lancer en affaires et il prit en quelque sorte le jeune et fougueux Desmarais sous sa tutelle en lui ouvrant les portes des cercles financiers francophones du Québec. Après l'acquisition de Transport Provincial, Desmarais s'installa à Montréal, au coeur de l'action. Il put y parfaire son apprentissage des rouages du monde des affaires et mettre la touche finale à ce qui allait devenir son style personnel. Il pénétrait ainsi dans le clan des professionnels de la finance, qui estimaient qu'il avait le potentiel pour s'imposer. «J'étais au septième ciel: tellement de choses à faire, tellement d'affaires à faire, tellement de plaisir à en tirer[6].»

Entre-temps, la Transportation Management remplissait parfaitement son rôle. Elle avait acquis les intérêts de plusieurs petites compagnies québécoises de transport en commun, dont celles de Lévis, de Rouyn-Noranda et de Shawinigan, ainsi que celles desservant la banlieue montréalaise. Paul Desmarais était à présent le maître de l'industrie du transport au Québec. Il avait pris goût aux idées de grandeur et il s'apprêtait à franchir l'étape qui allait le mener jusqu'à Power Corporation.

Sa spécialité semblait être le domaine du transport en commun. Il rêvait d'établir un empire routier au Canada et aux États-Unis. Il étendrait d'abord son réseau vers les États américains, puis de l'Ontario vers l'Ouest canadien. Mais il constata bientôt qu'il allait empiéter sur les plates-bandes de la société Greyhound, un géant du transport interurbain aux États-Unis. Tôt ou tard, il aurait affaire à un concurrent qui possédait les moyens de l'acculer à la faillite. Il aurait été présomptueux de s'attaquer à un concurrent aussi puissant et qui manifestait le désir de se défendre.

Dès cet instant, il comprit que la croissance de Transport Provincial se limiterait à l'expansion normale de ses marchés; il n'était plus question de croissance rapide à coups d'acquisitions majeures. L'avenir dans le domaine du transport en commun était bloqué. Cette constatation marqua la fin de la première phase de l'ascension de Paul Desmarais dans le monde des affaires. Il devrait construire son empire ailleurs.

Il prit alors l'importante décision de diversifier ses placements. Il n'avait encore qu'une vague idée de ce que cela allait donner, mais il se mit néanmoins à faire des offres sur des entreprises qui lui semblaient attrayantes. Il voulait accumuler son avoir, en prévision du jour où il dénicherait la perle rare.

C'est ainsi que débuta la phase deux de la carrière de Paul Desmarais, qui allait le conduire en un temps record vers Power Corporation. Cette dernière était bien sûr hors de sa portée, car il ignorait encore tout du jeu de la haute finance. Pour le moment, il se contentait de saisir les occasions qui se présentaient à lui. Il avait la stature d'un major, mais il n'était pas encore prêt à jouer au général.

Par ailleurs, l'occasion d'atteindre le pinacle du monde des affaires canadien ne s'était pas encore présentée à lui. Mais, en diversifiant ses intérêts, il se laissait porter par le courant des affaires qui se déroulaient au Québec et au Canada. Il apprenait à mieux connaître ses concurrents, à déceler les bonnes occasions et à jouer correctement le jeu de la finance. Il était en quelque sorte en mission de reconnaissance, et le temps consacré à cette activité porterait bientôt fruit.

Le Montréal Trust allait lui assurer un poste d'observation stratégique. Il avait acquis suffisamment d'actions de cette vénérable institution financière pour être invité à siéger à son conseil d'administration en 1962. Le Montréal Trust faisait partie des institutions fondées par les anglophones de Westmount; son passé irréprochable le rendait plus que respectable. Les membres du conseil qui s'assoyaient à la même table que Paul Desmarais provenaient des familles les plus influentes et des entreprises canadiennes les plus prospères de l'époque. On y retrouvait C. N. Woodward, propriétaire d'une chaîne de grands magasins en Colombie britannique, le magnat du pétrole de Calgary, Frank McMahon, des membres de la riche famille Webster de Montréal, Lazarus Phillips, ex-sénateur et avocat prestigieux de Montréal, Earle McLaughlin, qui devint par la suite président du conseil de la Banque Royale du Canada, ainsi que Peter N. Thomson, président du conseil de Power Corporation.

Les deux derniers allaient d'ailleurs jouer des rôles clés dans la carrière de Desmarais. En attendant, sa présence au conseil du Montréal Trust lui permettait de se faire une idée du fonctionnement du monde de la finance et des affaires, tout comme elle permettait aux autres membres d'évaluer les aptitudes et les talents de Desmarais. Ce test était pour lui d'une importance vitale. Il ne lui suffisait plus de se montrer ambitieux; il lui fallait désormais obtenir l'appui de tous ces personnages influents pour pouvoir poursuivre son ascension.

Parce qu'il était francophone, on ne manquait pas de surveiller attentivement ses moindres faits et gestes. On connaissait ses succès récents, mais on estimait que le domaine du transport en commun n'avait rien à voir avec celui de la finance. Avant d'obtenir l'autorisation de gérer l'argent des autres, il lui fallait se montrer responsable et digne de confiance. En le laissant pénétrer dans leur cercle, ces personnages importants voulaient s'assurer que Desmarais avait assez d'étoffe pour devenir un joueur de haut calibre.

À en croire certains, il s'en tira brillamment. La regrettée Amy Booth, chroniqueuse pendant 30 ans au *Financial Post,* a suivi durant toutes ces années la carrière de Paul Desmarais. Voici ce qu'elle dit de lui: «Il était tranquille, réservé et prudent. Mais il faisait aussi preuve d'intelligence et d'enthousiasme. Il ne traînait pas avec lui tout le bagage émotif des francophones du Québec, de sorte qu'il possédait les qualités nécessaires pour s'intégrer à ce club sélect. Il avait simplement besoin de quelqu'un pour lui ouvrir les portes[7].»

Ce qui ne signifie pas que Desmarais se contentait d'attendre la venue de ce bon Samaritain. Comme à Sudbury, il ne se gênait pas pour laisser savoir à qui de droit ce qu'il désirait et montrer qu'il était prêt à payer le prix pour l'obtenir. Il appartenait donc à ces gens de décider s'il était dans leur intérêt de lui accorder ce qu'il demandait. Certains le faisaient pour de l'argent, d'autres dans l'espoir d'obtenir, plus tard, des privilèges, d'autres enfin pour le seul plaisir d'accorder une faveur parce que c'était en leur pouvoir.

«La chance a certainement joué un grand rôle dans sa réussite, ajoute Mme Booth. Il avait de la fougue, mais également un certain charme qui lui permettait de tempérer ses élans. Mais par-dessus tout, il était intelligent et il savait assumer ses responsabilités.»

En fait, Desmarais possédait réellement l'étoffe des meilleurs hommes d'affaires. Il fut donc admis dans le club au même titre que tout autre homme d'affaires qui sait que ses alliés d'un jour peuvent devenir ses adversaires du lendemain. En 1962, Desmarais fréquentait aussi bien les milieux d'affaires anglophones que francophones du pays; il commençait à y tisser des liens et à y parfaire son apprentissage. Dans les deux camps, on le considérait comme un être talentueux, responsable et à l'esprit vif; on l'invita à siéger à divers conseils d'administration afin d'écouter son point de vue.

Pendant les six années qui suivirent, il ne cessa de cumuler les postes d'administrateur comme d'autres collectionnent les papillons. Il fit la connaissance de géants tels que Lord Thomson (le magnat de la presse), E. P. Taylor (le dirigeant de Canadian Breweries et d'Argus Corporation), Fred Mannix (le dirigeant de Mannix Industries et du groupe Loram), ainsi que James Richardson (le directeur de la maison de courtage Richardson Securities). Aucun ouvrage d'économie n'aurait pu enseigner à Desmarais ce qu'il apprit à la fréquentation de ces grands financiers. Pour avoir une idée de la mesure de l'homme et de ses mentors, il suffit de mentionner que ces derniers ont pu, pour la plupart, assister de leur vivant à l'incroyable ascension de Desmarais, qui finit par les surpasser tous.

Entre-temps, Desmarais ne manquait pas de renforcer la position de sa compagnie et d'accroître son capital en prévision des occasions qui se présenteraient tôt ou tard sur sa route. Il progressait avec un sentiment d'urgence, car en 1962, une grève à Transport Provincial lui avait fait comprendre la nécessité de diversifier ses placements.

La force d'une compagnie d'autobus, c'est qu'elle génère des revenus quotidiennement; mais c'est aussi sa plus grande faiblesse. Car si les autobus ne roulent plus, les frais d'essence et les salaires des chauffeurs sont peut-être réduits à néant, mais les frais d'administration, les frais d'entretien et les salaires des cadres ne cessent pour autant de drainer des capitaux.

La grève fit comprendre à Desmarais qu'il était vulnérable aux interruptions de rentrées de fonds et qu'il comptait trop sur ses compagnies d'autobus pour générer le surplus nécessaire au financement de sa diversification. Il lui fallait dénicher une compagnie qui le mettrait à l'abri de ces inconvénients. Malheureusement, il ne possédait pas les fonds nécessaires pour en faire l'acquisition.

Les Entreprises Gelco[8] lui apportèrent une solution. Cette compagnie, qui s'appelait à l'origine Gatineau Electric, était une filiale de Gatineau Power; elle avait exploité son propre service d'électricité en Ontario jusqu'en 1948, année où Hydro-Ontario racheta l'exploitation. Depuis, Gatineau Electric avait été mise en veilleuse. Elle fut rebaptisée Gelco en septembre 1961 et put renaître de ses cendres après que Gatineau Power eut reçu la somme de 12,5 millions de dollars du Nouveau-Brunswick pour la nationalisation de ses propriétés situées dans cette province.

En échange, Gelco cédait 3,3 millions d'actions ordinaires et une obligation de 30 ans d'une valeur de 7,5 millions de dollars. Tout comme les gouvernements, les compagnies peuvent émettre des obligations à long terme qui portent un intérêt fixe et qui équivalent à une hypothèque; les propriétés ou l'actif de la compagnie sont alors déposés en garantie. Gelco émit ensuite un nombre identique d'actions ordinaires qu'elle versa sous forme de dividendes aux actionnaires de Gatineau Power, à raison de deux actions de Gelco pour une action de Gatineau.

Cet exercice avait pour but de permettre aux actionnaires de Gatineau Power de profiter de ces retombées inattendues et de protéger tout particulièrement les gains des actionnaires britanniques, qui détenaient plus de 30 p. 100 de toutes les actions de la compagnie. En vertu des lois votées au parlement britannique après la guerre, le portefeuille des citoyens britanniques qui investissaient à l'étranger était passé au peigne fin; les autorités cherchaient en effet à prévenir la fuite des capitaux provoquée par la fragilité de l'économie du pays. Les actionnaires britanniques de Gatineau Power auraient eu par conséquent à subir des pertes importantes sur le marché des changes et à payer de forts impôts sur les gains en capital.

Les dirigeants de Gatineau Power fondèrent la société de placement Gelco, dont l'objectif était d'investir dans des compagnies publiques, sans pour autant participer à leur administration. Grâce aux gains récoltés, Gelco verserait des dividendes aux actionnaires de la Gatineau. Les actions de Gelco étaient cotées à la Bourse. Si on les vendait sur le marché ou si on percevait des dividendes de deux sources différentes, les actionnaires britanniques étaient moins pénalisés que si Gatineau avait simplement redistribué l'argent provenant de la vente des actions de Gelco. Les actionnaires canadiens se voyaient par la même occasion offrir une chance supplémentaire de faire fructifier leur avoir.

Pour Desmarais, Gelco représentait une occasion en or. Le portefeuille de placement de la compagnie était évalué à 10 millions de dollars, mais il suffisait, pour mettre la main dessus, de s'emparer au prix du marché des 3,3 millions d'actions en circulation. Dès qu'elles furent émises, à l'automne 1961, ces actions connurent une forte demande. Avant la fin de la même année, elles passèrent de 1,20 dollar à 3 dollars. Mais après cette euphorie initiale, les investisseurs commencèrent à émettre des doutes sur la valeur réelle de Gelco et le prix de l'action baissa jusqu'à 60 cents au cours de l'été 1962.

Desmarais ne cessait de surveiller le cours des actions de Gelco, car il détenait vraisemblablement un bloc d'actions de la compagnie, ce qui l'autorisait non seulement à obtenir des renseignements inconnus du grand public, mais à consulter également la liste de tous les autres actionnaires. En juillet 1962, alors qu'il se trouvait près de Sudbury où il participait à une partie de pêche de quelques jours organisée pour ses employés de la Sudbury Bus Lines, la paix du séjour fut soudain troublée par un message en provenance de ses bureaux de Montréal: les actions de Gelco étaient descendues à 60 cents et ne donnaient aucun signe de reprise. Desmarais rentra en hâte à Sudbury, s'envola vers Montréal et de là prit le premier avion à destination de l'Angleterre.

Une fois installé à l'hôtel, il offrit aux actionnaires de Gelco la somme d'un dollar pour chacune de leurs actions. À Montréal, Transport Management Corporation transmit la même offre aux actionnaires canadiens. Pressés de se défaire de leurs actions apparemment sans valeur, les actionnaires de Gelco ne se firent pas prier et, en décembre de la même année, soit cinq mois plus tard, Transportation Management détenait 50 p. 100 des actions de Gelco, qui se négociaient à nouveau à trois dollars.

Comme Desmarais était le principal actionnaire, il détenait la mainmise réelle sur la compagnie et il en devint le président. Il put ainsi diriger la politique d'investissement et les mouvements de trésorerie de la compagnie. Il commença à en liquider le portefeuille de placement, car elle n'exerçait d'influence sur aucune des compagnies dans lesquelles elle avait investi; elle était dépendante des forces

105

du marché et des décisions d'administrateurs sur lesquels elle ne détenait aucun pouvoir.

Desmarais savait à quel point le rendement d'une compagnie pouvait dépendre de la qualité de son administration. Il savait aussi que le fait de détenir un siège au conseil, par le biais d'un bloc déterminant d'actions, constituait le meilleur moyen d'influencer les décisions des administrateurs. Il en a depuis fait sa marque de commerce. Il s'assure ainsi que les compagnies placées sous la tutelle de ses sociétés de placement sont gérées avec un maximum d'efficacité et génèrent un maximum de profits qui, en fin de compte, se retrouvent dans ses coffres.

En mars 1963, Gelco possédait suffisamment de fonds pour partir en chasse. Sa première cible fut L'Impériale, Compagnie d'Assurance-Vie, dont l'actif s'élevait à 332 millions de dollars. On raconte que Desmarais constata que Gelco disposait de 10 millions de dollars dans son fonds de trésorerie. Il aurait alors jeté un coup d'oeil aux cotes de la Bourse dans le journal, aperçu le nom de L'Impériale, estimé que 10 millions lui suffiraient pour s'en emparer, et décidé de l'acheter.

C'est du moins ce qu'affirma Desmarais lui-même devant les caméras de télévision en 1980, dans un documentaire tourné par la Société Radio-Canada. Il est néanmoins difficile d'admettre qu'un homme de sa trempe, qui tient même compte des facteurs psychologiques, ait été aussi désinvolte lors de sa première transaction financière d'importance.

Par ailleurs, l'opinion de ses mentors comptait encore beaucoup à ses yeux; or, ceux-ci détenaient tous d'importantes participations dans des compagnies d'assurances, qui constituent généralement des placements stables et sûrs. Après la grève longue et coûteuse que venait de subir Transport Provincial, la sécurité offerte par une compagnie d'assurances serait la bienvenue.

L'Impériale comptait parmi les 10 plus importantes compagnies d'assurances du Canada, tant par la taille que par les revenus, mais elle était administrée de façon exagérément prudente. Elle était rentable et les dividendes versés aux actionnaires ne cessaient de croître. L'avenir s'annonçait par ailleurs prometteur dans ce secteur,

L'avoir de Paul Desmarais au printemps 1964

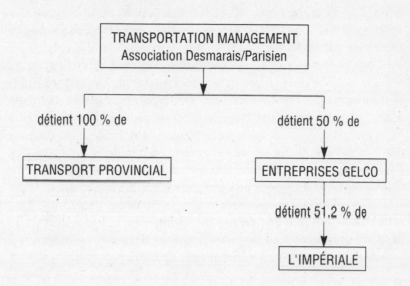

Figure 4

(Note: Il s'agit d'un tableau simplifié des avoirs de Paul Desmarais.)

comme le révélaient les performances boursières des compagnies d'assurances.

Pour toutes ces raisons sans doute, L'Impériale correspondait aux besoins et aux attentes de Paul Desmarais. Gelco déboursa 9 millions de dollars pour 45 p. 100 des actions de la compagnie. Au début de 1964, elle déboursa à nouveau 1 249 000 dollars pour augmenter sa participation à 51,2 p. 100.

Au printemps 1964, Desmarais et Parisien détenaient la majorité des actions de Transportation Management. Un certain Frank G. Hooton détenait également une participation dans la compagnie, mais les renseignements concernant son identité et le rôle qu'il joua dans cette association demeurent obscurs. En 1966, il ne faisait officiellement plus partie du décor, mais rien n'indique qu'il avait quitté l'entreprise. Il ne fait cependant aucun doute que Desmarais et Parisien furent les véritables artisans du succès de la compagnie.

Quatorze ans après avoir repris la Sudbury Bus Lines, Desmarais était à la tête d'une entreprise estimée au bas mot à 20 millions de dollars, qui détenait des participations dans des compagnies dont l'avoir total se montait à 406 millions de dollars.

NOTES

1. Newman, *L'Establishment canadien,* Éditions de l'Homme, p. 87.

2. «The mystery man who rose from nowhere to head Canada's greatest financial empire», *Star Weekly Magazine,* 13 juillet 1968.

3. Si l'on considère qu'un dollar permettait d'acheter 4,5 fois plus en 1955 qu'en 1987, les 100 000 dollars de Desmarais en vaudraient actuellement 450 000, ce qui signifie que le prix de son option équivaudrait à 225 000 dollars!

4. Si un dollar de 1960 valait quatre fois plus qu'un dollar de 1987, la fortune de Desmarais en 1959 équivaudrait aujourd'hui à trois ou quatre millions de dollars.

5. «Paul Desmarais existe-t-il?», *Le Maclean,* avril 1976, p. 20.

6. Newman, p. 87.

7. Quatre mois après ma rencontre avec Mme Booth, celle-ci mourait d'une maladie dont la nature n'a pas été révélée.

8. Le nom de Gelco est associé de nos jours à un service de messagerie. Les Entreprises Gelco dont il est question ici ont été pendant quelque temps affiliées à cette firme de messagerie.

CHAPITRE 6

1964-1967:
les années de croissance

Au cours d'une conversation avec Paul Desmarais au début des années 80, le journaliste Jean Pelletier mentionna avoir rencontré l'avocat et ingénieur Michel Gaucher, le fondateur de Sofati, firme québécoise d'ingénieurs-conseils qui oeuvre à l'échelle internationale, et président du conseil de Socanav, transporteur maritime des Grands Lacs. Gaucher souhaitait diversifier ses activités et cherchait des investisseurs susceptibles de fonder avec lui une compagnie de transport maritime sur l'Atlantique.

«Desmarais, dressé sur son siège, m'a alors demandé, raconte Pelletier: «Quel genre d'entreprise est-ce? Penses-tu que ce soit une bonne affaire? À qui dois-je m'adresser? De quoi s'agit-il?» Et Pelletier remarque: «Il était toujours à la recherche d'une affaire intéressante ou d'une entente à conclure, en état d'alerte permanent et prêt à passer à l'action à tout moment. Son esprit était en constante ébullition.»

Pelletier se souvient également d'avoir entrevu Desmarais à Téhéran, en 1975, quelques années avant la révolution iranienne et l'affaire de la prise d'otages à l'ambassade américaine. Le journaliste préparait alors une série d'articles sur l'Iran pendant que Desmarais rencontrait le Shah pour parler d'affaires.

Toujours à la recherche d'un marché, Desmarais se rendit ensuite en Arabie Saoudite, en vue d'y investir dans les pétro-dollars par l'intermédiaire d'une des filiales de Power. Il était accompagné dans ses déplacements par un reporter de *La Presse* désireux d'améliorer sa connaissance de l'Europe et du Moyen-Orient. Alors qu'ils se trouvaient à Paris, dernière étape de leur voyage, un appel téléphonique interrompit les deux hommes qui se reposaient et s'entretenaient dans la suite de Desmarais. Il s'agissait d'un banquier canadien. Pendant que Desmarais discutait avec son interlocuteur, le journaliste put remarquer qu'il devenait froid et distant: il dictait des directives précises. Puis, après avoir raccroché, Desmarais expliqua au journaliste qu'il est parfois nécessaire de remettre les banquiers à leur place si l'on veut éviter qu'ils s'ingèrent dans vos affaires.

«C'est tout à fait lui», poursuit Pelletier, qui tient cette anecdote du journaliste qui avait accompagné Desmarais. «Il est capable d'évaluer une situation et d'adopter l'attitude la plus appropriée.»

Au cours des années 60, l'attitude la plus appropriée consista pour Desmarais à substituer à la stratégie prudente de Gelco une stratégie plus dynamique. En d'autres termes, il se débarrassa des avoirs hétéroclites et peu rentables de la compagnie pour faire des placements plus rémunérateurs. Il permit toutefois aux actionnaires minoritaires de recevoir leur juste part du gâteau (sous forme de dividendes et de gains en capital) pendant toute la durée des opérations. Lui-même touchait, outre les dividendes attachés à ses actions, des honoraires d'administrateur auxquels s'ajoutaient les rémunérations qu'il percevait à titre de membre d'autres conseils d'administration.

À la fin de 1965, les plans de Desmarais pour Gelco étaient assez avancés pour révéler le génie de leur auteur. La stratégie de Desmarais consistait à tenter d'imbriquer une série de compagnies les unes dans les autres, sans qu'on perdît de vue l'ensemble de la pyramide ainsi formée. À peine Desmarais avait-il pris la tête de Gelco qu'il entreprit de la réformer. Mais il jugeait que le succès tardait trop à venir. Son impatience était grande de faire bouger les choses.

Ayant mis la main sur L'Impériale, Desmarais avait décidé de faire une pause afin de consolider ses acquis. Transportation Management détenait alors tout l'actif de Transport Provincial, évalué à environ 7,8 millions de dollars, et détenait aussi 50 p. 100 de Gelco, dont la valeur atteignait près de 6 millions (contre les 2 millions payés à l'achat), et celle-ci détenait à son tour 51,2 p. 100 des actions de L'Impériale dont l'actif était évalué à 10,2 millions de dollars. Transportation Management détenait également un intérêt minoritaire, d'une valeur de 500 000 dollars, dans La Corporation de Valeurs Trans-Canada, la société de placement de Jean-Louis Lévesque, évaluée à 66 millions de dollars, ainsi qu'un portefeuille composé de titres spéculatifs aussi bien que de valeurs de premier ordre. Desmarais était à la tête d'un conglomérat de plus de 20 millions de dollars qui avait des placements dans des compagnies évaluées à quelque 406 millions.

Toutefois, il ne détenait pas suffisamment d'actions de Gelco pour pouvoir imposer sa volonté à la firme. Parisien et lui s'entendaient à merveille, mais la moitié des actions appartenait aux autres actionnaires, qui avaient toujours le loisir, sinon de s'opposer aux projets de Desmarais, du moins d'en retarder l'exécution. Certes, dans la mesure où le prix des actions et des dividendes n'avait cessé de croître, ces actionnaires ne songeraient guère à contrecarrer ses plans, mais il n'était pas certain qu'ils accepteraient de le suivre dans ses initiatives les plus audacieuses.

Desmarais était trop habitué à prendre ses responsabilités et à user de son autorité (qualités essentielles d'un chef) pour ne pas continuer à agir à sa guise.

À court terme, il risquait toutefois de se trouver dans la situation d'un général plein d'allant qui tente de faire partager ses vues à des collègues timorés. Il sentait que les actionnaires minoritaires, protégés par les garanties juridiques, lui opposeraient tôt ou tard des résistances qui gêneraient sa liberté d'action.

Or, il avait besoin d'une entière liberté de manoeuvre, car il chassait désormais le gros gibier. Il existait d'autres firmes sous-évaluées, dont il pourrait certainement s'assurer la maîtrise moyennant un prix avantageux. Il ignorait encore quelle serait sa prochaine proie, mais il demeurait prêt à saisir la première occasion qui se présenterait. Cette imprécision dans les plans pouvait à juste titre inquiéter certains actionnaires minoritaires. On pouvait prévoir que Desmarais prendrait tôt ou tard la direction de Gelco et en rachèterait toutes les actions en circulation afin d'en faire une société entièrement privée.

Pour Desmarais, la part du lion devait revenir à celui qui accomplissait l'essentiel du travail et prenait presque tous les risques. Un tel point de vue est parfaitement défendable, mais il néglige une question: pendant combien de temps le lion peut-il conserver son privilège? Suffit-il, après avoir remis sur pied une compagnie déficitaire, de veiller simplement à son bon fonctionnement pour pouvoir en tirer profit pendant 20 ans?

Pour évincer les actionnaires minoritaires de Gelco, Desmarais devait attendre le moment propice. Il lui fallait d'abord obtenir l'appui des milieux financiers influents et s'assurer que ses mentors ne s'opposeraient pas à son projet. Tout impair de sa part eût risqué d'entraîner son renvoi à Sudbury et de lui interdire toute nouvelle tentative.

Aucune opposition ne paraissant se manifester, Desmarais se prépara à mettre la main sur Gelco. Il passa à l'action en 1964, en utilisant pour la première fois la technique de la «mainmise inversée». Il est connu depuis comme le spécialiste de cette technique qu'il n'a pas inventée, mais qu'il a perfectionnée. En fait, cette technique est fondée sur le principe du troc. Durant la Dépression, E. P. Taylor l'utilisa avec beaucoup de succès au moment où il acquit et fusionna la trentaine de brasseries qui allaient devenir la compagnie Canadian Breweries. Jean-Louis Lévesque s'en était également servi et tout donne à penser qu'il en enseigna le fonctionnement à Desmarais.

L'idée qui est à la base de la mainmise inversée est assez simple en soi, mais son application peut devenir extrêmement complexe. L'exemple suivant nous servira à illustrer son fonctionnement.

L'avoir de Desmarais et de Parisien
avant la mainmise sur Gelco

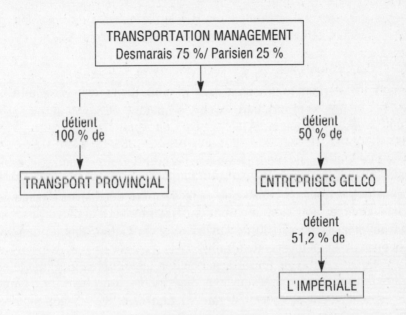

Figure 5

Situation:

1. X détient 50 p. 100 de la Compagnie A et désire en acquérir la totalité des actions, mais il ne possède pas les fonds nécessaires à cette opération.

2. X détient également la Compagnie B, dont la valeur comptable équivaut à 50 p. 100 de la valeur de la Compagnie A.

113

Solution:

3. X vend la Compagnie B à la Compagnie A et utilise le produit de cette vente pour acheter le reste des actions de la Compagnie A.

4. Ou X vend la Compagnie B à la Compagnie A et accepte en échange le reste des actions de la Compagnie A.

Conclusion:

5. X détient maintenant 100 p. 100 de la Compagnie A et demeure propriétaire de la Compagnie B par l'intermédiaire de la Compagnie A.

Vers la fin de 1964, Desmarais vendit à Gelco, pour la somme de 7,8 millions de dollars, l'actif de Transportation Management, moins les actions de Gelco que cette dernière détenait. En échange, Desmarais et Parisien reçurent suffisamment d'actions pour se retrouver avec 80 p. 100 de l'avoir total de Gelco. Pas un cent ne changea de main dans cette affaire!

Desmarais avait réussi à persuader les actionnaires de Gelco que la transaction était à leur avantage même si au bout du compte ils ne recevaient pas plus d'argent. Il faut dire que les actionnaires britanniques étaient toujours aux prises avec les lois anglaises et que les actionnaires canadiens avaient des problèmes d'ordre fiscal comparables. Aussi, même s'ils voyaient diminuer leur avoir (leur participation dans Gelco passait de 50 à 20 p. 100), ils bénéficiaient largement de l'apport provenant de Transportation Management.

Mais la tâche n'avait pas été simple pour Paul Desmarais. De nos jours, pareil exploit serait difficile à renouveler. Desmarais dut son succès à son travail acharné, à son charme, à sa force de persuasion et à sa perspicacité mais aussi à la chance. Après la réussite de sa mainmise sur Gelco, il s'est toujours efforcé de prendre pour cibles des compagnies ayant à leur tête un seul actionnaire majoritaire désireux de vendre.

Désormais, libre d'agir avec toute la latitude voulue, Desmarais avait à ses côtés un associé digne de confiance et se trouvait à la tête d'une société de placement aux intérêts diversifiés qui tirait ses revenus de deux secteurs aussi différents que rentables. Jamais ni Desmarais ni Parisien n'avaient détenu autant de pouvoir. Fort d'une crédibilité et d'une confiance nouvelles, Desmarais disposait désormais de suffisamment de capitaux, propres ou empruntés, pour se lancer de nouveau dans l'action. Il connaissait les lois du marché et savait les utiliser à son avantage là où d'autres tâtonnaient dans l'inconnu.

L'économie capitaliste prenait de la force et de la maturité. On mettait de plus en plus en application une théorie publiée en 1932 qui faisait une nette distinction entre la propriété et la direction d'une entreprise[1]. Selon cette théorie, le capitalisme est constamment en évolution. D'abord dirigées par leurs propriétaires, les entreprises avaient dû, dans une étape ultérieure, mettre leurs ressources en commun afin de réunir les capitaux nécessaires à leur expansion. C'est au cours de cette période de croissance que la distinction s'est peu à peu établie entre la propriété et la direction des entreprises.

Dans les années 60, le Canada émergeait à peine de la première phase du capitalisme. Le pays était composé de petites entreprises au milieu desquelles des empires tels que Power Corporation ou Argus Corporation faisaient figure de monstres. Même des entreprises géantes comme Seagram ou Irving appartenaient encore à leurs fondateurs ou aux héritiers de ceux-ci.

Ce sont les investisseurs étrangers, et tout d'abord les Américains, qui contraignirent les compagnies canadiennes à devenir des sociétés publiques. Aux États-Unis, les intérêts afférents aux emprunts destinés à l'investissement étaient déductibles de l'impôt. Les capitaux à risque en provenance des États-Unis ne tardèrent pas à être investis de ce côté-ci de la frontière. Placé intelligemment, cet argent emprunté était pratiquement exempt d'intérêt! Le régime fiscal canadien n'offrant pas de tels avantages, les hommes d'affaires du pays ne ressentaient pas le besoin d'investir ailleurs que dans leurs propres entreprises.

Fort de ses connaissances, de son expérience et de son audace, Desmarais s'imposait de plus en plus dans les milieux

115

L'avoir de Desmarais et de Parisien à la fin de 1964

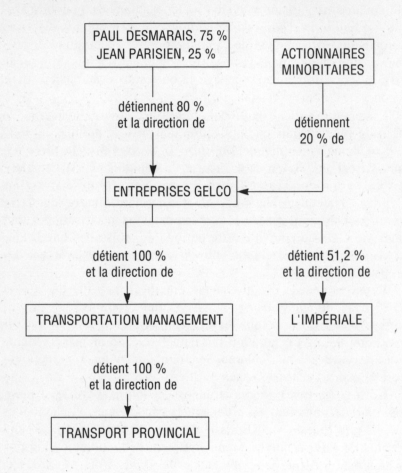

PAUL DESMARAIS, 75 %
JEAN PARISIEN, 25 %

ACTIONNAIRES
MINORITAIRES

détiennent 80 %
et la direction de

détiennent
20 % de

ENTREPRISES GELCO

détient 100 %
et la direction de

détient 51,2 %
et la direction de

TRANSPORTATION MANAGEMENT

L'IMPÉRIALE

détient 100 %
et la direction de

TRANSPORT PROVINCIAL

Figure 6

d'affaires plutôt peu entreprenants du Canada. Il lui suffisait de devenir l'actionnaire majoritaire des sociétés publiques et d'employer leurs actifs de manière plus dynamique. Capable d'allier les avantages de la propriété à ceux d'une forte capitalisation, il entendait maîtriser la destinée des entreprises qui l'intéressaient, mais sans être seul à en supporter le fardeau et les risques financiers.

Cette conception des choses était éloignée des pratiques habituelles des entreprises canadiennes. Imprégnés du modèle britannique, les gens d'affaires du pays considéraient les membres les plus influents de leur communauté comme une aristocratie investie d'une mission d'origine divine s'exerçant sur les hommes et sur le cours des choses. Les membres de cette caste avaient dressé un mur entre eux et le commun des mortels. Il fallait des circonstances exceptionnelles ou des relations personnelles influentes pour avoir accès à ce cercle fermé. Des projets venant de l'extérieur n'avaient pratiquement aucune chance de retenir l'attention des membres de cette aristocratie.

Desmarais n'avait nullement l'intention de contester l'ordre établi, mais il ne pouvait s'empêcher d'agir en fonction de l'expérience qu'il avait acquise et de l'éducation qu'il avait reçue. Les nouvelles théories capitalistes étaient largement répandues à l'époque où il était à l'université, et il y a gros à parier qu'elles ont exercé une grande influence sur lui. Mais il a également puisé aux sources de l'histoire. Lecteur passionné de biographies, Desmarais avait pour modèles certains personnages historiques. «J'estime beaucoup les hommes à la personnalité forte, déclara-t-il un jour. S'il faut donner des noms, je dirai Winston Churchill, Charles de Gaulle, Franklin Roosevelt, Mao Tsé Toung[2].» Il admettait aussi avoir beaucoup d'admiration pour Napoléon.

Différents les uns des autres par leur personnalité et leur culture, tous ces personnages avaient en commun d'avoir vécu à des époques troubles et difficiles. Par choix ou par obligation, ils avaient su relever le défi de l'histoire et surmonter les difficultés grâce à leur expérience personnelle et à celle de leurs collaborateurs. Malgré leurs faiblesses et leurs échecs (souvent aussi nombreux que leurs réussites), ils avaient consacré toutes leurs énergies à la réalisation de leurs objectifs.

Ces hommes avaient agi un peu à la manière de Desmarais: après avoir cerné les problèmes auxquels ils étaient confrontés, ils avaient imaginé des solutions pour tenter de les résoudre et ils s'étaient efforcés de les mettre en oeuvre. On rencontre d'ailleurs tout au long de l'histoire de ces personnages célèbres qui surent élaborer des stratégies et les appliquer, ce qui explique sans doute pourquoi le vocabulaire de l'administration contient tant de termes empruntés aux domaines politique et militaire. Les gens d'affaires sont-ils conscients de ce que cela implique?

Il est relativement simple d'établir une stratégie: il suffit de définir ses objectifs, de calculer de manière réaliste les risques et les coûts liés à leur réalisation, d'évaluer les ressources dont on dispose et de décider quelles dépenses sont appropriées à leur poursuite. Au début des années 60, Paul Desmarais se devait d'établir clairement sa stratégie. Il lui fallait choisir ses cibles, déterminer les moyens de les atteindre et passer à l'action. Il lui resterait ensuite à définir une tactique en vue d'atteindre tous les objectifs secondaires liés à l'objectif global.

Ainsi, en 1963, alors qu'il prenait possession de Gelco, Desmarais avait acheté une participation dans La Corporation de Valeurs Trans-Canada, une société de placement fondée en 1954 par Jean-Louis Lévesque. Ce dernier en était l'actionnaire majoritaire et sa politique consistait alors à acheter suffisamment d'actions de diverses compagnies pour avoir le droit de siéger à leur conseil d'administration. Mais il s'aperçut bientôt qu'il était préférable de prendre carrément la direction de ces sociétés et il modifia sa stratégie en conséquence.

Au début de 1964, Trans-Canada était propriétaire de 18 entreprises, dont les hippodromes Blue Bonnets et Richelieu, des manufactures de meubles, la compagnie d'assurance-vie La Prévoyance, les magasins Dupuis Frères et Albert Lambert, et des publications. Elle détenait également un portefeuille diversifié d'actions ainsi que des liquidités pour une valeur totale de 66 millions de dollars. Cette année-là, Lévesque décida de se retirer de

Trans-Canada; il voulait créer la firme de courtage Lévesque, Beaubien et faire l'élevage de chevaux de course.

Lévesque et Desmarais étaient rapidement devenus confrères. Leurs deux familles fréquentaient les mêmes milieux et prenaient parfois ensemble leurs vacances en Floride. Desmarais n'ignorait donc pas les intentions de Lévesque. Il se demandait par contre si ce dernier souhaitait vendre sa compagnie en un seul bloc ou liquider ses placements.

Desmarais avait des difficultés de liquidités. La fortune de Gelco reposait sur les épaules de Transportation Management et de L'Impériale. Or, les revenus de Gelco étaient directement ou indirectement (Desmarais empruntait sur leur valeur) investis dans des placements spéculatifs et dans des placements sûrs. Ainsi, dans le but de rationaliser les activités de Transport Provincial, Desmarais avait vendu Québec Autobus et utilisé le produit de la vente pour acquérir le dernier service de transport interurbain indépendant du Québec. Il venait aussi d'émettre une obligation d'une durée de 15 ans et d'une valeur de 5 millions de dollars sur Transport Provincial, afin de permettre à l'entreprise de poursuivre sa croissance. Il ne voulait vendre ni l'une ni l'autre de ces sociétés qui lui rapportaient gros.

La situation financière de Desmarais et de ses entreprises était bonne, mais il ne disposait pas des 30 millions de dollars qui lui auraient permis d'acquérir 51 p. 100 des actions de Trans Canada. Au cours des années 60, Desmarais fut d'ailleurs constamment préoccupé par cette question du manque de liquidités. Pour obtenir des fonds, il lui fallait envisager une nouvelle stratégie.

À la fin de 1964, non seulement Lévesque décidait de vendre Trans Canada d'un seul bloc, mais il était d'accord pour céder la compagnie à Desmarais. Tous deux se mirent au travail au début de 1965 et l'entente fut finalement conclue en avril sous le soleil de la Floride.

Par l'intermédiaire de Gelco, Desmarais fit une offre publique d'achat sur Trans-Canada. Il comptait obtenir 55 p. 100 des actions de la compagnie pour un montant total de 28,6 millions de dollars (soit 2,2 millions d'actions à 13 dollars chacune). Trans-Canada accepta l'offre mais, en retour, elle achetait de Gelco les actions de Transport Provincial et de L'Impériale pour 31 millions de dollars. Grâce à ces 31 millions, Gelco put dédommager les actionnaires de Trans-Canada.

Trans-Canada emprunta 13 millions de dollars sur son actif, vendit des actions et divers placements pour 13 millions et préleva 5 autres millions sur sa trésorerie, qui contenait des fonds provenant de la vente antérieure de certains actifs. Trans-Canada remboursa d'ailleurs ses emprunts en quelques mois en vendant d'autres actifs. Lévesque conserva 12 p. 100 des actions de Trans-Canada et la mainmise sur FIC Fund, une filiale de Trans-Canada. Pendant l'année qui suivit, Desmarais échangea ou vendit à FIC certains placements de Trans-Canada contre des actions supplémentaires de cette dernière, ce qui porta la participation de Gelco dans la compagnie à plus de 57 p. 100.

Avant longtemps, Trans-Canada serait appelée à jouer un rôle majeur dans la fortune future de Desmarais. Tout en consolidant sa mainmise sur la compagnie, il avait déjà vendu certains éléments de son actif et il avait réinvesti les fonds dans des placements qui lui convenaient mieux. Il était en passe de construire un petit empire et de prendre pied dans le secteur lucratif des services financiers.

En novembre 1965, Desmarais acheta, au prix de 16 millions de dollars, un million d'actions du Groupe Investors, une compagnie qui offrait ses services financiers tant aux sociétés commerciales qu'aux particuliers. La participation de Desmarais ne représentait que 33,1 p. 100 des actions d'Investors, mais c'était suffisant pour lui assurer la mainmise effective sur la compagnie. Par l'intermédiaire de ses filiales, Investors gérait non seulement des fonds communs de placement et des fonds de pension, mais offrait aussi des services de pension et de placement. Le total de l'actif administré par le groupe se montait à 1,3 milliard de dollars.

À l'origine, Investors n'était qu'une succursale d'Investors Diversified Services, dont le siège social se situait à Minneapolis, au Minnesota. Elle avait été créée en 1927 à Winnipeg pour desservir la clientèle canadienne de la firme. En 1957, elle vendait ses premières actions aux investisseurs canadiens et, en 1964, la firme de

L'avoir de Desmarais et de Parisien après la mainmise sur
La Corporation de Valeurs Trans-Canada

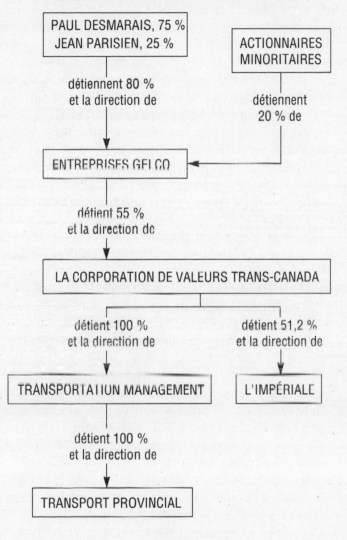

Figure 7

courtage James A. Richardson and Sons de Winnipeg se rendait acquéreur de la compagnie. Richardson la réorganisa. Il commençait à liquider sa position au moment où Desmarais fit son entrée.

Celui-ci racheta les actions d'Investors de la Banque de Commerce Canadienne Impériale par l'intermédiaire de L'Impériale. La loi canadienne interdisant aux compagnies d'assurance de détenir plus de 30 p. 100 des actions d'une autre compagnie dans leur portefeuille, Desmarais dut user d'un stratagème. Le million d'actions d'Investors représentait 33,1 p. 100 de l'avoir de L'Impériale; cette dernière ne conserva par conséquent que 900 000 actions d'Investors dans son portefeuille et Gelco conserva le reste.

En décembre 1965, peu après avoir acquis Investors, Desmarais offrit 3,25 dollars l'action pour les 20 p. 100 d'actions de Gelco encore en circulation, ce qui représentait un investissement de 700 000 dollars. L'offre fut transmise par la société en commandite DPH, qui se composait du duo habituel Desmarais-Parisien, ainsi que de Frank G. Hooton, un homme d'affaires de Québec qui était actionnaire minoritaire. Hooton détenait un bloc important d'actions de Gelco lorsque la société DHP vit le jour, mais il s'en départit, au profit de ses deux partenaires, en 1966-1967. Depuis lors il a disparu, de même que DHP. Desmarais et Parisien demeurèrent associés, le premier détenant toujours 75 p. 100 des actions de leur société, le deuxième 25 p. 100.

Il en coûta 2,7 millions de dollars, tous empruntés, pour la mainmise complète sur Gelco dont la valeur réelle atteignait environ 8,5 millions de dollars. Gelco détenait des placements dans Transport Provincial (évaluée à 14 millions de dollars), dans Trans-Canada (évaluée à 56 millions), dans L'Impériale (évaluée à 18 millions) et dans le Groupe Investors (évalué à 16 millions). Le total des investissements de Gelco portait l'actif de la compagnie à 110 ou 115 millions de dollars, cependant que le total de l'actif de ses filiales s'élevait à plus de 1,7 milliard de dollars.

Même après avoir acquis Gelco, Desmarais visait toujours aussi impatiemment les sommets. Mais, avant de poursuivre sa ronde de fusions et d'acquisitions, il lui fallait mettre de l'ordre dans ses avoirs qui venaient de quadrupler en un an. Il ralentit donc son rythme de croissance, et commença à faire le tri dans ses placements afin d'en rationaliser la gestion. La plupart des compagnies placées sous la tutelle de Gelco étant publiques, bon nombre d'observateurs ne manquèrent pas de surveiller les moindres faits et gestes de Desmarais lorsqu'il entreprit, entre autres choses, de disposer des avoirs de Trans-Canada. On voulait savoir comment il s'y était pris pour prendre la direction de la compagnie et ce qu'il adviendrait du portefeuille de cette dernière.

Les placements de Trans-Canada étaient assez hétéroclites, mais ils correspondaient aux objectifs que Jean-Louis Lévesque s'était fixés: acheter à bas prix des entreprises en difficulté, redresser leur situation financière et les conserver dans le but de les revendre au prix fort au moment opportun. Desmarais partageait la vision de Lévesque et il utilisait les mêmes techniques que ce dernier, mais il aspirait à bâtir un empire d'une plus grande envergure. Pour Desmarais, Trans-Canada représentait une source de liquidités rapidement accessibles. Son objectif était d'en faire une société de placement qui tiendrait sous sa coupe des compagnies rentables et en pleine croissance. Muni d'un tel instrument, il aurait à l'avenir toute la liberté d'action que procure le privilège de détenir un compte bancaire dans lequel on peut puiser à volonté.

Presque tous les placements de Trans-Canada furent liquidés entre la fin de 1965 et la fin de 1966, ce qui permit à Desmarais de rembourser la dette de la compagnie et de financer d'autres investissements. Il put ainsi se lancer dans l'immobilier en fondant Trans Canada Realty. Il revendit par ailleurs à Jean-Louis Lévesque certains éléments de l'actif dont l'hebdomadaire *Le Petit Journal*.

Ce qui, au début de 1965, avait semblé n'être qu'une série de ventes et de rachats s'avérait être en fait une opération complexe qui devait se terminer un an et demi plus tard. Tous ces remaniements avaient eu pour but d'attribuer à Lévesque et à Desmarais les sociétés que chacun souhaitait précisément conserver depuis le début. En 1968, il ne restait plus dans le portefeuille de Trans-Canada que deux des placements initiaux, à savoir une des pistes de courses de chevaux et un des grands magasins. Desmarais avait

123

L'avoir de Desmarais et de Parisien
au début de 1966

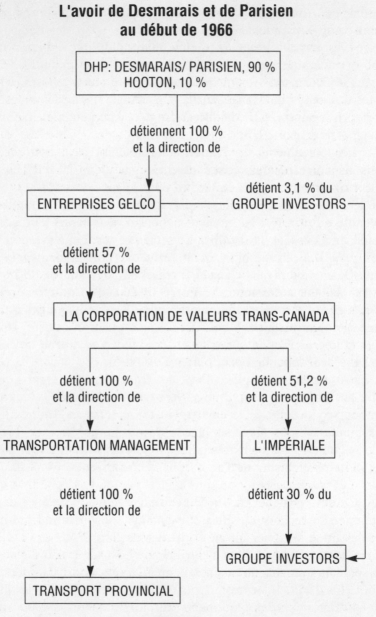

DHP: DESMARAIS/ PARISIEN, 90 %
HOOTON, 10 %

détiennent 100 %
et la direction de

ENTREPRISES GELCO

détient 3,1 % du
GROUPE INVESTORS

détient 57 %
et la direction de

LA CORPORATION DE VALEURS TRANS-CANADA

détient 100 %
et la direction de

détient 51,2 %
et la direction de

TRANSPORTATION MANAGEMENT

L'IMPÉRIALE

détient 100 %
et la direction de

détient 30 % du

GROUPE INVESTORS

TRANSPORT PROVINCIAL

Figure 8

124

ses capitaux et Lévesque, ses compagnies et ses capitaux. Tout le monde gagnait sur toute la ligne!

Entre-temps, Desmarais dut faire face aux événements qui aboutirent à la fermeture de la Sudbury Bus Lines (voir chapitre 4). Il fit également entrer Trans-Canada dans l'industrie des communications. Cette initiative en surprit plus d'un, mais ceux qui connaissaient Desmarais et l'étendue de ses relations ne s'en étonnèrent pas outre mesure. Dès 1966, plus personne dans les milieux d'affaires ne pouvait ignorer les ambitions de Desmarais. Il avait déjà siégé aux mêmes conseils d'administration que Lord Thomson, il connaissait le magnat de l'édition de Calgary Max Bell et il avait fréquenté d'autres personnalités influentes du monde de l'édition.

Aux yeux de celles-ci, les journaux constituaient des investissements rentables et prestigieux lorsqu'ils étaient bien gérés. On pouvait d'ailleurs les regrouper pour en tirer de meilleurs profits en offrant des forfaits aux annonceurs régionaux et nationaux. On pouvait également faire des économies d'échelle lorsque venait le temps de moderniser l'équipement. Il suffisait de charger le même groupe d'administrateurs de faire les achats nécessaires et de diriger les opérations. De cette façon, même les journaux locaux rapportaient des bénéfices, comme les Thomson et les Southam l'avaient si bien démontré.

Desmarais était donc prêt à passer à l'action lorsque Jacques Francoeur, un journaliste devenu éditeur, lui proposa, vers la fin de 1965, d'acheter *La Tribune* de Sherbrooke. Le propriétaire du quotidien détenait également une station de télévision et deux stations de radio dans les Cantons de l'Est et il voulait se défaire de ses avoirs. Power Corporation du Canada manifestait de l'intérêt pour ces affaires, mais désirait acquérir uniquement les stations de télévision et de radio. Francoeur était déjà propriétaire de l'hebdomadaire *Dimanche-Matin*, de neuf hebdomadaires de la région de Montréal et d'un autre à Granby. Il était disposé à acquérir *La Tribune*, mais il ne disposait que du tiers des fonds nécessaires à cet achat.

Desmarais accepta de se joindre à Francoeur et la transaction eut lieu en 1967. La société Les Journaux Trans-Canada vit alors le

125

jour et elle fut placée sous la tutelle de La Corporation de Valeurs Trans-Canada. Francoeur n'avait toutefois pas soupçonné que la compagnie prendrait rapidement de l'expansion; en effet, les propriétaires du *Nouvelliste* de Trois-Rivières et de *La Voix de l'Est* de Granby décidèrent à cette occasion de vendre leurs journaux à la nouvelle compagnie. Trans-Canada versa 2,8 millions de dollars en échange de 62,2 p. 100 des actions de la compagnie et Francoeur y investit ses hebdomadaires, évalués à 1,5 million de dollars, en échange du tiers des intérêts. Pierre Dansereau, l'ex-propriétaire du *Nouvelliste,* détenait pour sa part une participation de 4,5 p. 100 dans la compagnie.

Tous ces journaux prirent de la valeur du seul fait de leur appartenance au même groupe financier. La structure de la compagnie différait peu de celle des compagnies d'autobus de Desmarais et le regroupement permettait d'une part de réaliser des économies d'échelle, d'autre part de mieux desservir le marché. Parce qu'il voulait accroître la valeur de ses placements dans le secteur des communications, Desmarais avait par ailleurs entrepris des démarches en vue d'acheter La Compagnie de publication de La Presse, qui était propriétaire non seulement du quotidien *La Presse,* mais aussi de l'hebdomadaire *La Patrie* et de la station de radio CKAC. La transaction donna lieu à un débat public, car le gouvernement du Québec considérait (et considère toujours) que *La Presse* joue un rôle politique et social important.

Fondée en 1884 par un groupe de francophones du Québec qui soutenaient le Parti conservateur, *La Presse,* comme la plupart des journaux de cette époque, servait davantage à promouvoir les idées politiques de ses fondateurs qu'à rendre objectivement compte des faits et des événements. En 1899, Trefflé Berthiaume se rendit acquéreur du quotidien, qui défendit les couleurs du Parti libéral jusqu'en 1915. La succession de Berthiaume redonna au journal une orientation plus modérée.

Les héritiers se contentèrent par la suite d'empocher leurs gains de sorte que, en 1955, les équipements et les locaux de *La Presse* présentaient un aspect vétuste. Le Premier ministre d'alors, Maurice Duplessis, voyait dans le journal un allié dans sa lutte

126

contre les visées expansionnistes du gouvernement fédéral. L'Assemblée législative vota donc une loi obligeant la succession de Berthiaume à moderniser *La Presse*. En 1961, le gouvernement libéral de Jean Lesage intervint à son tour lorsqu'un groupe étranger manifesta son intention de racheter le journal. Une loi vint interdire toute vente d'actions de *La Presse* à des intérêts étrangers.

Il y eut une nouvelle intervention gouvernementale en 1967, lorsque Trans-Canada offrit de reprendre *La Presse*. Desmarais déclencha ainsi la première des deux enquêtes gouvernementales dans lesquelles il allait jouer un rôle important (la seconde devait avoir lieu en 1975 à Ottawa). En 1967, le gouvernement de l'Union nationale, dirigé par Daniel Johnson, conclut que Desmarais et Parisien ne présentaient aucun danger pour la survie de *La Presse*. En août 1967, l'Assemblée législative vota donc une loi spéciale autorisant la succession de Trefflé Berthiaume à vendre La Compagnie de publication de La Presse à La Corporation de Valeurs Trans-Canada, à la condition que la direction de Trans-Canada demeurât la même jusqu'à la conclusion de la transaction. Seule l'Assemblée législative, qui devint l'Assemblée nationale, pouvait par la suite autoriser toute modification de la structure financière de l'une ou l'autre compagnie, susceptible d'influer sur la propriété de La Compagnie de publication de La Presse. Cette loi ne visait qu'à régler la question de la direction de *La Presse* et excluait expressément toute transaction concernant *La Patrie* et la station CKAC.

En avril 1967, pendant que Trans-Canada consolidait ses avoirs et occupait des positions dans le domaine des communications, le Groupe Investors augmentait la valeur de son portefeuille en achetant des actions de Canadian Pacific Investments, et 15 p. 100 des actions du Montréal Trust. Investors paya comptant et en actions.

À la fin de 1967, Desmarais était déjà un homme riche et influent. Il détenait une participation significative dans Gelco, qu'il avait transformée en une société de gestion de moyenne importance, ayant des placements diversifiés dans les communications, les services financiers, l'immobilier et le transport. À travers cette société se révélaient les conceptions de Desmarais.

L'avoir de Desmarais à la fin de 1967

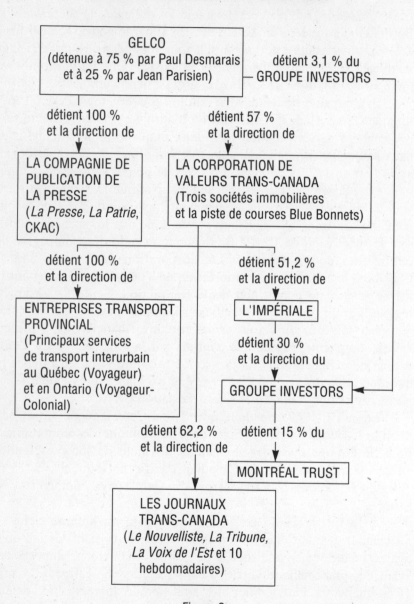

Figure 9

Nous étions à la fin des années 60 et le monde se transformait rapidement. Les hommes d'affaires et les financiers d'avant la guerre avaient vieilli et s'apprêtaient à laisser la place à des plus jeunes, quand ils ne l'avaient pas déjà fait. Par ailleurs, deux phénomènes allaient offrir aux hommes d'affaires de nouvelles occasions de prospérer. D'une part, l'économie d'après-guerre ne parvenait toujours pas à satisfaire la demande des consommateurs. D'autre part, les enfants du «baby boom» étaient sur le point d'entrer sur le marché du travail et de devenir à leur tour d'avides consommateurs. Il serait donc très rentable de satisfaire les demandes et les désirs des Canadiens.

Les secteurs économiques dans lesquels Desmarais avait investi s'annonçaient très prometteurs. Toutefois il n'entendait pas manufacturer des biens de consommation. Il lui aurait fallu pour cela investir trop de capitaux qui n'auraient rapporté qu'à long terme. Il préférait de loin investir dans des compagnies qui rentraient dans leurs frais et qui rapportaient dès le départ. Il voulait se concentrer sur le secteur des loisirs (pistes de courses de chevaux), de la publicité (journaux), du transport des passagers et des marchandises (autobus) et des services financiers (assurances, plans d'épargne et d'investissement).

Comme à l'époque de la Sudbury Bus Lines, toutes ces entreprises étaient d'un rapport immédiat. Elles étaient aussi propriétaires des terrains et parfois même des immeubles où elles avaient leur siège. Avant longtemps, Desmarais serait également à la tête d'une compagnie qui financerait l'achat de biens de consommation. On retrouvait ses entreprises partout dans le pays (il détenait une société de fonds communs de placement à Winnipeg, le siège social de L'Impériale se trouvait à Toronto et le Montréal Trust avait des filiales dans les principales villes canadiennes), mais ses principales activités étaient concentrées au Québec, où il avait pu établir les bases de sa confortable situation financière. Les Québécois voulaient profiter des bienfaits de la vie moderne et ils rompaient leurs liens avec le passé. Une classe sociale moyenne et urbanisée qui avait désormais ses propres aspirations était en train de se former.

L'avenir s'annonçait donc prometteur, mais Desmarais n'était pas encore au sommet de la puissance et de la gloire. Il ne pouvait se satisfaire de ses acquis sans se condamner à la stagnation car les exigences de la lutte pour le pouvoir sont telles que celui qui cesse d'aller de l'avant perd du terrain et se laisse distancer par de plus ambitieux que lui.

En s'arrêtant au point où il était parvenu, Desmarais s'en serait tenu à une position comparable à celle que son père avait atteinte alors que de plus hautes ambitions lui étaient permises. L'occasion de s'engager dans des opérations de plus vaste envergure s'offrait précisément à lui: Power Corporation du Canada stimulait son ambition. S'il manoeuvrait habilement, il pourrait, le moment venu, se hisser à la tête de la société qui allait lui conférer les rênes du pouvoir.

NOTES

1. Cette théorie était exposée dans un ouvrage publié par Adolph Berle et Gardiner C. Means et intitulé *The Modern Corporation and Private Property* (Les sociétés commerciales modernes et la propriété privée).

2. Alain Guilbert, «L'homme, le financier, le magnat de la presse, Paul Desmarais», *L'Actualité,* janvier 1974, p. 7.

CHAPITRE 7

La naissance de Power Corporation

Paul Desmarais n'a pas créé Power Corporation du Canada. La compagnie fut fondée en 1925 en vue de permettre aux Canadiens de tirer parti du développement hydro-électrique du pays.

En inventant le générateur de courant continu dans les années 1880, Thomas Edison avait ouvert la voie au développement industriel. Du fait que les industries ne disposaient pas de sources d'énergie peu coûteuses, facilement accessibles et constantes, la croissance économique avait été jusque-là limitée. Il fallait installer les industries à forte consommation d'énergie à proximité de cours d'eau susceptibles d'alimenter les moulins qui produisaient l'électricité. Bien souvent, les entreprises se trouvaient ainsi éloignées de leurs sources de main-d'oeuvre et de matières premières ou de leurs marchés, ce qui augmentait d'autant leurs coûts de transport et de fabrication.

Au début, les générateurs d'Edison étaient alimentés par des machines à vapeur qui consommaient d'énormes quantités de combustible et exigeaient beaucoup d'entretien. Des industriels entreprenants imaginèrent de relier leurs générateurs à des moulins à eau qui augmentaient la production de l'énergie dont leurs industries avaient besoin. L'énergie hydro-électrique ne satisfaisait encore que des besoins locaux. Mais, grâce aux progrès technologiques, il fut bientôt possible de transporter l'électricité sur de longues distances et à peu de frais.

Le développement industriel du Québec et de l'Ontario était jusque-là assez limité et il dépendait de sources d'approvisionnement énergétiques étrangères et coûteuses. Lorsque fut réalisée la mise en valeur du potentiel hydro-électrique du bouclier canadien, les besoins des deux provinces furent satisfaits. On construisit des barrages sur les larges rivières qui se déversaient en torrents dans les vallées, et on obtint ainsi de l'énergie à bon marché.

Les premières centrales hydro-électriques du pays, construites au début du siècle, étaient destinées à satisfaire les besoins des usines de pâte à papier et de papier, des scieries et des compagnies de tramways. Le jour où ces centrales produisirent de l'énergie en excédent, on put vendre de l'électricité aux villes et aux villages voisins. En 1903, la première ligne de haute tension en Amérique du Nord transportait le courant électrique sur une distance de 135 kilomètres entre Shawinigan et Montréal.

En 1910, presque toutes les provinces canadiennes possédaient des centrales hydro-électriques à grande puissance, mais la majorité d'entre elles étaient construites au Québec et en Ontario. Jusqu'en 1906, tous ces projets étaient financés par des émissions publiques d'actions faites par des compagnies nées depuis la fin de la guerre hispano-américaine en 1898.

Le démantèlement de l'empire espagnol et le déclin de son influence économique en Amérique latine et dans les Antilles ouvrirent la voie aux investisseurs étrangers. Ce sont les compagnies de chemin de fer qui tirèrent le meilleur parti du développement économique qui s'ensuivit. Les investisseurs canadiens avaient une bonne expérience dans ce domaine, le Canada ayant terminé en 1891 la construction de son important réseau de chemin de fer. Sir William Van Horne, président à la retraite du Canadien Pacifique, fut le premier à saisir l'occasion de promouvoir la construction de chemins de fer à Cuba. Inspirés par Van Horne, les financiers de Toronto investirent au Brésil, en Argentine et au Mexique, cependant que les financiers de Montréal investissaient à Cuba et en Jamaïque.

Les investisseurs qui se rendaient directement dans le Sud obtenaient des chartes les autorisant à mettre sur pied des services de tramways dans les villes, et les obligeant en outre à construire les installations électriques et thermiques destinées à faire fonctionner ces services. Des compagnies telles que Mexican Light, Heat and Power ou Brazilian Traction (précurseur de Brascan) étaient des entreprises publiques rentables dont les actions se négociaient au Canada où étaient situés leurs sièges sociaux. Ainsi, les financiers et les entrepreneurs canadiens nouaient les liens, se bâtissaient les réputations et acquéraient les compétences qui allaient leur permettre de financer, de mettre sur pied et de réaliser d'importants projets hydro-électriques à l'étranger.

Si les promoteurs du Québec maintenaient leur réputation, ceux de l'Ontario laissaient se détériorer la leur à cause de leur incapacité à tenir leurs engagements. La médiocrité des services qu'ils offraient dans les domaines des tramways et de l'énergie électrique avait détérioré leur image dans l'esprit du public.

La ville de Niagara était à cette époque en passe de devenir le principal centre de production hydro-électrique du sud de l'Ontario. Les manufacturiers du sud-ouest de la province craignaient de voir leurs concurrents de la région torontoise monopoliser cette énergie à bon marché. Ils exercèrent des pressions en faveur d'une nationalisation des compagnies d'électricité, seul moyen selon eux d'assurer un prix équitable à toutes les industries du sud de l'Ontario.

Le gouvernement ontarien expropria donc un bon nombre des centrales existantes, dont celles qui, en 1906, étaient en situation financière difficile, et il créa la Commission hydro-électrique de l'Ontario pour superviser le tout. Celle-ci assura jusqu'au milieu du siècle un service d'électricité bien réparti, efficace et fiable regroupant sur tout le territoire de la province des compagnies d'État et des compagnies privées.

Au Québec, les choses se passèrent différemment parce que seule la ville de Montréal offrait un marché assez vaste pour justifier la construction de barrages. Les constructeurs de centrales installés dans les régions éloignées se rendirent bientôt compte qu'ils auraient à faire la promotion du développement industriel s'ils voulaient s'assurer une certaine clientèle. L'industrie hydro-électrique québécoise demeura néanmoins aux mains de l'entreprise privée, qui se finançait au moyen d'émissions d'actions. En raison des coûts élevés du développement régional, la construction des centrales se trouvait ralentie mais les travaux d'aménagement ne s'en poursuivirent pas moins à un rythme régulier jusqu'en 1923, y compris pendant la Première Guerre mondiale.

En 1916, A. J. Nesbitt, de la firme de courtage montréalaise Nesbitt Thomson, devint l'une des figures de proue du développement hydro-électrique au Canada. Il acheta cette année-là les intérêts majoritaires de la Southern Canada Power Company. Celle-ci desservait les Cantons de l'Est, qui étaient alors une région agricole où on trouvait également de petites industries. Le président de la compagnie, A. J. McQuaig, était courtier à Montréal et il avait vainement tenté d'amener les maisons de courtage de la métropole à garantir une émission d'actions de Southern Canada. Nesbitt accepta finalement de financer le projet d'expansion de McQuaig, dont il acheta la participation dans la compagnie.

En 1923, la demande mondiale de pâte à papier, de papier et de minéraux (matières premières produites dans la région du bouclier canadien et en Colombie britannique) était telle qu'elle provoqua une croissance accélérée des secteurs miniers et forestiers du Canada. L'industrie hydro-électrique dut prendre à son tour une expansion rapide afin de produire l'énergie nécessaire au développement industriel. De 1923 à 1931, pas moins de 600 millions de dollars[1] furent investis dans l'aménagement de nouvelles installations électriques.

Après avoir racheté Southern Canada, Nesbitt avait participé au financement d'autres compagnies hydro-électriques, et il n'ignorait pas que ces compagnies pouvaient être fort rentables. Son associé, P. A. Thomson, et lui comprirent que la nouvelle croissance industrielle allait faire naître des occasions d'affaires fructueuses. Convaincus qu'il y avait des profits intéressants à réaliser dans ce secteur, ils fondèrent une société de placement vouée à la promotion de projets hydro-électriques.

Baptisée Power Corporation du Canada, la société en question devait servir à de nombreuses fins. Nesbitt et Thomson en firent une société par actions, ce qui leur permit d'investir dans de nombreux projets hydro-électriques sans avoir à risquer tous leurs capitaux. Power Corporation finançait aussi les projets en émettant de nouvelles actions qui lui rapportaient de l'argent frais et augmentaient son pouvoir financier. Les services offerts permettaient de répartir les risques entre plusieurs investisseurs et de les diminuer en confiant l'administration des fonds à des experts.

Par ailleurs, les capitaux américains étaient à la recherche de nouvelles sources d'investissement. Selon certaines rumeurs, une partie de ce capital provenait de compagnies de services publics américaines désireuses de mettre la main sur leurs homologues canadiennes. Enfin les capitaux britanniques, fuyant l'économie stagnante de leur pays, étaient eux aussi à la recherche d'investissements rentables. Nesbitt et Thomson entendaient pour leur part garder les compagnies d'électricité sous l'emprise d'intérêts canadiens, mais, comme ils voulaient aussi recevoir leur part de la manne qui s'annonçait, ils étaient tout disposés à canaliser les capitaux étrangers utiles au pays.

Autre élément à retenir: les compagnies de services publics constituaient des investissements risqués et souvent onéreux. Afin de récolter les fonds nécessaires à leur mise en exploitation, à leur croissance ou à leur diversification, on offrait leurs actions à des prix attrayants. L'économie des années 20 étant en forte expansion, la maison de courtage Nesbitt Thomson avait donc tout intérêt à entretenir des liens étroits avec les compagnies d'électricité, mais il n'y avait aucun intérêt pour elle à participer directement à leur gestion. Il lui suffisait de percevoir des honoraires et des commissions en garantissant les émissions d'actions de ces compagnies.

Nesbitt et Thomson prirent par conséquent comme modèles les compagnies de services publics américaines dont ils entendaient combattre l'influence et qui constituaient des véhicules de placement fort populaires aux États-Unis. C'est ainsi que le 18 avril 1925

135

naquit Power Corporation du Canada. Elle détenait un capital initial de 5 500 000 dollars et elle acquit rapidement l'intérêt majoritaire de 7 compagnies hydro-électriques du Québec, de l'Ontario, de la Colombie britannique et du Manitoba.

Power Corporation leur fournissait ses services de gestion, c'est-à-dire qu'elle prenait la direction générale de ces compagnies, déterminait le coût de leurs services d'électricité et leur apportait son aide et ses conseils en vue d'attirer de nouvelles industries dans les régions qu'elles desservaient. Power créa ensuite une division spécialisée en ingénierie et en construction afin d'apporter un appui technique aux compagnies qui lui étaient associées.

Entre 1925 et 1930, Power amassa environ 42,5 millions de dollars à la suite d'une série d'émissions d'actions et d'obligations. En 1928, par une initiative qui allait affecter grandement la direction (par opposition à la propriété) future de l'entreprise, les actionnaires décidèrent d'assigner 10 droits de vote à chaque action privilégiée participante de Power. Ce genre d'artifice, que les commissions des valeurs mobilières accepteraient difficilement de nos jours, était monnaie courante avant la Deuxième Guerre mondiale. Par ce moyen, les fondateurs et les principaux créateurs de sociétés étaient assurés d'en conserver la direction sans avoir à y investir d'énormes capitaux, cependant qu'ils vendaient les actions assorties d'un seul droit de vote ou sans droit de vote aux actionnaires passifs. Dans une communauté financière peu étendue, c'était le meilleur moyen de favoriser la participation aux profits du plus grand nombre, tout en empêchant la division des forces entre plusieurs dirigeants.

Les investisseurs s'intéressèrent à Power à cause de la qualité de sa direction, de ses services administratifs et de ses placements, et parce qu'elle versait des dividendes avec régularité. Les succès de Nesbitt et de Thomson justifiaient la confiance des investisseurs. Même durant la Dépression, la compagnie versait régulièrement des dividendes sur les actions privilégiées et ordinaires, excepté entre 1933 et 1936, quand le paiement des dividendes sur les actions ordinaires fut suspendu. Power remboursa néanmoins chaque année une partie de sa dette.

L'administration de Power fit face à la Dépression en adoptant une stratégie de défense plutôt que de croissance. Au cours des 20 années qui suivirent, il y eut peu de changements dans le portefeuille de la compagnie. Elle faisait bien quelques investissements çà et là, surtout dans des secteurs reliés à l'hydro-électricité, mais, en général, les placements de Power demeurèrent concentrés dans des compagnies d'électricité telles que British Columbia Power Corporation, East Kootenay Power Company, Northern British Columbia Power Company, Canada Northern Power Corporation (qui desservait les régions minières du nord-est de l'Ontario et du nord-ouest du Québec), ainsi que Southern Canada Power Company (qui desservait les Cantons de l'Est), Winnipeg Electric Company et Foreign Power Securities, une société de gestion qui détenait des intérêts dans des compagnies d'électricité de France.

Malheureusement, la valeur des placements de Power déclina parallèlement à la chute des prix des actions après le krach de 1929, et la compagnie dut retrancher 13 millions de son actif en 1933. Évalué à 49,5 millions de dollars en 1930, l'actif de Power tomba à 27 millions en 1933 et il demeura à ce niveau jusqu'en 1950. Entretemps, la valeur des actions fluctua entre 18 et 28 millions de dollars.

Pendant la Deuxième Guerre mondiale, le redressement de la compagnie ne fut pas aussi important que prévu, compte tenu de l'accroissement rapide de la production industrielle et des besoins énergétiques du pays. La raison en est que le gouvernement fédéral avait sévèrement réglementé la hausse des prix et que les dépenses en capital n'avaient pour objet que de satisfaire la demande de guerre.

Les actions des compagnies d'électricité reprirent de leur valeur à partir de 1950, alors que le boom économique d'après-guerre était à son maximum. La demande était forte, le gouvernement avait levé sa réglementation sur les prix, et le marché boursier connaissait une hausse généralisée. Les profits, les dividendes et la valeur des actions et des actifs étaient en progression constante. L'industrie hydro-électrique augmenta sa production de 10 p. 100 en moyenne chaque année afin de satisfaire la demande née de l'urbanisation et de l'industrialisation accrues du pays.

Mais Nesbitt et Thomson avaient perdu le goût de lancer de

nouveaux projets hydro-électriques. Power diversifiait peu à peu ses intérêts dans de nouveaux secteurs d'activités et son portefeuille poursuivait régulièrement sa croissance. La situation ne changea guère jusqu'au décès de Thomson à la fin de 1956. Il était resté seul à la tête de Power depuis la mort de Nesbitt survenue deux ans plus tôt. A. Deane Nesbitt et Peter N. Thomson, les fils des deux fondateurs, prirent la relève à partir de 1957.

A. D. Nesbitt siégeait au conseil de Power depuis 1954. (Il y demeura jusqu'en 1978, année de sa mort, à l'âge de soixante-sept ans, au cours d'un accident de ski. Son fils Deane le remplaça par la suite au conseil d'administration de Power.) Mais il s'intéressait surtout à la firme de courtage Nesbitt Thomson et il y consacra le gros de ses énergies. Peter Thomson, qui détenait la plus importante participation dans Power, prit alors la tête de cette société. Cet arrangement prévint les conflits dans l'administration des deux entreprises. En revanche, il contribua au relâchement des liens qui existaient entre elles.

Président du conseil de Power Corporation, Peter Thomson en confia l'administration générale aux cadres supérieurs, cependant qu'il s'employait à en gérer les capitaux. Comme il ne modifia pas la politique d'acquisition de la compagnie, les administrateurs se contentèrent de suivre les directives fixées par les fondateurs de Power. Mais les principes de gestion furent modifiés. Au lieu de chercher à obtenir la direction d'un nombre restreint de sociétés en investissant massivement dans celles-ci, Peter Thomson se contenta d'occuper de modestes positions dans de nombreuses compagnies, dans le seul but d'en tirer des bénéfices financiers.

La nature de Power s'en trouva bouleversée, mais ces changements ne préoccupèrent pas outre mesure les actionnaires de la compagnie. Ils n'avaient aucune raison de se plaindre, car leurs actions prenaient sans cesse de la valeur et leur procuraient de substantiels dividendes. Cela facilitait par ailleurs la tâche des administrateurs qui se contentaient de surveiller la situation plutôt que d'intervenir sur les marchés.

Certains auraient préféré une politique d'investissement plus dynamique, mais l'opinion qui prévalait était que Power Corporation constituait un placement sûr et rentable. Le portefeuille largement diversifié de la compagnie dont, à la fin des années 50, seulement un tiers des investissements se retrouvait dans les compagnies d'électricité et de services publics, comprenait des placements dans les secteurs du pétrole, du gaz naturel et des pipelines, des services financiers, du papier et des produits forestiers, ainsi que, à un degré moindre, dans les secteurs immobilier, minier et manufacturier. À la fin des années 50 et au début des années 60, alors que l'économie en général ne cessait de prendre de l'expansion, pareille diversification ne pouvait que rapporter d'importants dividendes.

Mais la croissance de Power n'était pas le résultat d'un plan délibéré. Elle était plutôt due aux circonstances favorables qui permettaient à la compagnie de croître au même rythme que le marché boursier. Certains événements vinrent toutefois bouleverser les choses en 1961. Au mois d'août, le gouvernement de la Colombie britannique expropria British Columbia Electric Company et versa quatre millions de dollars à Power Corporation à titre de dédommagement. Deux mois plus tard, la société Shell mettait la main sur Canadian Oil Company, versait 22 535 000 dollars à Power pour sa participation dans la compagnie et lui remettait un important bloc d'actions de Shell Investments. Power revendit ces actions pour la somme de 18 500 000 dollars en 1963, aussitôt après avoir obtenu 19 280 000 dollars du gouvernement du Québec pour ses deux dernières centrales électriques dans la province. Peu après, le gouvernement de la Colombie britannique versait 5 750 000 dollars supplémentaires à la compagnie après avoir exproprié ses dernières installations hydro-électriques dans la province.

Toutes ces opérations se déroulèrent en l'espace de 22 mois. Environ un tiers du portefeuille de Power, estimé à un total de 88 millions de dollars en 1961, venait d'être liquidé pour la somme de 70 millions en argent comptant. Il s'agissait d'une prime de 20 millions par rapport à la valeur comptable de la compagnie. Ce qui restait du portefeuille valait par ailleurs 35 millions de dollars. Embarrassés par cette fortune soudaine, les administrateurs s'interrogeaient sur son utilisation.

Thomson engagea un nouveau chef de direction plus apte que

lui à réinvestir cette nouvelle richesse. Il s'agissait de Maurice Strong, un prodige du marché boursier qui venait de la maison de courtage James Richardson and Son de Winnipeg.

Personnage étrange et fascinant, Strong a oeuvré aussi bien dans le secteur privé que dans le secteur public. Jusqu'au printemps de 1986, il s'est surtout fait connaître à titre de coordonnateur en chef du Service des secours d'urgence à l'Afrique des Nations Unies. Il a également donné de nombreuses conférences au Canada et dans le reste du monde sur le problème de la faim en Afrique et dans les pays du Tiers-Monde. Aujourd'hui à la retraite, il vit dans son ranch situé dans l'ouest des États-Unis.

Sa carrière dans le monde des affaires est moins connue. En 1976, Strong contribua à la création de Petro-Canada, qui n'était au départ qu'un modeste projet de création d'une société d'exploration pétrolière et gazière appartenant à des intérêts canadiens. Il fut aussi président de l'Agence canadienne de développement international (ACDI). Tout en assumant ces responsabilités, il ne cessa jamais de gérer sa propre compagnie de placement et de gestion située à Vancouver, qui est à l'origine de sa fortune personnelle.

Maurice Strong avait trente-trois ans lorsque Thomson le recruta. Chez Richardson, il avait été analyste hors pair et spécialiste du secteur pétrolier et gazier. Il devint chef de la direction de Power alors que l'avoir de cette dernière, composé de liquidités, d'actions et de placements divers, s'élevait à quelque 105 millions de dollars.

En moins de deux ans, Strong réussit à faire prendre une nouvelle direction à Power. Estimant que les compagnies de services publics seraient tôt ou tard nationalisées, il pensa que l'avenir de Power résidait dans d'autres secteurs. Aussi, lors de la publication du rapport annuel de 1964, on put constater que le portefeuille de la compagnie était constitué uniquement de titres achetés depuis 1962.

En 1965, Strong avait complètement modifié la politique de placement de la compagnie. Power était redevenue une société de gestion et de placement dynamique. Elle détenait des participations majoritaires dans un nombre restreint de compagnies dont le potentiel de croissance et de rentabilité à long terme était élevé. Power entendait investir et jouer un rôle actif dans des compagnies susceptibles de devenir les chefs de file de leur secteur d'activités. Par cette politique, elle entendait aussi encourager ses filiales à mettre au point de nouvelles techniques de gestion, de nouvelles technologies et de nouveaux produits, et conquérir de nouveaux marchés. Power voulait d'abord s'implanter fermement dans le pays, mais elle se préparait également à effectuer des placements à l'étranger lorsque les conditions seraient favorables.

Avec l'aide de William (Bill) Turner, un diplômé de Harvard qui avait circulé partout dans le monde pour le fabricant de jeeps Willys-Overland, Strong donna une nouvelle allure à Power Corporation. Lorsqu'il quitta Power en 1966, la compagnie détenait des placements dans les secteurs des produits chimiques, des services financiers, de la fabrication, du pétrole et du gaz naturel, du papier et des produits forestiers, de l'immobilier, des hôtels et du tourisme, du transport ainsi que des médias, des mines et de l'élevage.

De 1962 à 1966, Power vit le nombre de ses placements passer de 47 à 26. Il s'agissait de placements à long terme et, en vertu de la forte participation qu'elle détenait dans ces compagnies, Power avait généralement voix au chapitre dans les conseils d'administration. Strong avait transformé Power en un instrument financier que Desmarais perfectionnerait un jour. Lorsque Strong quitta ses fonctions en 1966, la valeur de Power s'élevait à 176 millions de dollars et la société détenait des participations importantes dans des compagnies évaluées à environ 900 millions de dollars. Son successeur, Bill Turner, fit grimper ces montants respectivement à 265 millions et à 1,2 milliard de dollars en 1968.

Sous la tutelle de ces deux directeurs, les principaux placements de Power consistèrent en des participations nouvelles ou accrues dans Laurentide Financial, Canada Steamship Lines, Dominion Glass et Consolidated-Bathurst. Malheureusement, Laurentide Financial et Consolidated-Bathurst allaient toutes deux affecter gravement la santé financière de Power.

La participation dans Laurentide débuta en 1956 lorsque John Rook, alors président de Power, acheta 98,6 p. 100 des actions avec droit de vote (qui ne représentaient toutefois que 5,5 p. 100 de l'avoir total des actionnaires) d'une société financière de Vancouver, Imperial Investments Corporation. Les fondateurs et actionnaires majoritaires d'Imperial, Peter Saunders et Andrew Saxton, avaient cédé la direction de leur compagnie à Power dans le but de prendre de l'expansion dans l'est du Canada. Ils voulaient acquérir Laurentide Acceptance Corporation, dont le siège social était au Québec, mais, parce qu'ils étaient de parfaits inconnus dans l'est du pays, ils avaient besoin de l'appui d'une compagnie renommée et déjà bien établie dans la région.

Après la vente d'Imperial, Saunders et Saxton conservèrent la direction de la compagnie en vertu d'une entente avec Power. Ils acceptaient en échange de verser des frais d'administration sur leurs créances à la fin de chaque mois, car la renommée de Power leur permettait de trouver des sources de crédit à bon marché. Cette question était cruciale, car les taux d'intérêt influençaient automatiquement la marge bénéficiaire de la compagnie.

En 1956, les compagnies de financement ne faisaient que prêter à un certain taux d'intérêt de l'argent qu'elles avaient elles-mêmes emprunté à meilleur taux sur le marché des capitaux. Les choses n'ont d'ailleurs pas beaucoup changé depuis cette époque. Toutefois, avant 1967, la loi interdisait aux banques canadiennes d'exiger plus de 6 p. 100 d'intérêts annuels sur un prêt. Elles prêtaient donc rarement aux consommateurs pour la simple raison qu'elles considéraient ce marché comme peu lucratif. Les sociétés de crédit n'étaient pas soumises à la Loi sur les banques; elles accaparaient donc presque tout le marché des prêts à la consommation. Le gouvernement modifia la loi en 1967 en supprimant la limite de 6 p. 100. Les banques pénétrèrent aussitôt de plain-pied sur le marché jusque-là réservé aux compagnies de financement. Depuis, ces dernières se contentent de financer des projets à risques élevés ou les emprunts que les consommateurs font chez certains petits commerçants. Elles se sont également lancées dans le crédit-bail ainsi que dans d'autres secteurs financiers.

En 1957, avec Power à ses côtés, Imperial acheta Laurentide qui changea de nom en 1961 pour devenir Laurentide Financial Corporation, et étendit son activité à l'ensemble du pays. Elle se donnait ainsi une image crédible au moment de prendre pied aux États-Unis, en Grande-Bretagne, en Italie, en Jamaïque et aux Bahamas. En 1963, à la suite d'une réorganisation de Laurentide et de la vente d'une partie de ses actions contre une mise de fonds de trois millions de dollars de Power, cette dernière détenait 64,2 p. 100 des actions avec droit de vote de Laurentide, ce qui lui permettait d'en conserver la direction.

Le programme d'expansion de Laurentide atteignit son point culminant en 1965. Power en tirait déjà de gros bénéfices depuis de nombreuses années, tant sous forme de dividendes que de frais d'administration. Mais, en 1965, la faillite de la société financière Atlantic Acceptance Corporation plongea toute l'industrie du crédit dans le désarroi. La compagnie avait utilisé une technique comptable qui était une pratique courante mais qui comportait des risques sérieux. Les acteurs du marché financier, pensant que toutes les sociétés de financement étaient exposées au même sort, furent pris de panique. Ils leur coupèrent les vivres et exigèrent le remboursement de tous les prêts en vigueur.

Comme Laurentide utilisait le même genre de pratique comptable que les autres compagnies de crédit, les sérieuses difficultés qu'elle affrontait étaient masquées par les apparences d'une parfaite santé financière. Si elle désirait conserver sa crédibilité dans les cercles d'affaires, Power ne pouvait abandonner sa filiale. Elle usa donc de son pouvoir de direction pour obliger Laurentide à modifier son mode de fonctionnement et sa méthode comptable. Saunders et Saxton donnèrent leur démission et un nouveau directeur fut chargé de redresser la situation. Power dut par ailleurs injecter 12,7 millions de dollars en 3 ans afin de résorber les pertes de Laurentide et de lui permettre de survivre.

Lorsque Paul Desmarais entra en scène, Laurentide était sur la voie du redressement, mais elle dépendait encore des bons soins (et des capitaux) de Power. Consolidated-Bathurst, une compagnie spécialisée dans le papier et les produits forestiers, éprouvait également de sérieuses difficultés. Ce géant avait été créé en 1966 lors de la fusion de Consolidated Paper Corporation et de Bathurst

Paper. Power détenait des actions de Bathurst depuis sa fondation en 1928, et elle en avait pris la direction en 1933. Son investissement dans Consolidated Paper remontait à 1965 et elle avait aussitôt siégé à son conseil d'administration.

En 1966, Consolidated achetait l'actif de Bathurst pour donner naissance à Consolidated-Bathurst. Cette fusion avait pour but de créer une compagnie forestière intégrée qui devait avoir une influence considérable au Canada et à l'étranger. Power avait acheté Consolidated au prix fort, mais la solide position financière de la compagnie et le bon fonctionnement de son exploitation semblaient justifier cet achat. Seule ombre au tableau, la haute direction avait cru bon de se lancer dans un vaste programme d'expansion au moment où l'industrie atteignait son niveau de surproduction.

Le conseil de Consolidated songea à fusionner lorsque son président prit sa retraite. On suggéra d'abord de remplacer le président sortant par le président de Bathurst, puis on en vint à considérer que ce dernier pourrait tout aussi bien diriger les activités des deux compagnies ensemble. Bill Turner était alors président de Power, qui détenait des intérêts dans les deux compagnies; il proposa la fusion.

Un comité conjoint formé de représentants des deux compagnies et de leurs courtiers respectifs examina plusieurs propositions de fusion. On s'entendit enfin sur un projet d'acquisition de Bathurst par Consolidated. Power se retrouva actionnaire majoritaire de la nouvelle compagnie. Malheureusement, la fusion ne put empêcher les difficultés de surgir et de menacer la survie de la nouvelle entreprise. (Plus tard, lorsque Paul Desmarais prendra possession de Power, il aura à faire face à son tour aux difficultés suscitées par Consolidated-Bathurst.)

Deux autres acquisitions, Dominion Glass et Canada Steamship Lines, allaient également jouer un rôle important lorsque Desmarais prendrait la tête de Power. Dominion Glass fabriquait des récipients et des emballages de verre. Elle était administrée par une vieille garde peu dynamique qui ne demandait qu'à être remplacée. En 1967, Power et Consolidated-Bathurst prirent la direction de la compagnie en achetant 50,3 p. 100 de ses actions avec droit de vote.

Sous la présidence de Maurice Strong, Power avait acquis Canada Steamship Lines en 1963. Particulièrement rentable, la compagnie se spécialisait dans le transport maritime et le camionnage. Elle possédait en outre des hôtels à La Malbaie. (Jusqu'en 1965, elle transporta également des passagers. En 1968, elle vendit ses hôtels.)

Sur le papier, Power avait les apparences d'une société rentable. Mais dans les années 1967-1968, la communauté financière commençait à émettre des doutes à son sujet, sans qu'on pût préciser d'où provenait ce malaise. À l'exception de Laurentide et de Consolidated-Bathurst, dont les difficultés allaient se résoudre avec le temps, Power avait une structure financière solide. Malheureusement, son rythme de croissance n'avait rien de spectaculaire.

Strong et Turner avaient rapidement bâti la fortune de la compagnie après avoir, quelques années plus tôt, liquidé ses avoirs peu productifs, mais elle semblait à présent aller à la dérive. Car, malgré tout leur talent, les deux hommes n'avaient été que de simples chefs de direction soumis aux ordres du conseil d'administration, lui-même dépendant de son président, Peter Thomson. Or, ce dernier donnait l'impression de vouloir profiter de sa richesse actuelle plutôt que de chercher à s'enrichir davantage. Il se contentait de ce qu'il avait et il n'était pas disposé à prendre des risques pour engager Power sur des voies plus dynamiques.

Les inquiétudes qu'inspirait Power augmentèrent lorsqu'on remarqua que la compagnie devait recourir à des procédés peu orthodoxes pour être en mesure de verser les dividendes obligatoires à ses actionnaires. Prévoyant que l'industrie des loisirs allait connaître un essor considérable, Peter Thomson songeait quant à lui à investir dans ce domaine. Peu de gens d'affaires partageaient alors son opinion. L'industrie du spectacle, avec tout son côté prestigieux et tapageur, n'exerçait aucun attrait sur les Canadiens.

Les administrateurs de Power accomplissaient correctement leur tâche, mais les actionnaires et les membres de la communauté financière percevaient mal l'orientation de la compagnie. Pour utiliser pleinement son potentiel, la plus grosse société de gestion de l'époque avait besoin de quelqu'un qui fût capable de lui imprimer une direction claire.

Paul Desmarais venait de terminer la réorganisation de Gelco et de La Corporation de Valeurs Trans-Canada et il avait redéployé leurs actifs selon ses désirs. Depuis quelque temps déjà, il lorgnait Power Corporation.

NOTE

1. Cette somme équivaudrait de nos jours à 4,2 milliards de dollars.

CHAPITRE 8

Au poste de commande

Dans les années 60, une série ininterrompue d'événements nationaux et internationaux composèrent la toile de fond des activités de Desmarais. Le fait le plus significatif de la décennie fut sans aucun doute l'élection de John F. Kennedy à la présidence des États-Unis.

Après les deux mandats de Dwight Eisenhower, on put voir la relève. Une nouvelle génération de leaders nés après la Dépression accéda au pouvoir. Kennedy arriva à la Maison-Blanche avec une aura de force et de dynamisme. Le monde était en effervescence. Le colonialisme agonisait dans les pays d'Afrique et d'Asie et les jeunes Européens manifestaient de l'ambition.

Le Canada n'échappait pas à cette évolution. Les immigrants venus après la guerre avaient commencé à apporter leur contribution sociale, économique et culturelle à leur pays d'adoption. Une nouvelle ère économique et technologique s'ouvrait. La famille et la richesse ne constituaient plus les seules bases de départ pour la conquête des postes de commande. Il fallait aussi compter avec les compétences et le savoir.

Sur la scène économique canadienne, l'évolution était caractérisée par le fait que les investisseurs étrangers faisaient de plus en

147

plus d'affaires dans le pays sans passer par leurs homologues canadiens. Les chercheurs en sciences sociales commencèrent à analyser ce phénomène et ils démontrèrent qu'un grand nombre de sociétés étrangères étaient installées au Canada. Un sentiment nationaliste poussa bientôt le gouvernement fédéral à adopter des mesures garantissant la propriété canadienne des industries du pays.

Mais c'est au Québec que le besoin de changement se faisait le plus fortement sentir. Le décès de Duplessis en 1959 marqua probablement le début des transformations sociales qui se préparaient. Son successeur à la tête de l'Union nationale, Paul Sauvé, ne lui survécut que 100 jours comme premier ministre.

Aux élections provinciales de 1960, Jean Lesage et son «équipe du tonnerre» défirent aisément une Union nationale désorganisée et dépassée par les événements. Le slogan «Maîtres chez nous» des libéraux de Jean Lesage correspondait aux aspirations des Québécois désireux de participer pleinement à la vie économique, sociale et politique du Québec et du Canada.

Au cours de ce qu'on allait appeler la «Révolution tranquille», le système d'éducation fut laïcisé. Il passa sous la tutelle d'un ministère de l'Éducation et son financement fut assuré au moyen des impôts. On assista également à la création d'une fonction publique qui allait assurer les services gouvernementaux de façon moderne et avec les compétences requises. Enfin, les compagnies d'électricité furent nationalisées.

Ces transformations avaient pour but de résoudre les graves problèmes structurels dont souffrait la province, qui avaient jusqu'ici empêché les francophones de participer pleinement à la vie économique et politique du Québec. Elles eurent également un effet psychologique profond sur les Québécois, qui commencèrent à penser qu'il leur était enfin possible d'obtenir ce à quoi ils aspiraient.

Les effets de ces changements mirent du temps à se faire sentir sur la scène fédérale. Au début de 1968, le Premier ministre Lester Pearson et les Premiers ministres des 10 provinces décidèrent, au cours d'une conférence fédérale-provinciale, que le français serait désormais avec l'anglais une des deux langues officielles du pays. Dans le courant de la même année, une nouvelle ère de l'histoire canadienne s'ouvrit avec l'élection de Pierre Elliott Trudeau à la tête du Parti libéral du Canada. Ses objectifs étaient de permettre aux Canadiens français de participer à tous les niveaux de la vie économique, politique et sociale du pays et de poursuivre à l'échelle nationale ce qui avait déjà été entrepris au Québec.

Selon les observateurs, Trudeau prit la décision de se porter candidat à la direction du Parti libéral dans les bureaux de Paul Desmarais à la fin de 1967. Ils auraient à cette occasion abordé des problèmes politiques et discuté des aspirations du Québec et de l'avenir des francophones au pays. Lester Pearson était sur le point de se retirer de la vie publique et il allait falloir lui trouver un successeur. Selon le principe de l'alternance en vigueur au Parti libéral, un chef francophone devait succéder à un chef anglophone. Ministre dans le cabinet Pearson, Trudeau s'était depuis longtemps fait le défenseur de changements sociaux au Québec et il était le favori parmi les candidats francophones.

Desmarais offrit d'appuyer Trudeau, tandis que ce dernier lui suggérait de se porter candidat. Desmarais déclina l'offre; il avait trop de projets en cours. Ses chances de réussir en affaires étaient excellentes et il consacrait toutes ses énergies à tenter de trouver le meilleur moyen de réaliser ses ambitions. Power Corporation semblait être faite sur mesure pour lui. Des amis et des relations d'affaires, dont certains membres du conseil d'administration de Power, avaient attiré son attention sur l'occasion qui s'offrait à lui. Power était le genre de compagnie qui demandait à recevoir les soins et l'attention personnelle de Desmarais. C'était une société de gestion dont l'envergure dépassait celle d'Argus Corporation, dirigée alors par le légendaire E. P. Taylor. Au Québec, les gens d'affaires connaissaient bien l'existence de Power Corporation, dont le portefeuille extrêmement diversifié participait à la croissance de tous les secteurs industriels de la province.

Desmarais achevait de restructurer les avoirs de La Corporation de Valeurs Trans-Canada, et il se sentait prêt à franchir une nouvelle étape afin d'accroître sa fortune et sa puissance. Sa liste d'achats se composait, comme toujours, de sociétés sous-évaluées et au rendement médiocre, mais dont il pouvait liquider rapidement les avoirs afin d'effectuer des placements plus rentables. Il recherchait avant tout des compagnies dont l'actionnaire majoritaire, c'est-à-dire l'homme clé de la situation, désirait se retirer des affaires; il lui suffirait de le persuader de lui laisser le champ libre.

Desmarais avait mis son entourage au courant de sa liste d'achats. À la fin de 1967, on lui avait déjà fait savoir que l'acquisition de Power pouvait constituer pour lui une opération intéressante. Bien des gens directement concernés par le sort de Power lui avaient d'ailleurs signifié qu'ils n'auraient pas d'objection à le voir à la tête de la compagnie. Desmarais examina donc la situation de près. En dernier ressort, la Banque Royale ne fut pas étrangère à la décision qu'il prit d'acquérir Power Corporation.

«Cette transaction lui a permis de passer dans le peloton de tête, affirmait Amy Booth. Ce fut un tournant dans sa carrière et la Banque Royale y a certainement été pour quelque chose, car elle est devenue son associée du jour au lendemain.»

Amy Booth faisait allusion à l'important bloc d'actions de Trans-Canada que Desmarais détenait par l'intermédiaire de Gelco. Il les avait remises à la Banque Royale pour garantir divers emprunts. Or, la banque les lui retourna pour lui permettre d'avoir une plus grande marge de manoeuvre au cours des négociations portant sur l'achat de Power. Depuis 1955, la Banque Royale avait financé presque toutes les transactions de Desmarais, mais elle ne l'avait certainement pas fait dans l'espoir de voir celui-ci devenir un jour l'un des plus grands financiers du pays. «Je doute que leurs prévisions aient porté aussi loin dans l'avenir, ajoutait Amy Booth. La banque aimerait peut-être se vanter aujourd'hui d'avoir tout orchestré, mais je ne pense pas que les banquiers soient aussi intelligents.»

On peut penser que la Banque Royale soutint Desmarais parce qu'il était un homme d'affaires remarquable et qu'il tenait toujours ses engagements. En outre, il permettait à la banque de faire de substantiels bénéfices sans avoir à prendre trop de risques. Pour un banquier, Desmarais représentait l'investisseur rêvé: il effectuait ses transactions à l'avantage de toutes les parties intéressées et il évitait à tout le monde des risques inutiles.

En qualité de président du conseil de la Banque Royale, W. Earle McLaughlin siégeait au conseil de Power. De ce poste d'observation il pouvait apprécier la gravité de la situation. La compagnie était sur son déclin et elle avait besoin d'un président dynamique, capable de redresser sa situation financière et de prendre des décisions. McLaughlin connaissait par ailleurs Desmarais, car tous deux siégeaient au conseil du Montréal Trust depuis 1962.

En tant que société de gestion, Power était tributaire du rendement de ses filiales. Depuis 1967, ses revenus diminuaient de manière inquiétante, car certaines des sociétés placées sous sa tutelle éprouvaient des difficultés au point de l'obliger à puiser dans sa trésorerie pour leur venir en aide. Power avait de sérieuses difficultés de liquidités à cause de Laurentide Financial, qu'elle s'efforçait de tirer de sa mauvaise situation (voir chapitre 7). Trois autres filiales (Chemcell, Dominion Glass et Consolidated-Bathurst) avaient, quant à elles, suspendu le versement de leurs dividendes. La situation s'était aggravée au point que, au début de mars 1968, Power dut liquider une de ses positions (un important bloc d'actions de Congoleum-Nairn) afin de pouvoir verser des dividendes à ses actionnaires!

Cinq ans plus tôt, Power disposait encore de 70 millions de dollars de liquidités prêts à être investis. Ce revirement inattendu la plaçait dans une situation pour le moins inconfortable. La taille de la compagnie était imposante, de même que celle de son portefeuille, mais elle ne disposait d'aucuns fonds propre et ses placements étaient d'un faible rapport. Pour une société de gestion c'était la pire des situations: elle détenait de fortes participations dans des sociétés sur lesquelles elle n'avait aucun pouvoir. Elle était à la merci d'administrateurs impuissants à répondre aux demandes de marchés en pleine évolution.

Power avait aussi la mainmise sur des compagnies dont elle ne pouvait influencer la direction (c'était le cas de Laurentide Financial). Lorsque ces compagnies éprouvaient des difficultés, elle devait néanmoins s'engager à redresser leur situation si elle ne voulait pas voir son prestige et son influence diminuer auprès de la communauté financière. En réalité, Power avait besoin d'une politi-

151

que de placement et d'une direction cohérentes. Elle avait besoin d'un président à poigne capable de lui faire partager sa vision des choses et de lui imposer sa volonté. Or, une certaine confusion régnait. On ignorait toujours qui, de Peter Thomson ou de Bill Turner, conduisait réellement les destinées de Power. Celle-ci semblait aller dans trop de directions à la fois et il était devenu impossible de la maîtriser.

Comme cela avait été le cas à la compagnie Gelco avant l'arrivée de Desmarais, les actionnaires de Power ne retiraient pas de bénéfices appréciables d'une société de gestion au portefeuille mal structuré. La situation ne pouvait durer, car Power constituait, en raison même des placements qu'elle détenait dans de nombreux secteurs industriels, une des puissances majeures du monde des affaires. Si elle n'était pas en mesure de rembourser sa dette ou de verser les dividendes à ses actionnaires privilégiés, une crise aurait menacé l'économie canadienne.

Le pire ne pourrait être conjuré que par l'arrivée d'un homme comme Paul Desmarais, qui avait la réputation de savoir maîtriser les situations financières difficiles. Mais s'il était rompu à l'art de voler au secours des sociétés en péril, Desmarais avait l'habitude d'imposer ses conditions. Lorsqu'il décidait de consacrer ses énergies à une entreprise, il n'acceptait pas d'y jouer un rôle subalterne. S'il devait diriger les destinées de Power, ce serait donc à titre d'actionnaire majoritaire, de président du conseil d'administration et de directeur général de la compagnie.

La prospérité des sociétés commerciales dépend des décisions et de l'action de leurs dirigeants, et en particulier de leur président du conseil d'administration et de leur directeur général. Le président, avec l'appui des membres du conseil (choisis parmi les actionnaires et certaines personnes de l'extérieur), définit la politique d'investissement de la compagnie. Le président idéal est celui qui sait s'entourer de membres intelligents et bien informés, capables de le conseiller judicieusement. Le directeur général a, quant à lui, la tâche d'implanter le programme d'investissement élaboré par le conseil. Il se doit d'avoir une idée d'ensemble des activités de la compagnie s'il veut définir clairement ses objectifs et mettre au point un plan destiné à les réaliser.

Desmarais possédait l'habileté et l'expérience nécessaires pour devenir président et directeur général de Power et imposer les évolutions nécessaires. Il était depuis assez longtemps dans le monde des affaires et de la finance pour en connaître les règles du jeu, mais on ne considérait pas encore qu'il faisait partie de la tête du peloton. Il était néanmoins disponible. Il ne rechignait pas à l'ouvrage et tout indiquait qu'il serait en mesure de diriger une entreprise d'envergure. Desmarais savait quant à lui qu'un changement était souhaité à la tête de Power. Comme il siégeait au conseil du Montréal Trust en compagnie du président de Power, Peter Thomson, il savait que ce dernier, relevant d'une maladie qui avait failli lui être fatale, désirait se consacrer à autre chose qu'à présider aux destinées de Power.

Selon David Schulman, un analyste financier de Montréal qui suit les activités de Desmarais depuis les années 60, l'homme d'affaires s'était préparé à mettre la main sur Power dès le moment où il avait compris qu'il avait le champ libre. Schulman décrit Desmarais comme un maître en matière d'affaires et de finance: «Les informations dont il dispose sont généralement connues dans les milieux d'affaires. Mais il en devine les implications et il les intègre à sa vision de l'avenir, à ses objectifs et à sa stratégie. Ses conseillers et lui agissent ensuite en conséquence, en fonction de ses intérêts.»

En 1967, Desmarais savait que ses intérêts se situaient là où il avait la possibilité d'étendre son empire par des acquisitions successives. En 1962, sa stratégie avait consisté à diversifier ses placements en dehors de l'industrie du transport. Elle lui avait de toute évidence réussi, car il possédait maintenant, outre des intérêts dans les transports, des avoirs dans les services financiers, dans l'immobilier et dans les communications.

La participation que Desmarais possédait dans Gelco s'élevait à 75 p. 100 et celle de Parisien à 25 p. 100. Il était donc aux commandes de la société, qui détenait 57 p. 100 des actions et la direction de La Corporation de Valeurs Trans-Canada. Desmarais décidait donc de la politique des compagnies Transport Provincial, Les Journaux Trans-Canada et L'Impériale, et par ailleurs influençait grandement les décisions du Groupe Investors, qui détenait une participation de 15 p. 100 dans le Montréal Trust[1]. À la tête d'un avoir estimé en 1968 à 75 millions de dollars et détenant d'importants placements dans des compagnies évaluées au total à 2,5 milliards de dollars, Desmarais jouissait d'une réputation enviable.

Il possédait deux qualités essentielles à un homme d'affaires qui souhaite réussir. D'une part, il était loyal envers les actionnaires et envers ceux qui le soutenaient dans son action et il savait s'entendre avec eux. D'autre part, il faisait en sorte que les gens qui lui faisaient confiance bénéficient de ses succès. «On l'a souvent accusé d'être dur avec les actionnaires, affirme David Schulman. La raison en est simplement qu'il est prêt à courir de plus grands risques que certains d'entre eux. Mais les chiffres sont là pour démontrer que ceux qui lui sont restés fidèles n'ont pas eu à le regretter.»

La chance a indéniablement joué un rôle dans l'ascension de Desmarais. Dans le cas de Power en particulier, il était véritablement l'homme de la situation. Son héritage francophone constituait un atout supplémentaire dans son jeu, car il possédait la faculté de se déplacer au Québec avec autant d'aisance dans les milieux d'affaires anglophones que dans les milieux francophones. Sa position lui permettait par ailleurs de contribuer à lutter contre le sentiment de frustration que ressentaient les Québécois en raison de l'ostracisme économique dont ils avaient longtemps été victimes. La tentative de renflouement de Power s'avérerait-elle impossible, on se réjouirait dans certains milieux de pouvoir imputer l'échec à un francophone.

Tous les éléments du décor étaient en place et il ne restait plus à Desmarais qu'à entrer en scène. D'après les observateurs, il ne disposait pas des fonds nécessaires à l'acquisition de la majorité des actions de Power. Mais cette question ne le préoccupait pas outre mesure. L'avoir de Power se chiffrait à environ 265 millions de dollars et la valeur des compagnies dans lesquelles elle détenait des participations atteignait 1,5 milliard de dollars, mais elle manquait de liquidités. Pour permettre la comparaison, rappelons que Gelco disposait d'un avoir de 75 millions et détenait des participa-

L'avoir de Desmarais au printemps 1968
(75 millions de dollars investis dans des compagnies
évaluées à 2,5 milliards de dollars)

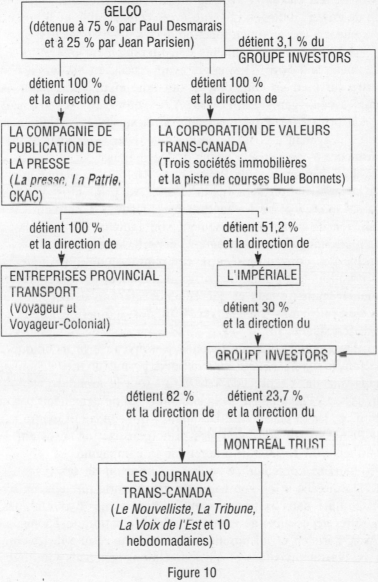

Figure 10
155

tions évaluées à quelque 2,5 milliards de dollars. Elle ne connaissait par ailleurs aucun problème de liquidités. On comprend pourquoi Desmarais était tout désigné pour prendre la direction de Power: il savait utiliser son avoir avec un maximum d'efficacité. Une fois à la tête de Power, il disposerait d'un avoir considérable qu'il lui suffirait de liquider à son gré et en fonction de ses divers objectifs.

Avec des investissements considérablement inférieurs à ceux effectués par Power, Desmarais avait réussi, en six ans à peine, à mettre sur pied un conglomérat qui administrait des avoirs supérieurs à ceux gérés par Power. Alors que Gelco connaissait une grande prospérité, Power, au contraire, survivait difficilement. Et ceux qui avaient à coeur la survie de Power ne pouvaient en toute conscience s'opposer à la venue de Desmarais.

Les responsables de Power et de Gelco entamèrent le processus de négociation à la fin de 1967. Au printemps de 1968, ils avaient mis en place les mécanismes destinés à permettre à Peter Thomson de céder gracieusement son fauteuil à Paul Desmarais. Fin mars, tous deux annoncèrent, dans le langage sibyllin caractéristique des conventions entre compagnies publiques, que Power Corporation avait fait une offre d'achat sur La Corporation de Valeurs Trans-Canada et que cette dernière avait accepté. Gelco, qui détenait Trans-Canada, recevrait des actions de Power à titre de dédommagement...

Desmarais venait de recourir à nouveau à la technique de la «mainmise inversée», qui lui avait déjà permis de mettre la main sur Trans-Canada. Ce procédé satisfaisait tout le monde: Peter Thomson d'abord, l'homme clé de la situation, qui ne demandait pas mieux que de céder sa place; Paul Desmarais, qui souhaitait mettre la main sur Power et sur son avoir; les principaux actionnaires enfin, qui désiraient voir Desmarais à la tête de la compagnie.

Sans se contenter de soulager Thomson de ses responsabilités, Desmarais, selon son habitude, fit en sorte que chacun trouvât son compte dans la transaction. Toutefois, ne disposant pas des liquidités nécessaires au rachat de la participation de Thomson dans Power, Parisien et lui durent mettre en oeuvre une des techniques qu'ils avaient inventées et qui leur étaient devenues familières. Ils

Power Corporation au début de mars 1968
(avoir de 265 millions de dollars investis dans des compagnies évaluées à 1,5 milliard de dollars)

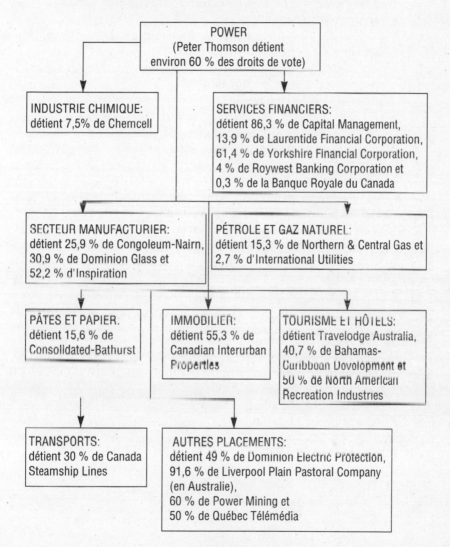

Figure 11

procédèrent à l'échange d'une partie de leur avoir contre la mainmise sur Power.

La transaction se déroula comme suit:

1. Les dirigeants de Power émirent 10 millions d'actions privilégiées de second rang, portant 5 p. 100 d'intérêt, d'une valeur de 12 dollars chacune (pour un total de 120 millions de dollars).

2. Ils augmentèrent le nombre des actions privilégiées participantes, portant 6 p. 100 d'intérêt (celles-ci comportaient 10 droits de vote chacune).

3. Ils remirent suffisamment d'actions privilégiées de second rang de Power aux actionnaires de Trans-Canada (à raison d'une action de Power pour une action de Trans-Canada) pour mettre la main sur toutes les actions de cette dernière.

4. Gelco reçut 43 p. 100 des actions privilégiées de second rang offertes par Power en échange de sa participation dans Trans-Canada; les autres actionnaires de Trans-Canada acceptèrent également d'échanger leurs actions, ce qui fit de cette compagnie une filiale à part entière de Power.

5. Peter Thomson échangea à Gelco un peu plus de la moitié de ses actions privilégiées participantes de Power (qui comportaient 10 droits de vote chacune), à raison de deux actions pour trois actions privilégiées de second rang de Power (sans droit de vote).

6. Par l'intermédiaire de Gelco, Desmarais obtenait légèrement plus de droits que Thomson au conseil de Power. Ce dernier plaça ses actions de Power dans une société de gestion qu'il avait fondée récemment, Warnock-Hersey International, qui détenait aussi d'autres placements.

7. À eux deux, Desmarais et Thomson détenaient environ 61 p. 100 des droits de vote de Power et, par conséquent, la direction du conseil.

8. Desmarais fut nommé président et directeur général et Peter Thomson vice-président de la compagnie.

9. Tous deux réunirent leurs droits de vote en fidéicommis, Thomson cédant légalement ses droits de vote à Desmarais.

Cet arrangement faisait l'affaire de Thomson, qui n'avait plus à se préoccuper du sort de Power. En obtenant trois actions privilégiées de second rang en échange de deux actions privilégiées participantes, il augmentait de 50 p. 100 sa participation dans Power à une époque où le prix des actions de cette dernière fluctuait entre 6,25 et 12,50 dollars. Les actions privilégiées de second rang constituaient un bon investissement pour plusieurs raisons. Elles étaient assorties d'un dividende garanti de 60 cents par année. Émises au prix de 12 dollars, leur valeur au marché pouvait par ailleurs varier. Si leur prix augmentait et si Thomson décidait de les vendre, son bénéfice serait supérieur à 50 p. 100.

Les actions privilégiées de second rang étaient attrayantes pour une autre raison. Elles étaient échangeables jusqu'au 31 mai 1978 contre des actions ordinaires de Power. En conservant ses actions privilégiées et en misant sur une augmentation du rendement de Power sous la tutelle de son nouveau président, Thomson ne courait donc aucun risque. S'il avait besoin de liquidités au moment où les actions ordinaires se négociaient à un meilleur prix que les actions privilégiées, il lui suffisait de procéder à un échange d'actions et de vendre ses actions ordinaires. En fait, s'il se montrait patient, Thomson était assuré de faire des gains considérables.

Thomson détenait par ailleurs un bloc assez impressionnant d'actions privilégiées participantes de Power (assorties de 10 droits de vote chacune). Il possédait également Warnock-Hersey International, une petite société de gestion fondée le 31 décembre 1967 à partir de divers placements de Power. Warnock-Hersey représentait pour Thomson l'équivalent de ce qu'avait été FIC Fund pour Jean-Louis Lévesque: une élégante porte de sortie! En effet, lorsque Lévesque quitta la direction de Trans-Canada, il manifesta le désir de conserver une partie de l'avoir de cette société. Afin de ne pas interrompre les activités et de ne pas affecter la valeur de la compagnie, il céda, dans un premier temps, la totalité de ses placements à Desmarais. Par la suite, Lévesque se servit de FIC Fund, une ancienne filiale de Trans-Canada, pour acheter certains des avoirs de Trans-Canada qui l'intéressaient. De même, Warnock-Hersey permettrait à Thomson de racheter certains des avoirs de Power. Mais Desmarais devait tout d'abord mettre fermement la main sur

Power et assurer sa fusion avec Trans-Canada avant de songer à en revendre certains éléments.

Il lui fallait également tenir compte d'une loi privée votée par l'Assemblée nationale au sujet des droits de propriété de *La Presse.* Desmarais avait obtenu l'autorisation de prendre la direction du quotidien, mais en vertu de la loi il ne pouvait disposer de ses droits sans avoir reçu au préalable l'approbation du Parlement. Après avoir acquis 57 p. 100 des actions de Trans-Canada, Desmarais avait réussi à incorporer La Compagnie de publication de La Presse au portefeuille de Trans-Canada sans modifier sa position dans le journal.

Mais lors de la fusion Power-Trans-Canada, Desmarais ne détenait plus que 31 p. 100 des droits de vote de la nouvelle compagnie. Même si, dans la pratique, il dirigeait les destinées de Power, il ne détenait pas la mainmise absolue sur cette dernière. En incluant *La Presse* dans le portefeuille de Power, Desmarais aurait en principe violé la loi. Aussi, avant de conclure la transaction, il plaça La Compagnie de publication de La Presse sous la tutelle de Gesca, une filiale à part entière de Gelco. Gesca conservait les droits de vote de La Compagnie de publication de La Presse, ce qui permettait à Desmarais de satisfaire aux conditions fixées par la loi. Pour profiter pleinement de la fusion en cours, Desmarais émit néanmoins une obligation de 19 750 000 dollars, garantie par l'actif de *La Presse,* et l'inclut dans le portefeuille de Power, mais les droits de vote et la direction de ce dernier restèrent entre les mains de Desmarais comme l'exigeait la loi[2].

L'annonce faite conjointement par Thomson et Desmarais en mars 1968 déclencha le processus qui allait permettre à Desmarais de mettre la main sur Power. En octobre, tous les détails de la transaction étaient réglés. Desmarais détenait alors 31,4 p. 100 des droits de vote de Power et il pouvait utiliser à sa guise les 30 p. 100 des droits détenus par Thomson. De Sudbury à Montréal, il lui avait fallu à peine 17 années pour s'installer au poste de commande de Power Corporation.

«Je le soupçonne d'avoir pris la peine à ce moment-là de jeter un regard sur le chemin parcouru, affirmait Amy Booth. Auparavant,

Power Corporation après la mainmise sur Trans-Canada
(avoir de 340 millions de dollars investis dans des compagnies évaluées à 4 milliards de dollars)

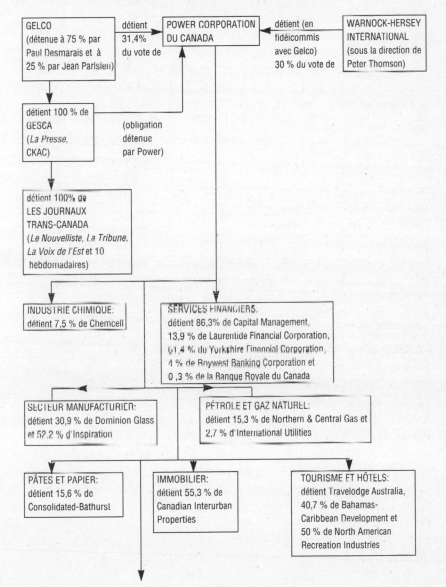

GELCO (détenue à 75 % par Paul Desmarais et à 25 % par Jean Parisien)

détient 31,4% du vote de

POWER CORPORATION DU CANADA

détient (en fidéicommis avec Gelco) 30 % du vote de

WARNOCK-HERSEY INTERNATIONAL (sous la direction de Peter Thomson)

détient 100 % de GESCA (*La Presse*, CKAC)

(obligation détenue par Power)

détient 100% de LES JOURNAUX TRANS-CANADA (*Le Nouvelliste*, *La Tribune*, *La Voix de l'Est* et 10 hebdomadaires)

INDUSTRIE CHIMIQUE: détient 7,5 % de Chemcell

SERVICES FINANCIERS: détient 86,3% de Capital Management, 13,9 % de Laurentide Financial Corporation, 91,4 % du Yorkshire Financial Corporation, 4 % de Boywest Banking Corporation et 0 ,3 % de la Banque Royale du Canada

SECTEUR MANUFACTURIER: détient 30,9 % de Dominion Glass et 52,2 % d'Inspiration

PÉTROLE ET GAZ NATUREL: détient 15,3 % de Northern & Central Gas et 2,7 % d'International Utilities

PÂTES ET PAPIER: détient 15,6 % de Consolidated-Bathurst

IMMOBILIER: détient 55,3 % de Canadian Interurban Properties

TOURISME ET HÔTELS: détient Travelodge Australia, 40,7 % de Bahamas-Caribbean Development et 50 % de North American Recreation Industries

161

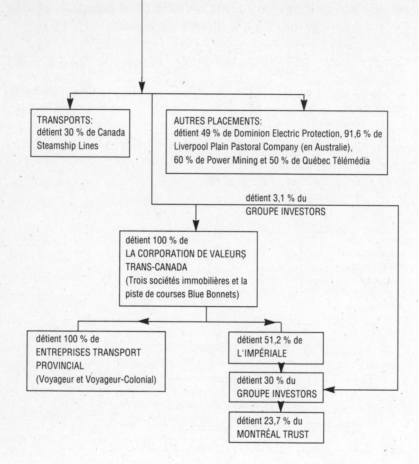

TRANSPORTS:
détient 30 % de Canada
Steamship Lines

AUTRES PLACEMENTS:
détient 49 % de Dominion Electric Protection, 91,6 % de
Liverpool Plain Pastoral Company (en Australie),
60 % de Power Mining et 50 % de Québec Télémédia

détient 3,1 % du
GROUPE INVESTORS

détient 100 % de
LA CORPORATION DE VALEURS
TRANS-CANADA
(Trois sociétés immobilières et la
piste de courses Blue Bonnets)

détient 100 % de
ENTREPRISES TRANSPORT
PROVINCIAL
(Voyageur et Voyageur-Colonial)

détient 51,2 % de
L'IMPÉRIALE

détient 30 % du
GROUPE INVESTORS

détient 23,7 % du
MONTRÉAL TRUST

Figure 12

il était sans doute trop occupé à conclure des transactions pour prendre le temps de réfléchir à son sort.» Son ambition avait en effet conduit Desmarais à la tête d'une société qui détenait des placements dans des compagnies évaluées au total à quelque quatre milliards de dollars. Cependant, le désordre le plus total régnait dans cet empire.

Comparée à la tâche qui attendait maintenant Desmarais, la complexité de la transaction qui l'avait rendu maître de Power était peu de chose. Il lui fallait sans tarder consolider son pouvoir et mettre de l'ordre dans les affaires de Power. Il se devait de prendre rapidement des mesures radicales en vue de rationaliser la structure, la politique de placement et la gestion de l'entreprise. Une fois parvenu au sommet, Desmarais devrait démontrer qu'il était digne d'y demeurer.

NOTES

1. Au printemps 1968, le Groupe Investors augmenta sa participation dans le Montréal Trust à 23,7 p. 100, grâce à un échange d'actions entre les deux compagnies. Le Groupe Investors et le Montréal Trust conclurent à la même époque une entente qui prévoyait des échanges de services, en particulier au niveau de ce qui s'appelait alors la planification successorale. Cette entente jeta les bases de l'industrie actuelle des services financiers.

2. Comme Desmarais n'était pas tout à fait convaincu d'avoir respecté la loi à la lettre, Power céda l'obligation pour le même prix à Gelco en 1969. Lorsque Desmarais obtint la mainmise absolue sur Power en 1970, cette dernière racheta l'obligation à son prix initial.

CHAPITRE 9

La consolidation du pouvoir

Pour Desmarais et Parisien, les difficultés commençaient. Il ne leur faudrait en effet pas moins de quatre années laborieuses pour réorganiser et rentabiliser leur nouvelle acquisition.

La ligne de conduite qu'ils adoptèrent consistait à concentrer leurs avoirs en prenant d'importantes participations dans un nombre restreint de secteurs industriels et commerciaux et en incorporant leurs nouveaux placements à ceux déjà contenus dans leur portefeuille. Cette approche était diamétralement opposée à celle qui avait jusqu'ici fait de Power un fourre-tout dans lequel on retrouvait des placements vieux de 50 ans, dont la rentabilité laissait à désirer.

Le défi était de taille. Il fallait vendre certains avoirs de Power et les remplacer par de nouvelles acquisitions qui rendraient le portefeuille plus dynamique et plus cohérent. Mais la pénurie de liquidités dont souffrait la compagnie ne facilitait pas les choses. La question de la réorganisation du portefeuille était secondaire par rapport à l'inquiétude manifestée par les banquiers face à la situation financière de Power. Rien ne garantissait que ces derniers continueraient à suivre Desmarais dans ses entreprises.

Il fallut deux ans pour débarrasser Power de ses investissements encombrants et recomposer son portefeuille. Persuadé que les progrès technologiques seraient à l'origine d'une société axée sur les loisirs, Peter Thomson pensait que l'industrie des loisirs connaîtrait bientôt un essor considérable. L'ex-président de Power avait donc investi largement dans ce secteur durant les années 60.

Ainsi, en 1964, Power avait acheté 40,7 p. 100 des actions de Bahamas-Caribbean Development Corporation, une compagnie qui détenait divers intérêts dans les Bahamas[1]. Elle avait également fait l'acquisition de P. Lawson Travel, par le biais de sa participation de 50 p. 100 dans North American Recreation Industries. Bill Turner expliqua cette décision en 1968: «Dans 10 ans, plus personne ne voudra prendre ses vacances au chalet familial. Les gens se rendront en avion dans des endroits exotiques[2].»

Power avait même songé à faire l'acquisition d'une compagnie aérienne telle que Nordair, qui souhaitait donner à ses activités une dimension internationale. Power avait également investi dans deux centres de ski de Vancouver[3]. Par le biais de North American Recreation Industries, et dans le but de créer la chaîne canadienne de cinémas National General, elle s'était associée à la chaîne de cinémas National General Corporation de Los Angeles et aux Bronfman de Montréal, qui détenaient des centres commerciaux dans tout le Canada. Thomson et Turner avaient l'intention d'implanter de petits cinémas dans les centres commerciaux et les immeubles de bureaux. En 1968, ils en avaient déjà sept en place et ils prévoyaient accélérer ce rythme, car les centres commerciaux poussaient à l'époque comme des champignons.

Thomson envisageait aussi de construire un troisième réseau national de télévision afin de concurrencer Radio-Canada et CTV. Les progrès technologiques aidant, certaines émissions devaient même parvenir aux téléspectateurs par satellite. Power avait dépensé 500 000 dollars en frais de recherches pour ces nouveaux moyens de communication.

Pareils projets n'auraient de nos jours rien d'extraordinaire. Bon nombre de gens allument chaque jour leur poste de radio ou de télévision, ou s'envolent pour des vacances à l'étranger ou pour un week-end de ski à la montagne. Mais, à l'époque, il s'agissait de notions aussi abstraites que l'est actuellement le concept d'intelligence artificielle. De plus, les nouvelles technologies coûtent cher à mettre au point et il faut leur laisser le temps de faire la preuve de leur fiabilité. En raison de ses importantes baisses de revenus et de la nécessité où elle se trouvait de soutenir Laurentide Financial, Power ne pouvait toutefois se permettre de tels investissements. Elle devait songer à verser des dividendes fixes sur ses actions privilégiées, de même que sur ses actions ordinaires, afin de maintenir la confiance des investisseurs. Dans ces conditions, elle pouvait difficilement continuer à financer de nouvelles aventures.

En fait, depuis la nationalisation de ses propriétés hydro-électriques au début des années 60, Power avait connu de nombreux problèmes structurels. Survenues trop rapidement, les expropriations avaient bouleversé son fonctionnement traditionnel. La fusion de Power et de Trans-Canada venait par ailleurs de créer un monstre que Desmarais devait maintenant essayer de dompter. Il crut bon d'expliquer la situation quelque temps après la transaction: «Pour le moment, je dois procéder à certains ajustements. Il faudra dépenser beaucoup d'énergies avant que soient mis en place tous les éléments de la nouvelle structure. Il y a un temps pour dresser des plans et passer à l'action et un temps pour consolider ses positions. J'en suis aujourd'hui à cette deuxième étape[4].»

Lorsqu'il investissait, Desmarais préférait dépenser le moins possible et rembourser ses dettes grâce aux bénéfices rapides et continus qu'il tirait de ses placements. Seuls les intérêts de Power dans les secteurs industriel, financier et des transports répondaient à ses attentes. Les autres placements, en particulier ceux effectués dans l'industrie des loisirs, ne pouvaient lui rapporter que dans un avenir incertain tout en l'obligeant à leur consacrer d'énormes capitaux.

Desmarais commença donc à se départir de certains avoirs. Par le biais de divers échanges entre Power et Warnock-Hersey, il entra en possession des sociétés détenues par Warnock-Hersey qui l'intéressaient, et Thomson put mettre la main sur celles de Power qu'il désirait conserver, y compris celles engagées dans l'industrie des loisirs. Ce processus permit à Desmarais de détenir

167

des participations plus substantielles dans certaines compagnies et d'exercer une plus grande influence sur leurs conseils d'administration, et à Thomson d'éviter certains conflits d'intérêts toujours possibles entre son rôle de président de Warnock-Hersey et celui de vice-président de Power.

Les objectifs de Desmarais et ceux de Thomson se complétaient à merveille. Power se défit de ses intérêts dans Bahamas-Caribbean Development Corporation et North American Recreation Industries, mais conserva la chaîne de cinémas. Warnock-Hersey, qui disposait d'aussi peu de liquidités que Power, acquit pour sa part les actions de Capital Management, de Roywest Banking et de Yorkshire Financial Corporation en échange de ses participations dans Canadian Interurban Properties, Consolidated-Bathurst, Laurentide Financial, Dominion Glass[5] et Northern and Central Gas Corporation. En outre, il remit à Power un billet à ordre d'un montant de cinq millions de dollars.

Au cours de l'été 1968, Desmarais céda à Gelco l'obligation de *La Presse* que Power détenait, mais il ne réussit pas à faire taire pour autant les critiques au sujet de l'importance du rôle de Power, de Trans-Canada et de Gelco dans l'industrie des communications au Québec. On s'inquiétait de voir un seul homme exercer autant d'emprise sur ce secteur. Desmarais avait en effet la mainmise sur La Compagnie de publication de La Presse, Les Journaux Trans-Canada et Québec Télémédia. Cela lui conférait un poids économique et moral énorme, qui eût pu provoquer des inquiétudes. Desmarais se départit donc de certains de ses intérêts dans ce secteur. Il déclara en 1974 avoir agi de la sorte parce qu'il ne pouvait s'occuper de tant de médias différents à la fois, mais certains journaux québécois donnèrent à entendre que certains groupes exerçaient des pressions en vue d'obliger le gouvernement à intervenir. Quoi qu'il en fût, Desmarais jugea prudent de prendre les devants.

En 1969, il vendit à Télémédia (Québec) certains des avoirs qu'il détenait par le biais de Trans-Canada et de Québec Télémédia dans des postes de radio et de télévision et dans divers magazines. Télémédia (Québec) avait été fondée par Philippe de Gaspé Beaubien, l'ancien «maire» d'Expo 67, qui était devenu par la suite président du conseil de Québec Télémédia (détenue par Power). De Gaspé Beaubien versa à peine 100 000 dollars comptant et il émit une obligation à long terme d'environ 7 millions de dollars pour couvrir le prix de vente.

Toutefois cela ne fut pas suffisant pour mettre fin aux critiques. Même si de Gaspé Beaubien était juridiquement propriétaire de Québec Télémédia, l'obligation de 7 millions de dollars équivalait à une hypothèque, ce qui signifiait que Desmarais ne pouvait rester totalement indifférent au sort de Télémédia. Dans l'hypothèse d'une défaillance de Philippe de Gaspé Beaubien dans l'exécution de ses obligations, Power pouvait reprendre possession de l'actif de Télémédia laissé en garantie.

Alors que le CRTC examinait attentivement les conditions de la transaction, Power songea même à intenter une action en justice contre un journaliste particulièrement sévère à l'endroit de Desmarais. La transaction ayant reçu l'approbation du CRTC, Power renonça à intenter des poursuites. Mais le CRTC critiqua les conditions dans lesquelles l'opération avait été financée.

C'était peu de chose compte tenu des difficultés rencontrées par Power dans la réorganisation de Laurentide Financial dans la relance de son développement. À la fin de 1968, Power portait sa participation dans Laurentide à 57,9 p. 100 afin de sortir cette dernière de l'impasse. Power avait aussi à résoudre ses problèmes chroniques de liquidités. Toutes ces difficultés n'empêchaient pas Desmarais de surveiller constamment toutes les occasions d'affaires qui pouvaient se présenter.

Toujours à l'affût, il réussit un coup de maître en investissant dans La Great-West, Compagnie d'Assurance-Vie, qui devait se réléver l'un des piliers de la rentabilité à long terme de Power. Desmarais en fit l'acquisition d'une façon assez inhabituelle. Il conclut la transaction sans obtenir l'accord de l'homme clé de la situation et en devançant un autre acheteur. Son histoire démontre que Desmarais détestait ce genre de situation. Dans son témoignage devant la Commission Bryce en 1975, il affirma laconiquement: «Je n'aime pas m'engager dans des bagarres lorsque je peux les éviter. Je déteste les bagarres[6].»

L'avoir de Power en 1968, après la première phase de réorganisation (340 millions de dollars investis dans des compagnies évaluées à 4 milliards de dollars)

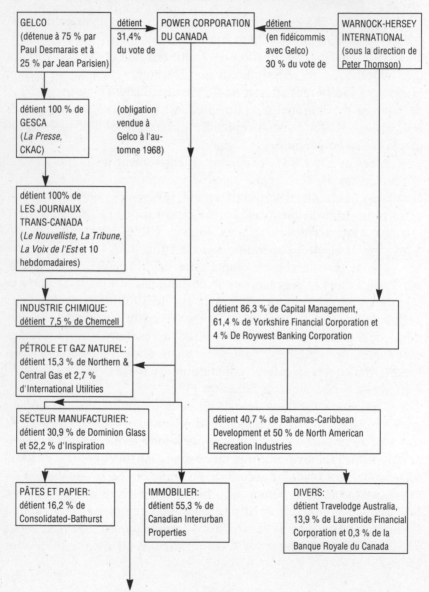

GELCO
(détenue à 75 % par Paul Desmarais et à 25 % par Jean Parisien)

détient 31,4% du vote de

POWER CORPORATION DU CANADA

détient (en fidéicommis avec Gelco) 30 % du vote de

WARNOCK-HERSEY INTERNATIONAL (sous la direction de Peter Thomson)

détient 100 % de GESCA (*La Presse*, CKAC)

(obligation vendue à Gelco à l'automne 1968)

détient 100% de LES JOURNAUX TRANS-CANADA (*Le Nouvelliste, La Tribune, La Voix de l'Est* et 10 hebdomadaires)

INDUSTRIE CHIMIQUE:
détient 7,5 % de Chemcell

détient 86,3 % de Capital Management, 61,4 % de Yorkshire Financial Corporation et 4 % De Roywest Banking Corporation

PÉTROLE ET GAZ NATUREL:
détient 15,3 % de Northern & Central Gas et 2,7 % d'International Utilities

SECTEUR MANUFACTURIER:
détient 30,9 % de Dominion Glass et 52,2 % d'Inspiration

détient 40,7 % de Bahamas-Caribbean Development et 50 % de North American Recreation Industries

PÂTES ET PAPIER:
détient 16,2 % de Consolidated-Bathurst

IMMOBILIER:
détient 55,3 % de Canadian Interurban Properties

DIVERS:
détient Travelodge Australia, 13,9 % de Laurentide Financial Corporation et 0,3 % de la Banque Royale du Canada

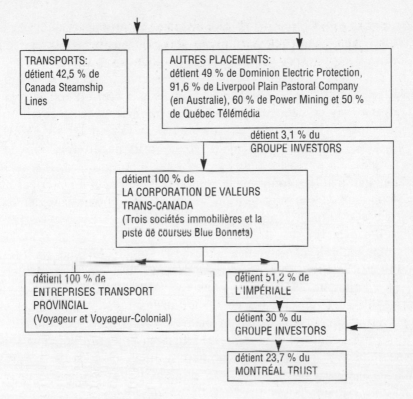

(Note: Voir figure 12, chapitre 8, p. 161-162, pour fins de comparaison.)

Figure 13

En fait, les batailles pour la mainmise sur les compagnies ne font qu'augmenter le prix de leurs actions au-delà de leur valeur réelle. Outre qu'elles absorbent des ressources financières, elles provoquent des tensions, attirent l'attention du public et des médias et affectent gravement le moral des employés des compagnies agitées par ces luttes.

Desmarais faisait généralement preuve de diplomatie aussi bien dans ses négociations avec ses homologues qu'avec ses subalternes. Il attachait beaucoup d'importance à la loyauté. C'est à cette vertu qu'il doit sa réussite, au moins autant qu'au respect qu'il inspirait aux gens chargés d'exécuter ses ordres. Dans l'exercice de son autorité il était respectueux de ses subordonnés.

Bien qu'il détestât voir ses ordres discutés, il écoutait volontiers les avis de ses collaborateurs et de ses conseillers. Cependant, une fois sa décision prise, tout devait être exécuté comme il l'entendait. Si les événements lui donnaient tort, il faisait preuve d'assez de souplesse pour modifier sa stratégie en fonction des faits. Mais, la plupart du temps, son jugement était bon. Il n'avait aucun goût pour les confrontations inutiles, que ce fût à l'intérieur ou à l'extérieur de son organisation. Il cherchait toujours à régler les conflits par la négociation et à donner satisfaction à toutes les parties en cause.

On put voir à l'oeuvre l'habileté de Desmarais lorsque, en 1969, La Great-West fit l'objet d'une offre publique d'achat non sollicitée. Si la compagnie avait figuré dans ses plans, il aurait préparé sa stratégie longtemps à l'avance. Il aurait ensuite agi rapidement et sans provoquer d'animosité, de manière à mettre la communauté financière devant le fait accompli. Malheureusement, il dut cette fois prendre part à l'action alors qu'un autre acquéreur et La Great-West étaient aux prises avec une situation sans issue. Seule une intervention extérieure pouvait sortir l'affaire de l'impasse.

La Great-West avait son siège social à Winnipeg et elle se spécialisait dans la vente de polices d'assurance-vie et d'assurance-maladie tant au Canada qu'aux États-Unis. Au Canada elle faisait figure de géant dans ce domaine, mais elle avait peu d'influence au sud de la frontière, où elle concentrait ses activités dans les États situés au sud et à l'ouest du Manitoba.

Great West Saddlery, qui n'avait aucun lien avec la précédente et qui faisait partie d'Edper Investments, société de gestion appartenant à la famille Bronfman de Toronto, annonça en janvier 1969 son intention de faire l'acquisition de La Great-West. Saddlery avait acquis 19,4 p. 100 des actions de La Great-West sur le marché boursier et elle offrait 30 dollars comptant[7] et six actions de Saddlery pour chaque action de La Great-West. À l'époque, les actions de La Grest-West se négociaient à 140 dollars et celles de Saddlery à 24

172

dollars. Les actionnaires de La Great-West se voyaient donc offrir 174 dollars, ce qui représentait une prime de 35 p. 100.

Mais cette offre n'était pas aussi intéressante qu'elle paraissait l'être à première vue. Le cours des actions de Saddlery avait en effet tendance à fluctuer énormément. En 1967, elles s'étaient négociées entre 10 et 77 cents et, en 1968, entre 46 cents et... 19,50 dollars! Le titre était beaucoup trop instable pour constituer une monnaie d'échange raisonnable. L'offre en question portait en réalité sur une opération de spéculation pure et simple, car les actions de Saddlery n'auraient de valeur réelle que le jour où elles seraient garanties par l'actif de La Great-West. L'importance du risque encouru ôtait tout véritable intérêt à une telle proposition.

Extrêmement prudents, les membres du conseil et de la haute direction de La Great-West, avec à leur tête David Kilgour, recommandèrent aux actionnaires de refuser l'offre. Kilgour réussit même à persuader le directeur de la Commission des valeurs mobilières de l'Ontario de suspendre pendant cinq jours les opérations boursières sur La Great-West. Le conseil voulait se donner le temps d'informer les actionnaires des implications de la transaction.

Saddlery dut prendre son mal en patience. Elle se garda bien de rendre publique la décision des directeurs de La Great-West. Une offre publique d'achat a généralement pour but de permettre à l'acquéreur d'obtenir les actions d'une compagnie à un prix raisonnable. S'il se voit forcé de les acheter en blocs à la Bourse, la loi de l'offre et de la demande entre en jeu, ce qui provoque généralement une hausse du prix des actions. L'augmentation du volume des transactions est le signe qu'un acheteur important est apparu sur le marché. Les spéculateurs professionnels en profitent aussitôt pour prendre position dans l'espoir de faire des gains rapides, ce qui aboutit à fausser le prix réel des actions.

Les transactions sur La Great-West étant suspendues pour cinq jours, Saddlery ne pouvait effectuer ses achats sur le marché boursier. Et il fallait s'attendre à ce que l'intervention des spéculateurs influât sur les cours dès la levée de la suspension. Avant que la recommandation de la direction de La Great-West ne fût connue, Saddlery tenta donc de convaincre par téléphone les actionnaires de la compagnie d'assurances du bien-fondé de son offre. Ce fut peine perdue et la situation resta sans solution.

Saddlery devait désormais choisir entre conserver sa participation de 19,4 p. 100 dans La Great-West et la revendre à un autre acheteur. Si elle tentait d'acquérir de nouveaux blocs d'actions sur le marché, elle se retrouverait avec un titre surévalué, et si elle essayait de se défaire de ses intérêts de la même manière, elle provoquerait une baisse immédiate des prix. Dans un cas comme dans l'autre, elle aurait à subir des pertes. En fait, à moins de pouvoir mettre la main sur La Great-West, elle courait à sa ruine, car elle n'avait que faire d'une participation minoritaire.

C'est alors que Paul Desmarais entra en scène. Le président du conseil de la Banque Canadienne Impériale, Neil MacKinnon, lui avait fait savoir que celui qui parviendrait à sortir la transaction de l'impasse serait en mesure de mettre la main sur La Great-West. Saddlery était disposée à vendre les actions de cette dernière au prix de 140 dollars chacune. Desmarais transmit cette information aux membres du conseil du Groupe Investors, sur lequel Power détenait la mainmise réelle grâce à une participation de 33,1 p. 100. Investors évalua le rendement d'un tel investissement et examina les moyens d'en assurer le financement.

À sa manière habituelle, Desmarais prépara alors une offre destinée à donner satisfaction à toutes les parties en cause, du moins sur le plan monétaire. Comme il le déclara plus tard à la Commission Bryce, il n'avait toutefois pas prévu l'émotion que l'acquisition de La Great-West allait provoquer chez certains. Au cours des négociations entreprises pour résoudre les difficultés, David Kilgour, qui considérait depuis longtemps La Great-West comme son domaine réservé, manifesta son désir de conserver une participation dans la compagnie. On lui refusa cette faveur, ce qu'il accepta mal. Il en voulait tout spécialement à Desmarais pour son attitude à son égard.

À la fin de février 1969, tous les éléments d'un accord étaient en place. L'entente contenait les stipulations suivantes:

1. Investors achèterait les 194 000 actions (19,4 p. 100) de La Great-West en possession de Great West Saddlery, au prix de 140 dollars l'action.

2. Si Saddlery acceptait l'offre, Power Corporation et Canadian Pacific Investment avanceraient les fonds nécessaires à Investors afin de lui permettre d'acheter 307 000 actions supplémentaires de La Great-West aux autres actionnaires.

3. Investors rembourserait Power et Canadian Pacific à l'aide d'une émission de 3 millions d'actions ordinaires à 12 dollars chacune et de 1,6 million d'actions privilégiées à 25 dollars chacune.

4. Si Investors ne pouvait mettre la main sur les 307 000 actions additionnelles de La Great-West, Power et Canadian Pacific s'engageaient à racheter les 194 000 actions obtenues de Saddlery.

À la fin de février, Investors offrait 140,29 dollars par action. Saddlery accepta. Investors soumit pour approbation la même proposition aux membres du conseil de La Great-West. Ceux-ci admirent que l'offre était raisonnable. Investors proposa alors aux actionnaires canadiens et américains de La Great-West de leur racheter 307 000 actions de cette dernière société. L'opération fut un succès. Lorsque l'offre prit fin le 17 avril 1969, elle avait même permis de rapatrier un grand nombre des actions de La Great-West détenues aux États-Unis.

À la fin du mois, Investors remit trois millions d'actions ordinaires aux diverses parties qui lui avaient permis de récolter les 36 millions de dollars nécessaires au financement de l'opération: Power Corporation, Canadian Pacific Investments, James Richardson and Sons, la Banque de Commerce Canadienne Impériale et Peter D. Curry, cadre supérieur de Power et l'un des principaux conseillers de Desmarais. Début mai, Investors émit 1,6 million d'actions privilégiées rachetables, convertibles et à dividende cumulatif, à raison de 25 dollars chacune, afin de rassembler le reste des fonds dont elle avait besoin.

Une fois l'entente conclue, Investors avait déboursé 70,8 millions de dollars (y compris les frais de courtage) pour obtenir 50,1 p. 100 des actions de La Great-West, et elle avait émis 76 millions de dollars d'actions pour financer l'opération. La Great-West avait par ailleurs acquis 10 p. 100 des actions d'Investors au cours de la transaction. C'était l'une des conditions posées par Kilgour, qui désirait éviter à tout prix l'absorption pure et simple de La Great-West par Investors. Par le biais de Gelco, qui avait la mainmise sur Power, elle-même en possession de 30,1 p. 100 d'Investors, Desmarais était désormais en mesure de conduire La Great-West vers un avenir meilleur.

Lorsque David Kilgour remit sa démission en 1970, il fut remplacé par le directeur du marketing de La Great-West, James Burns. Burns jouissait de l'appui et de la confiance de Desmarais et il s'attaqua au premier des objectifs que ce dernier avait fixés pour la compagnie d'assurances: pénétrer le lucratif marché américain. Desmarais se fixa comme second objectif d'amalgamer La Great-West et L'Impériale. La tentative se solda par un échec; l'organisme fédéral chargé de surveiller l'industrie de l'assurance s'opposa à la transaction.

On aurait pu croire que l'intégration de La Great-West à la structure de Power était amplement suffisante pour retenir l'attention de Desmarais et satisfaire ses ambitions au moment où il devait encore s'occuper de la réorganisation de Power. Tel n'était cependant pas le cas. Desmarais comptait sur Parisien, son homme de confiance, pour veiller à tous ces détails. Le personnel de Power était maintenant sous les ordres de Parisien et celui-ci pouvait muter les cadres de Trans-Canada et de Power d'une organisation à l'autre, de façon à mettre sur pied la petite équipe de fidèles collaborateurs qui allaient faire la renommée de l'empire de Paul Desmarais.

Après avoir acquis La Great-West, Desmarais put poursuivre ses activités en toute tranquillité. Toujours en 1969, il effectua un remaniement des placements de Power et de Gelco. Gelco vendit à Power un petit bloc d'actions que Desmarais avait acquis en 1965 d'Argus Corporation, la société de gestion fondée et détenue par E. P. Taylor et dont le siège social était situé à Toronto. Gelco possédait alors près de 131 000 actions d'Argus et Power en acquit 44 000 autres au marché, ce qui lui accorda un total de 10,4 p. 100 des droits de vote d'Argus. De toute évidence, Desmarais caressait le projet de fusionner un jour Argus et Power, dans le but de créer la plus énorme société de gestion de toute l'histoire canadienne.

Entre-temps, il prit la direction de Canada Steamship Lines en faisant appel à une variante de la technique de mainmise inversée. Il vendit Transport Provincial (une filiale à part entière de Power) à Steamship, une société dont Power détenait déjà 45,7 p. 100 des actions. Le prix de vente s'élevait à 17 820 000 dollars. Steamship versa 3,8 millions comptant et remit une quantité suffisante de ses actions pour permettre à Power de porter sa participation à plus de 50 p. 100 et de s'assurer la direction pleine et entière de l'entreprise.

En 1970, Power acquit la mainmise absolue sur le Groupe Investors, grâce à un échange d'actions avec la Banque de Commerce Canadienne Impériale et avec Canadian Pacific Investments, et en effectuant des achats sur le marché boursier. À la fin de l'année, Power possédait directement 50,2 p. 100 des actions avec droit de vote d'Investors, et elle en détenait indirectement 13,2 p. 100 par le biais de L'Impériale et 9,5 p. 100 par le biais de La Great-West.

Au début de 1970, Power acquit également les intérêts majoritaires de Campeau Corporation, une société évaluée à plusieurs millions de dollars qui se spécialisait dans la construction immobilière et dont le siège social était à Ottawa. Assez curieusement, son propriétaire, Robert Campeau, était lui aussi originaire de Sudbury. La transaction semblait satisfaire pleinement les deux parties. Le portefeuille immobilier de Power Corporation était en effet constitué de placements disparates provenant de Trans-Canada et de l'époque de Peter Thomson. Une fois réunis, ces terrains et ces propriétés représentaient un avoir considérable. Ni Desmarais ni Power ne possédaient la compétence, les connaissances et le tempérament nécessaires pour les administrer efficacement.

Desmarais était indécis quant au sort à réserver aux biens immobiliers de son portefeuille. Ils représentaient pour lui des investissements trop importants et trop difficiles à réaliser dans de bonnes conditions en cas d'urgence. Il était plus avantageux à ses yeux de détenir simplement des hypothèques. L'immobilier ne l'intéressait d'ailleurs que modérément. Lors de la récession de

1981-1982, au cours de laquelle les taux d'intérêts atteignirent des niveaux records, le portefeuille immobilier de Power se dévalorisa et le conseil d'administration manifesta son mécontentement.

Mais, en 1970, Power, Campeau et l'industrie de la construction connurent une période de croissance exceptionnelle. Robert Campeau avait décidé de faire fortune dans l'immobilier. Ayant déménagé au cours de la Deuxième Guerre mondiale et transféré son domicile de Sudbury à Ottawa, il avait fait ses débuts dans la transaction immobilière en vendant en 1949 la maison qu'il venait de se construire lui-même. Comme le gouvernement fédéral prenait peu à peu de l'expansion et que la ville d'Ottawa en faisait autant, Campeau en profita pour bâtir dans la région de nombreux logements, des immeubles de bureaux, des centres commerciaux, etc.

En 1968, malgré le nombre de terrains et l'important avoir que détenait sa compagnie, Campeau se rendit compte qu'il avait besoin de liquidités pour poursuivre sa croissance. En désespoir de cause, il vendit une grande partie de ses actions au public, ce qui lui permit de récolter 16 millions de dollars. Mais il ne s'agissait au mieux que d'une solution temporaire. Dès 1970, Campeau était à nouveau à court de capitaux. Il lui sembla donc parfaitement logique de faire équipe avec Desmarais. Power Corporation profiterait des talents de promoteur de Campeau et Campeau Corporation profiterait des sources de financement de Desmarais.

Power céda ses placements immobiliers (Canadian Interurban Realty, la piste de courses Blue Bonnets, Show Mart et Trans-Canada Realty, qui détenaient entre autres 22 centres commerciaux répartis dans tout le Canada) à Campeau Corporation contre des actions de cette dernière. Après avoir également acheté d'autres actions de Campeau Corporation directement à celle-ci et sur le marché boursier, Power se retrouva finalement avec 48,6 p. 100 de l'actif et 52,3 p. 100 des droits de vote de la société immobilière.

La transaction, qui portait de toute évidence la marque de Desmarais, donnait à Power la mainmise sur Campeau Corporation, ce qui évidemment suscita quelques tensions entre les deux protagonistes.

Les deux hommes avaient de la situation une perception différente, ce qui compliquait les choses. Il fallait à Desmarais un pro-

Power Corporation au 30 novembre 1970
(avoir de 380 millions de dollars investis
dans des compagnies évaluées à 3 milliards de dollars)

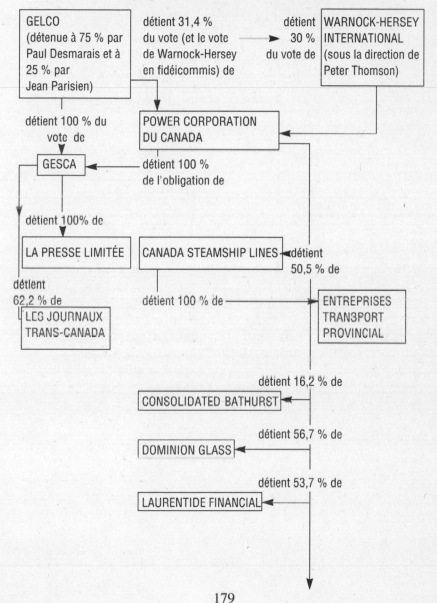

GELCO (détenue à 75 % par Paul Desmarais et à 25 % par Jean Parisien)

détient 31,4 % du vote (et le vote de Warnock-Hersey en fidéicommis) de

détient 30 % du vote de

WARNOCK-HERSEY INTERNATIONAL (sous la direction de Peter Thomson)

détient 100 % du vote de

POWER CORPORATION DU CANADA

GESCA

détient 100 % de l'obligation de

détient 100% de

LA PRESSE LIMITÉE

CANADA STEAMSHIP LINES

détient 50,5 % de

détient 62,2 % de

LES JOURNAUX TRANS-CANADA

détient 100 % de

ENTREPRISES TRANSPORT PROVINCIAL

détient 16,2 % de

CONSOLIDATED BATHURST

détient 56,7 % de

DOMINION GLASS

détient 53,7 % de

LAURENTIDE FINANCIAL

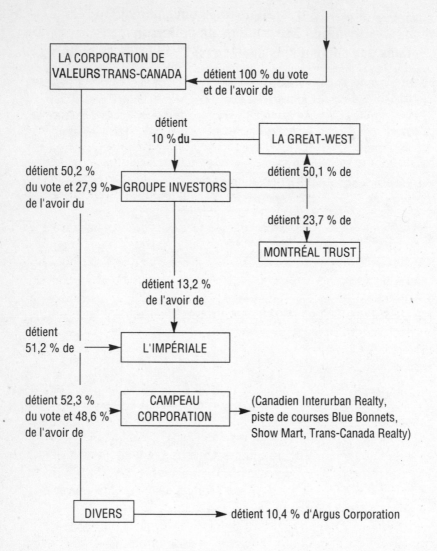

LA CORPORATION DE **VALEURS** TRANS-CANADA

détient 100 % du vote
et de l'avoir de

détient
10 % du ——— LA GREAT-WEST

détient 50,2 %
du vote et 27,9 % ▶ GROUPE INVESTORS

détient 50,1 % de

détient 23,7 % de

MONTRÉAL TRUST

détient 13,2 %
de l'avoir de

détient
51,2 % de ——→ L'IMPÉRIALE

détient 52,3 %
du vote et 48,6 % CAMPEAU
de l'avoir de   CORPORATION

(Canadien Interurban Realty,
piste de courses Blue Bonnets,
Show Mart, Trans-Canada Realty)

DIVERS ————→ détient 10,4 % d'Argus Corporation

Figure 14

moteur immobilier de la trempe de Campeau. Or, ce dernier avait surtout besoin de capitaux. Selon certains, Campeau espérait financer ses projets aux moindres frais auprès des filiales de Power. D'autres pensent qu'il s'attendait plutôt à voir les créanciers hypothécaires lui ouvrir toutes grandes leurs portes aussitôt acquis l'apport prestigieux de Power.

Des conflits de personnalité vinrent par ailleurs assombrir les relations entre Desmarais et Campeau. Desmarais était plutôt réservé et prudent, alors que Campeau était exubérant et pressé de réaliser un ambitieux projet d'expansion dans tout le Canada. Campeau Corporation n'était qu'une partie de l'empire de Power Corporation, mais, pour Robert Campeau, sa compagnie en constituait la partie la plus importante.

Desmarais se devait pour sa part de veiller à la bonne marche de toutes ses entreprises et de calmer les appétits de Campeau. La situation se compliquait du fait que les deux hommes se ressemblaient sur certains points mais différaient totalement sur d'autres. Francophone de Sudbury comme Desmarais, Campeau était issu d'une famille ouvrière qui avait tout perdu durant la Dépression. Mais tous deux étaient des chefs de file dotés d'une volonté à toute épreuve, aussi Campeau ne pouvait-il accepter de jouer le second rôle qu'on voulait lui attribuer.

La loi limitait par ailleurs le degré de participation des compagnies d'assurances dans des sociétés affiliées, ce qui laissait peu d'espoir à Campeau d'obtenir du financement de La Great-West ou de L'Impériale. La politique interne de Power allait, quant à elle, dans le sens d'un haut degré d'indépendance financière pour chacune des filiales du groupe. Non seulement le statut initial de Campeau ne s'était pas amélioré, mais il avait même, entre-temps, perdu le droit de diriger les destinées de sa compagnie.

Campeau se réfugia en Floride pour réfléchir à son avenir et à celui de sa compagnie. Il revint au pays en 1972 et débroursa 28 492 310 dollars pour reprendre Campeau Corporation, après avoir emprunté 27 millions de dollars en francs suisses[8]. Il remit également un billet à ordre d'une valeur de 6,4 millions de dollars à Power, en échange du portefeuille immobilier de cette dernière que Campeau avait obtenu lors de la fusion des deux entreprises.

L'opération terminée, Power avait enregistré des pertes d'environ deux millions de dollars. Mais en 1973, elle réussissait à vendre le billet à ordre de Campeau à la Caisse de dépôt et de placement du Québec pour 12 millions de dollars environ. Ce montant comprenait la valeur à échéance du billet, plus les intérêts qu'il était censé rapporter entre-temps. Power s'en tirait donc avec un profit brut de 5,6 millions de dollars, ce qui lui laissait en définitive un bénéfice net de 3,6 millions.

NOTES

1. La compagnie détenait des intérêts dans deux hôtels Sheraton, une laiterie, une boulangerie et un grossiste en alimentation, ainsi que dans une entreprise de matériaux de construction et dans une entreprise d'aménagements paysagers.

2. *Monetary Times,* juin 1968, p. 32.

3. Il s'agissait des stations de sports Grouse Mountain et Garibaldi.

4. *Star Weekly Magazine,* 13 juillet 1968, p. 7.

5. En septembre 1968, Consolidated-Bathurst vendit ses actions de Dominion Glass à Power en échange de 10,4 millions de dollars dont elle avait désespérément besoin.

6. Transcription du rapport de la Commission royale d'enquête sur les groupements de sociétés, p. 20.

7. Le montant total offert en argent comptant s'élevait à 76 millions de dollars.

8. En 1974, le franc suisse monta fortement par rapport au dollar canadien et Campeau perdit un total de 8,3 millions de dollars à cause de cet emprunt.

CHAPITRE 10

La consolidation du pouvoir (suite)

L'acquisition de Campeau Corporation constitua la principale transaction de Power en 1970. C'était une transaction de taille, étant donné la situation financière de Power, et elle fit presque oublier d'autres événements qui se déroulèrent à la même époque. Chacun de ces événements a néanmoins son importance dans la mesure où ils illustrent la façon de faire de Desmarais et où ils jouèrent un rôle dans l'avenir de la société.

Dotée du nom inattendu d'Inspiration, la société formée en 1962 par la fusion d'un certain nombre de compagnies de construction du portefeuille de Power reçut l'autorisation de faire faillite en 1970. Inspiration éprouvait depuis des années de sérieuses difficultés mais l'existence de contrats d'administration empêchait Power de s'en mêler et de réussir un de ces redressements dont Desmarais avait le secret.

Celui-ci avait toujours considéré qu'une compagnie doit être assez rentable pour verser des dividendes à ses actionnaires. Si c'était le cas, il n'intervenait pas dans son administration. Par contre, si une des compagnies dans lesquelles il avait un intérêt majoritaire éprouvait des difficultés, il n'hésitait pas à s'en mêler pour trouver des mesures de redressement et surveiller leur mise en oeuvre. Si les administrateurs démontraient leur capacité à agir efficacement ils conservaient leur poste. Sinon, ils étaient remplacés par des cadres plus compétents.

Dans le cas d'Inspiration, Desmarais ne pouvait rien faire. Des contrats autorisaient la compagnie à fonctionner indépendamment de Power, même si cette dernière possédait un intérêt majoritaire dans la compagnie et la soutenait financièrement. Il était impossible pour Power de gagner à ce jeu dans lequel elle devait se contenter de solder les comptes. Power laissa donc Inspiration dépérir au rythme de l'inaptitude de ses dirigeants qui, privés de soutien, n'eurent d'autre choix que de se déclarer en faillite. C'est la seule compagnie du portefeuille de Power qui ait jamais subi un tel sort.

En juin 1970, Power prit également ses dispositions pour intervenir dans la situation peu brillante de Consolidated-Bathurst. La compagnie n'avait cessé d'éprouver des difficultés depuis que Power avait agi à titre d'intermédiaire lors de la fusion de Consolidated et de Bathurst. La fusion avait pour objectif la création d'une compagnie appelée à avoir une production très diversifiée, et d'une dimension suffisante pour permettre d'obtenir facilement les fonds nécessaires à son expansion. Cela devait lui permettre de pénétrer des marchés internationaux très compétitifs mais aussi très lucratifs, et de faire en outre l'acquisition d'installations à l'échelle mondiale. À l'époque, il importait de permettre aux cadres supérieurs très avant-gardistes de Bathurst de stimuler les cadres trop prudents de Consolidated.

La fusion en elle-même fut un succès. Le premier président de la nouvelle compagnie fut l'ex-président de Bathurst, R. A. Irwin. Malheureusement, Irwin dut s'accommoder de décisions adoptées et d'actions entreprises du temps de l'administration de Consolidated et qui, telles des bombes à retardement, vinrent bouleverser les plans, les orientations et la situation financière de Consolidated-Bathurst.

Avant la fusion, Consolidated avait fait d'importants investissements dans un programme d'expansion des installations de production. Mais trois ans après la fusion, ces projets coûtaient encore de l'argent alors qu'ils auraient dû en rapporter depuis longtemps. Les prix du papier journal étaient en baisse et l'usine était sous-utilisée, ce qui occasionnait des pertes sérieuses dans ce secteur et expliquait le faible rendement de la compagnie.

Même la division des textiles de la compagnie enregistrait des pertes alors que la demande allait croissant. La production de l'usine de l'Oregon avait été intensifiée et la gamme des couleurs des tissus produits avait été élargie. Mais Consolidated-Bathurst diversifia sa production sans prévoir le recyclage du personnel technique, de sorte que la production n'atteignit jamais les objectifs escomptés. Cette seule erreur d'administration provoqua pendant deux ans de coûteux problèmes de production. L'usine de tissus absorbait les profits de la compagnie au lieu d'en produire.

En conséquence de quoi le prix de l'action de Consolidated-Bathurst passa de 44,25 dollars qu'il était peu après la fusion réalisée en 1967 à environ 21 dollars en 1969, les dividendes passant de 2,40 dollars à 1,40 dollar. La chute se poursuivit en 1970. La compagnie rassurait les actionnaires en annonçant qu'un revirement de la situation se produirait bientôt, mais à un rythme plus lent que prévu.

Avec 16,2 p. 100 des actions, Power était le principal actionnaire de Consolidated-Bathurst. Même si, en théorie, cela était suffisant pour permettre à Power d'assurer la direction de la compagnie, dans la réalité, les autres actionnaires étaient aussi actifs et rien ne laissait présager qu'ils appuieraient les démarches ou les suggestions de Power.

Bon nombre d'actionnaires tenaient d'ailleurs Power pour responsable de la situation catastrophique de Consolidated-Bathurst, parce que Power avait été à l'origine de la fusion. Personne ne pouvait assurer efficacement la direction de la compagnie, mais chacun s'efforçait d'empêcher l'autre (et spécialement Power) de le faire. La confusion qui régnait rendait le conseil d'administration de la compagnie parfaitement inefficace. C'étaient finalement les cadres qui prenaient les décisions. Malheureusement, ces derniers étaient tellement occupés à tenter d'assurer la survie quotidienne de l'entreprise qu'ils étaient impuissants à en diriger les destinées. Le géant des produits forestiers et des emballages avait besoin d'un conseil d'administration fort et d'un président capable d'assumer son leadership afin de sortir la compagnie du bourbier dans lequel elle était enfoncée.

Desmarais avait le choix entre vendre au rabais sa participation dans la compagnie (les actions avaient coûté en moyenne 50 dollars à Power et elles n'en valaient plus que 21) et tenter d'en prendre la tête pour tout mettre en oeuvre en vue de redresser la situation. Tenter de faire revivre Consolidated-Bathurst était une entreprise fort coûteuse mais on ne pouvait négliger les bénéfices qu'elle rendrait possibles. Le prix du papier journal varie de façon cyclique et tout indiquait que cette industrie redeviendrait rentable dans deux ou trois ans. L'industrie du papier était trop prometteuse pour qu'on abandonnât la partie à cause de simples difficultés d'ordre administratif. De nouveaux produits d'emballage apparaissaient sur le marché pour satisfaire les besoins d'une clientèle qui achetait des biens de consommation de luxe. L'industrie des papiers d'emballage devenait lucrative.

Consolidated-Bathurst était le type même de société qui convenait au genre de mainmise que Desmarais avait coutume de réaliser. Elle affichait un mauvais rendement, ce qui se reflétait dans le bas prix de ses actions, mais son actif était bien réparti, elle disposait de liquidités et son potentiel de croissance attendait une équipe d'administrateurs compétents capables de prendre la compagnie en charge. Une difficulté subsistait: les actions de la compagnie étaient détenues par un grand nombre d'investisseurs actifs, dont aucun, à l'exception de Desmarais, ne possédait assez d'actions pour devenir l'homme clé de la situation.

À défaut d'homme clé, il y avait suffisamment de facteurs positifs. Desmarais prit un risque calculé en décidant de jouer sur les peurs et sur la cupidité des actionnaires. Il jugea que les actionnaires de Consolidated-Bathurst seraient prêts à céder leurs actions de la compagnie au prix qu'on leur offrirait, plutôt que d'avoir à supporter d'autres pertes. Desmarais fit donc une offre publique d'achat au printemps de 1970, sans tenir compte du fait que Power ne possédait pas de liquidités.

Son seul atout c'étaient les actions de Power. Desmarais offrit donc 2,5 actions de Power en échange d'une action de Consolidated-Bathurst, jusqu'à concurrence de 51 p. 100 de toutes les actions ordinaires (avec droit de vote) de la compagnie. Comme les actions de Consolidated-Bathurst valaient 21 dollars et celles de Power 10,75 dollars, l'offre équivalait à 27 dollars, ce qui correspondait à une prime d'environ un tiers sur le prix des actions de Consolidated-Bathurst.

L'offre exigeait l'émission d'actions du trésor de Power, ce qui diluerait la valeur des actions existantes et de leurs dividendes; cette dilution serait compensée par certains avantages offerts aux nouveaux actionnaires de Power. En mettant la main sur Consolidated-Bathurst, Power pouvait en faire paraître les bénéfices sur son bilan. Il en résulterait une augmentation des liquidités et des bénéfices de Power, qui détiendrait, déclarerait et distribuerait les dividendes de Consolidated-Bathurst[1].

Une firme de conseillers en placement décrivit à sa clientèle l'offre de Power en ces termes: «Il s'agit d'une opération financière caractéristique de ces sociétés de gestion qui tentent d'augmenter la valeur de leurs revenus en mettant la main sur des compagnies publiques qui ont un potentiel de revenus suffisant pour compenser la dilution. Il s'agit essentiellement d'une manipulation financière destinée à compenser leur inaptitude à produire des revenus par leurs propres efforts et leur propre créativité[2].»

De nombreux conseillers en placement recommandèrent aux actionnaires de Consolidated-Bathurst de rejeter l'offre et de conserver leurs actions. Leur raisonnement était le suivant:

- Le potentiel d'augmentation du prix des actions de Consolidated-Bathurst était excellent à long terme, parce que la demande de pâte et de produits du papier était sur le point d'augmenter, ce qui devait provoquer inévitablement une hausse des prix.
- Une augmentation des revenus se refléterait automatiquement sur le prix des actions et des dividendes.
- À cause de sa position dans Consolidated-Bathurst, Power ne permettrait pas à la compagnie de péricliter si elle venait à se trouver en difficulté. Power soutiendrait automatique-

ment Consolidated-Bathurst, ne fût-ce que pour protéger sa position parmi les entreprises canadiennes et dans les cercles financiers, sans mentionner ses avoirs considérables dans la compagnie.

Mais les conseillers en placement avaient de toute évidence sous-estimé la gravité de la situation. En prétendant qu'il suffisait aux actionnaires de Consolidated-Bathurst d'attendre que la situation de la compagnie s'améliorât en même temps que la situation économique générale, ils ignoraient ou négligeaient de mentionner les difficultés internes de la compagnie qui avaient pris naissance bien avant la fusion, et celles qui provenaient des dépassements de coûts sur les nouvelles usines ou des problèmes nés de la fusion.

Une fois le mot d'ordre lancé, les actionnaires de Consolidated-Bathurst se le tinrent pour dit et conservèrent leurs actions. Bon nombre des détenteurs d'actions évaluées à 21 dollars alors qu'ils les avaient achetées entre 25 et 35 dollars furent victimes de leur cupidité. Ils se disaient: «Pourquoi vendre si Power pense que c'est un achat valable?» C'est là sans doute l'une des pires motivations que l'on puisse avoir à la Bourse. La question était certes justifiée, mais trop peu d'actionnaires de Consolidated-Bathurst évaluaient la situation d'un point de vue stratégique.

Pour survivre dans une industrie fortement compétitive, Consolidated-Bathurst devait nécessairement faire des dépenses en capital de 100 à 150 millions de dollars au cours des 2 années à venir. L'argent devrait provenir du marché des capitaux d'où l'on observait Consolidated-Bathurst comme des vautours observent un animal blessé.

La compagnie était malade; elle était donc considérée comme un placement risqué. Elle allait être tenue de payer une prime sur les taux d'intérêts de ses emprunts ou de tout titre émis pour se financer. Entre-temps, avant que le prix du papier journal ne recommence à monter, les dividendes versés seraient plus faibles que jamais, parce que l'argent des revenus ne servirait qu'à rembourser la dette. Et Consolidated-Bathurst continuerait à fonctionner sous l'administration qui avait été incapable, après la fusion, de la mener à la réussite. Il y avait donc tout lieu de douter qu'un renversement de situation pût se produire même avec un marché plus favorable.

Pendant ce temps, la nouvelle administration de Power méritait de bonnes notes et regagnait la confiance des investisseurs. Avec Power comme société mère, Consolidated-Bathurst serait moins vulnérable sur le marché des capitaux. De peur de s'aliéner Power, les détenteurs de capitaux devaient éviter de se mettre une de ses filiales à dos. On pouvait prévoir que le moment viendrait où Power aurait recours au marché des capitaux et où sonnerait l'heure de Desmarais.

En cas d'appel au marché des capitaux, Consolidated-Bathurst était assurée d'obtenir des taux raisonnables. Mais les petits actionnaires de la compagnie ne pouvaient le faire pour son compte à elle. Il était impératif pour Power de prendre la direction de Consolidated-Bathurst, car Power n'avait pas seulement besoin d'argent. Elle avait besoin de quelqu'un au conseil d'administration qui pût exercer son autorité, imprimer clairement sa vision des choses à la compagnie et licencier les administrateurs dont l'incompétence empêchait Consolidated-Bathurst de prendre son essor.

Bref, la compagnie avait besoin d'un chef qui pût lui imposer sa volonté et la conduire vers la prospérité. Ce chef devait pouvoir jouir de toute la liberté d'action que procure la possession de la majorité des droits de vote. Desmarais n'était pas homme à dépenser son énergie et ses capitaux dans une entreprise s'il n'était pas assuré d'être le premier à retirer des bénéfices de ses efforts.

À cause de l'avis des analystes, Power était paralysée dans son action. Malgré deux extensions de son offre, elle ne se retrouva qu'avec 35,2 p. 100 des actions de Consolidated-Bathurst, au lieu des 51 p. 100 désirés. Il lui était impossible d'ajouter une offre à celle de l'échange d'actions, et il lui en aurait trop coûté d'acheter les actions au marché, car elle manquait de liquidités. Il était par ailleurs difficile d'avoir recours aux marchés monétaires, qui s'étaient considérablement rétrécis à la suite de la récession de 1970 consécutive au ralentissement économique de la fin de 1969. La situation se transforma en crise lorsque la Penn Central Transportation, un des géants des transports et des chemins de fer aux États-Unis, fit faillite. Les marchés monétaires réagirent aussitôt en évitant tout papier commercial (obligations, billets à ordre, etc.), même en provenance de compagnies telles que Power Corporation.

Desmarais était pris dans le genre de piège qu'il avait voulu éviter, à savoir se retrouver avec un important bloc d'actions de Consolidated-Bathurst sans détenir la mainmise absolue sur la société. Or, il fallait agir rapidement. Consolidated-Bathurst était sur son déclin et techniquement défaillante pour le remboursement de certains de ses emprunts. Power devrait prendre tous les risques et consacrer tous ses efforts à remettre le malade sur pied, même si elle ne devait retirer de l'opération que le tiers des bénéfices escomptés.

L'urgence de la situation se manifesta une fois de plus lorsque le gouvernement canadien décida de laisser flotter le dollar canadien sur le marché des échanges. À cette époque, le dollar canadien était plus fort que le dollar américain. Chaque fois que le dollar canadien montait d'un cent par rapport à la devise américaine, Consolidated-Bathurst subissait une perte de 600 000 dollars.

Au cours de l'été, les actions de Consolidated-Bathurst ne valaient plus que 11 dollars. Chacun se rendit compte alors que l'offre de Power avait été une belle occasion manquée. Les investisseurs en voulaient aux analystes de les avoir induits en erreur. Il fallait à tout prix l'intervention de Desmarais ou de tout autre redresseur de situation pour éviter la faillite à Consolidated-Bathurst. Desmarais se devait d'agir; il ne pouvait laisser se dévaluer davantage des actions qui avaient coûté 50 dollars à Power dans les années 60. La réputation de Power dans les milieux financiers était en jeu, mais, pour Desmarais, le plus important était encore de sauver la fortune que Power avait engloutie dans Consolidated-Bathurst, et aussi d'épargner cette compagnie dont il voulait faire l'une des assises de son empire.

C'est alors que les membres du conseil d'administration se tournèrent vers Desmarais, oubliant l'accueil peu favorable qu'ils lui avaient réservé quelque temps plus tôt. Ils sentaient que lui seul pouvait encore maîtriser la situation. Desmarais se jeta dans le feu de l'action bien que la mainmise sur Consolidated-Bathurst risquât de lui échapper. Le conseil cessa de s'opposer à lui; les membres ne lui apportèrent pas leur appui actif, mais ils ne s'opposèrent pas à ses plans[3]. Il les convainquit de confier la présidence de Consolidated-Bathurst à Bill Turner, qui accepta.

Turner avait la confiance de Desmarais, il pensait et agissait comme lui. Il restructura la direction de Consolidated-Bathurst; le groupe efficace qu'il créa succéda aux cadres divisés de Consolidated et de Bathurst qui n'avaient jamais appris à fonctionner ensemble. La nouvelle équipe reçut pour directives de remettre Consolidated-Bathurst sur le bon chemin et d'en faire une organisation moderne et efficace.

Parallèlement, les emprunts de la compagnie furent restructurés grâce à l'aide de Power. Turner vendit deux divisions non rentables de la compagnie, fit passer par profits et pertes les installations déficitaires qui avaient été inscrites à l'actif et ferma les divisions irrécupérables ou invendables. En 1972, Turner avait réussi un premier redressement et la société s'était trouvée en bonne position pour profiter de la remontée des prix des produits du papier[4].

Desmarais avait une fois de plus prouvé ses talents d'homme d'affaires et montré son aptitude à choisir les personnes les mieux adaptées aux tâches à accomplir. La leçon servit à tous ceux qui avaient participé (de près ou de loin, de façon positive ou même négative) dans l'action qui avait conduit au redressement de Consolidated-Bathurst. Les avoirs de Desmarais dans la compagnie ayant depuis fluctué entre 37,5 et 40 p. 100 des actions, c'est par sa force de caractère qu'il sut imposer sa vision des choses à la direction de la compagnie. Aucun autre actionnaire n'a depuis contesté son leadership. Quant à Turner, son rôle dans le redressement de la compagnie lui a valu d'être reconnu et respecté comme l'un des cadres les plus talentueux du pays.

Après le règlement de cette affaire, d'autres problèmes attendaient Desmarais. Une fois le ménage fait, il avait réussi à transformer Power du tout au tout. La compagnie était redevenue rentable. Elle avait évidemment encore des difficultés de liquidités, mais elle était prête à afficher à nouveau de forts rendements.

Il était simple de mettre le doigt sur les problèmes financiers de Power: non seulement la société manquait de liquidités, mais sa dette était considérable en comparaison de ses revenus. Le service de la dette pesait sur tous les revenus et les dividendes de la compagnie. La réorganisation ne s'était pas attaquée jusqu'alors à sa dette. Dans une complexe opération de remaniement des avoirs, des liquidités et des dettes de Power, Desmarais se mit en devoir de régler les dettes de Power et de Gelco, tout en poursuivant son objectif qui était de diriger entièrement Power et d'en augmenter les revenus.

Première étape:

Au début de décembre 1970, Power vendit ses avoirs pétroliers et gaziers pour 13,25 millions de dollars et remboursa sa dette de 12 millions à la Banque Royale, qui commençait à s'impatienter. La nervosité de la banque s'explique par le fait que Power et Gelco (la société de gestion de Desmarais et Parisien qui détenait leur avoir dans Power) avaient toutes deux des dettes considérables.

Deuxième étape:

Une semaine plus tard, Desmarais acquit, par l'intermédiaire de Gelco, le reste des actions privilégiées participantes à 6 p. 100 de Power (assorties de 10 droits de vote) que Thomson détenait par l'intermédiaire de Warnock-Hersey International, pour la somme de 7,2 millions de dollars. Thomson se retrouvait avec à peine 2 p. 100 des droits de vote de la compagnie que son père avait fondée, alors que Desmarais en détenait plus de 50 p. 100 même s'il détenait moins de 19 p. 100 de son avoir.

Troisième étape:

Power étant désormais aux mains de Desmarais, elle ne pouvait plus être considérée comme une institution appartenant à l'establishment anglophone de Montréal. Il vendit par conséquent à Power, pour la somme de 19 millions de dollars, l'obligation à intérêt conditionnel de la compagnie Gesca qu'il avait dû céder à Gelco en 1969 pour atténuer les critiques au sujet de la propriété «anglophone» de *La Presse*.

Quatrième étape:

Gelco versa à Peter Thomson 7,2 millions de
actions de Power sur les 19 millions qu'elle avait reçus ~~~

Cinquième étape:

Les 12 millions de dollars restants servirent à rembourser la
dette de Gelco.

Résultat:

Même si Power avait dû emprunter 19 millions de dollars pour
racheter l'obligation, cette dette était garantie par les revenus de
l'obligation et non par les revenus de Power. Tous les revenus de
La Presse et des intérêts de Gesca dans Les Journaux Trans-
Canada revenaient à Power, détenteur de l'obligation. Celle-ci ne
comportait aucun intérêt, mais ce qu'elle rapportait représentait
davantage que les intérêts que Power devait verser sur son emprunt
de 19 millions. Les banquiers n'avaient par conséquent plus de raison de s'inquiéter outre mesure de la dette de Power. Ce remaniement eut curieusement pour effet d'augmenter en apparence les
liquidités de Power, même si aucun argent supplémentaire ne se
retrouvait dans ses coffres; les revenus de Power étaient simplement moins sollicités par le service de la dette.

Jean Parisien fut nommé président de Power. Cette société
était structurée, avait une équipe d'administrateurs compétents et
fonctionnait suivant des directives précises. Tout cela correspondait
aux désirs de Desmarais. En pleine possession de son empire, il
pouvait maintenant se consacrer à sa croissance.

La nécessité d'augmenter les liquidités de Power fut l'aiguillon
qui allait activer cette croissance. À la fin de l'année 1970, les place
ments de Power rapportaient des revenus respectables; les dividendes en provenance de ses filiales lui rapportaient 4,4 millions, ce
qui, combiné aux autres placements de la société, formait un total de
7,8 millions de dollars. Malheureusement, ces revenus ne couvraient
pas encore les frais d'exploitation ni le paiement des intérêts et des
dividendes. Les actionnaires durent supporter cette situation, les

Power Corporation au 31 décembre 1970
(avoir de 380 millions de dollars investis dans des compagnies
évaluées à 3 milliards de dollars)

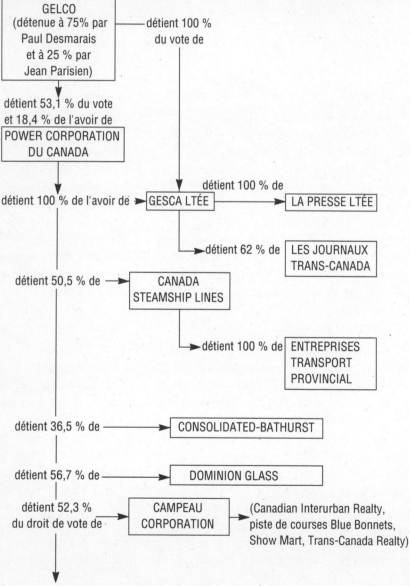

GELCO
(détenue à 75% par
Paul Desmarais
et à 25 % par
Jean Parisien)

détient 100 %
du vote de

détient 53,1 % du vote
et 18,4 % de l'avoir de

POWER CORPORATION
DU CANADA

détient 100 % de l'avoir de → GESCA LTÉE

détient 100 % de → LA PRESSE LTÉE

détient 62 % de → LES JOURNAUX
TRANS-CANADA

détient 50,5 % de → CANADA
STEAMSHIP LINES

détient 100 % de → ENTREPRISES
TRANSPORT
PROVINCIAL

détient 36,5 % de → CONSOLIDATED-BATHURST

détient 56,7 % de → DOMINION GLASS

détient 52,3 %
du droit de vote de → CAMPEAU
CORPORATION

(Canadian Interurban Realty,
piste de courses Blue Bonnets,
Show Mart, Trans-Canada Realty)

194

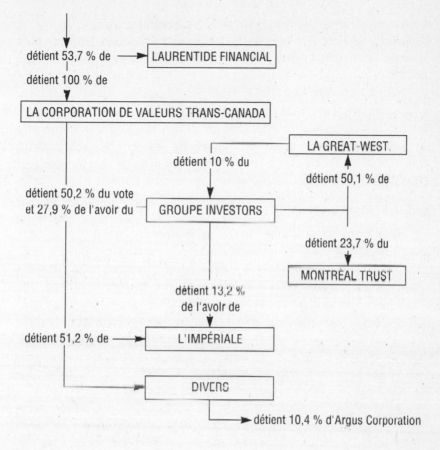

détient 53,7 % de ⟶ LAURENTIDE FINANCIAL

détient 100 % de

LA CORPORATION DE VALEURS TRANS-CANADA

LA GREAT-WEST

détient 10 % du

détient 50,1 % de

détient 50,2 % du vote
et 27,9 % de l'avoir du ⟶ GROUPE INVESTORS

détient 23,7 % du

MONTRÉAL TRUST

détient 13,2 %
de l'avoir de

détient 51,2 % de ⟶ L'IMPÉRIALE

DIVERS

détient 10,4 % d'Argus Corporation

Figure 15

195

distributions de dividendes ayant été suspendues pour le quatrième trimestre. Le prix des actions accusa une baisse à la Bourse, phénomène normal, s'agissant d'une société qui passait pour être en difficulté.

Dans les bureaux de Power, les administrateurs savaient cependant que l'avenir s'annonçait prometteur. Dès 1971, la structure de la compagnie devrait être en place, la dette aurait pris des proportions moindres et les taux d'intérêts auraient baissé. La chute cesserait alors. Les difficultés du portefeuille seraient résolues. Sous l'effet d'un accroissement de la demande aussi bien que de l'efficacité, les résultats ne devraient pas tarder à se manifester sous la forme de dividendes accrus.

Grâce à l'intelligence et au dynamisme de son président, assuré de l'appui de son conseil et de ses créanciers, Power avait une ligne directrice et des objectifs précis. Il était extrêmement important que Desmarais pût compter sur la bienveillance des créanciers. Certes il se trouvait à la tête d'une puissante organisation, mais cette dernière ne faisait que commencer à surmonter ses difficultés des récentes années. Pour atteindre sa vitesse de croisière et augmenter ses revenus, Power avait besoin de fonds permettant de faire face à la situation dans l'intervalle qui séparait les versements trimestriels de dividendes de ses filiales.

Le plan de Desmarais ressemblait à ceux qu'il avait précédemment mis en oeuvre. Il s'agissait d'accorder la croissance interne au rythme des acquisitions afin de sortir Power de l'ornière administrative et financière dans laquelle elle s'était embourbée. Déjà des rumeurs circulaient au sujet des prochaines acquisitions de Desmarais. Avant de prendre la tête de Consolidated-Bathurst, Turner avait déclaré, en qualité de président de Power, que cette dernière était prête à poursuivre sa croissance. Une telle déclaration n'avait fait qu'alimenter les spéculations sur les intentions de Desmarais.

Même en l'absence de toute déclaration de la part de Turner, il suffisait aux observateurs de se référer au passé de Desmarais pour présumer que Power se préparait à faire des acquisitions massives. Ils pouvaient même imaginer l'acquisition par Desmarais d'une société de dimension supérieure. Les plus hardis ne craignaient pas d'avancer que Desmarais pourrait bien envisager de mettre la main sur le Canadien Pacifique ou sur sa société de gestion Canadian Pacific Investments.

De telles spéculations s'expliquaient par l'activité passée de Desmarais dans le domaine des transports et par le fait que Power détenait déjà Canada Steamship Lines. Les gens se souvenaient que des liens existaient de longue date entre Power et le Canadien Pacifique. Les deux sociétés avaient participé conjointement à divers placements, intéressant en particulier La Great-West, le Groupe Investors et le Montréal Trust. Le CP et ses filiales produisaient d'importants revenus et présentaient des bilans sains. À cette époque, le CP détenait des intérêts dans les secteurs très lucratifs des transports, de l'immobilier et des matières premières.

À l'origine de ces spéculations, on retrouvait également la vieille histoire selon laquelle Desmarais aurait écrit une thèse expliquant comment un seul homme pouvait s'emparer du CP. Rappelons enfin que Desmarais était étroitement lié à Jean-Louis Lévesque, lequel avait eu l'ambition de prendre la tête du CP, ainsi qu'à Max Bell de Calgary, un important actionnaire du CP qui parvint presque à s'en emparer dans les années 40.

Il ne faut pas perdre de vue que Desmarais était originaire du nord de l'Ontario, et que dans cette région l'image du CP dans l'esprit des gens est plus forte que dans les grands centres urbains. Un garçon né à Sudbury ne pouvait ignorer l'importance du chemin de fer dans la croissance de la richesse de la région. Quiconque réussirait à mettre la main sur le CP serait indéniablement l'homme le plus puissant du Canada.

Mais les observateurs avaient négligé de tenir compte d'un élément qui occupe une place importante dans toutes les opérations réalisées par Desmarais: l'homme clé de chaque situation. Jusqu'ici, Desmarais avait toujours tenu compte, dans ses transactions, de l'homme clé, c'est-à-dire de la personne qui est en mesure, non seulement de prendre des décisions, mais aussi de négocier une affaire.

Or, le CP comportait des milliers d'actionnaires dont aucun, même parmi les plus importants (Bell par exemple), ne pouvait s'assurer une position dominante faute de détenir un bloc suffisant d'actions. Personne au CP ne détenait assez de pouvoir pour négocier la vente de la compagnie.

Il fallait, pour s'emparer du CP, acheter ses actions. Or, en 1970 Power manquait trop de liquidités pour se permettre une telle folie. D'ailleurs Desmarais avait pour principe de recourir le moins possible aux achats d'actions pour se rendre maître d'une société. Il préférait de loin procéder à des échanges d'actions ou de compagnies lorsque la chose était possible. Il y avait trois raisons à cela.

Tout d'abord, son expérience à Sudbury lui avait appris qu'à trop emprunter une compagnie détériore sa base financière et grève ses revenus futurs, au préjudice des actionnaires ainsi privés des dividendes auxquels ils peuvent légitimement prétendre. En second lieu, il avait manqué terriblement de liquidités lors de ses premières transactions. Les liquidités servaient à financer son exploitation plutôt qu'à lui permettre de faire des acquisitions. Il lui fallait donc chaque fois trouver des moyens originaux de financement pour ses transactions.

Enfin, il avait toujours été assez inventif pour imaginer des moyens nouveaux de financement.

Pendant que les gens spéculaient, Desmarais se consacrait à ses affaires. Il laissait les choses se mettre en place naturellement, observait attentivement le fonctionnement de ses compagnies, veillait à leur santé financière et suivait le comportement des hommes clés qu'il avait mis en place. Tout au long de 1971, les compagnies placées sous la tutelle de Power continuèrent à s'améliorer, encore qu'il fût prématuré d'en attendre pour l'immédiat des dividendes accrus. Même Laurentide avait cessé d'être l'objet de soins intensifs.

Après trois ans, le bilan ne s'était pas encore amélioré, mais tous les espoirs étaient permis. Desmarais avait même trouvé preneur pour un dernier placement de l'ancienne Power qui ne convenait pas à ses ambitions, à savoir l'American District Telegraph. Il lui avait fallu plus de temps pour vendre le ranch de moutons d'Australie, car la demande pour ce genre de placement était plutôt faible. Mais dès qu'il put obtenir un prix raisonnable pour la propriété, il s'en défit rapidement.

En novembre 1971, Power offrit 40 dollars pour toutes les actions en circulation de Canada Steamship Lines, qui se négociaient 30 dollars sur le marché. L'opération était parfaitement logique et conforme à ce qu'on savait des pratiques de Desmarais. Il pouvait paraître excessif de vouloir détenir la totalité des actions de la compagnie là où il suffisait d'en détenir la direction suivant sa politique habituelle. La dette accumulée de Canada Steamship était peu élevée, elle disposait de capitaux, son bilan était sain et elle était bien administrée. Mais une source de revenus supplémentaires n'était pas à négliger et la consolidation de la compagnie avec les avoirs de Power donnerait à cette dernière accès à de nouveaux capitaux. Personne ne fit objection à la transaction et les actionnaires de Canada Steamship, trop heureux de cette aubaine, se défirent sans peine de leurs avoirs. À la fin du printemps de 1972, Power détenait toutes les actions avec droit de vote et presque toutes les actions sans droit de vote de Canada Steamship Lines, ce qui faisait de cette dernière une filiale à part entière de Power Corporation.

C'est seulement quelques semaines plus tard qu'apparurent clairement les motifs de l'initiative tant attendue de Desmarais. En juin 1972, Canada Steamship Lines, la seule compagnie détenue à 100 p. 100 par Power Corporation, racheta presque tout le porte feuille de placements de Power pour la somme de 145 millions de dollars.

Cette vente n'avait aucun sens. Pour 145 millions, Canada Steamship Lines mettait la main sur Dominion Glass, le Groupe Investors, Consolidated-Bathurst et l'obligation de 19 millions de dollars de Gesca. Étaient également incluses dans la transaction les sociétés La Corporation de Valeurs Trans-Canada (avec ses intérêts dans Shawinigan Industries), Laurentide, Argus, L'Impériale, etc.

Desmarais venait pour ainsi dire de vendre Power à elle-même, opérant ainsi une «mainmise inversée interne». Comme Power ne faisait aucun bénéfice sur la transaction, il s'agissait d'un simple réalignement des intérêts de cette dernière. Les 145 millions de dollars équivalaient à la seule valeur comptable des placements de Power (la valeur de l'actif moins celle du passif) et se composaient de 70,5 millions comptant et de 74,6 millions en billets à ordre comportant un intérêt annuel de 9,5 p. 100 plus une série d'obligations échelonnées de manière à échoir à intervalles réguliers entre 1971 et 1992.

La vente permit à Power et à Canada Steamship de résoudre chacune un problème. En remettant une partie de ses dettes à Canada Steamship Lines, Power permettait à cette dernière de réduire ses impôts. En tant que société de gestion, Power ne vendait ni biens ni services directement aux consommateurs; elle se contentait de faire des transactions et des placements. Power ne recevait par conséquent aucun revenu d'exploitation, mais uniquement des dividendes sur ses placements et des intérêts sur des billets à ordre qu'elle avait reçus dans certaines transactions. Les revenus d'intérêts étaient imposables, mais les dividendes ne l'étaient pas parce que, théoriquement, les compagnies qui les versaient devaient d'abord payer l'impôt sur les revenus avant de verser les dividendes.

Power ne pouvait donc déduire de ses impôts les intérêts de ses emprunts et les frais d'exploitation, mais elle devait payer des intérêts sur l'argent emprunté pour faire l'acquisition de Canada Steamship Lines. Power remboursa cette dette le plus tôt qu'elle put en utilisant à cet effet l'argent reçu de Canada Steamship Lines lors de la vente de son portefeuille à cette dernière.

Canada Steamship Lines avait dû, pour sa part, emprunter l'argent nécessaire à l'achat du portefeuille de Power. Comme Canada Steamship Lines était une compagnie exploitant un service, elle pouvait déduire de ses autres revenus ses frais d'intérêt sur cet emprunt, ce qui réduisait d'autant ses impôts. Elle pouvait en faire autant avec les intérêts qu'elle versait à Power sur les obligations remises à celle-ci. La réduction de l'impôt sur le revenu signifiait que les actionnaires, à savoir Power, recevraient à l'avenir de meilleurs dividendes.

Power pouvait ainsi compter sur de meilleurs revenus. Et la consolidation des bilans des deux compagnies en un seul devait permettre à Power de disposer enfin de liquidités substantielles,

Power Corporation au 30 juin 1972
(après la vente de ses avoirs à Canada Steamship Lines)

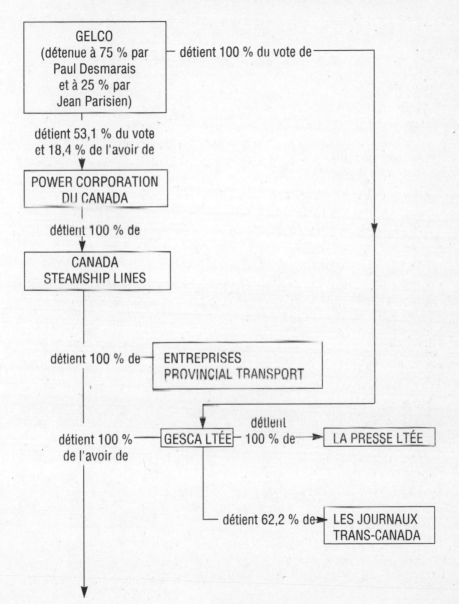

GELCO
(détenue à 75 % par
Paul Desmarais
et à 25 % par
Jean Parisien)

détient 100 % du vote de

détient 53,1 % du vote
et 18,4 % de l'avoir de

POWER CORPORATION
DU CANADA

détient 100 % de

CANADA
STEAMSHIP LINES

détient 100 % de

ENTREPRISES
PROVINCIAL TRANSPORT

détient 100 %
de l'avoir de

GESCA LTÉE

détient
100 % de

LA PRESSE LTÉE

détient 62,2 % de

LES JOURNAUX
TRANS-CANADA

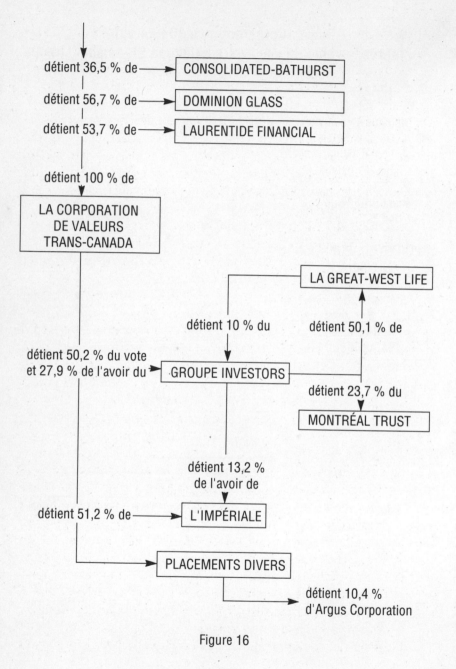

détient 36,5 % de ———▶ CONSOLIDATED-BATHURST

détient 56,7 % de ———▶ DOMINION GLASS

détient 53,7 % de ———▶ LAURENTIDE FINANCIAL

détient 100 % de

LA CORPORATION
DE VALEURS
TRANS-CANADA

LA GREAT-WEST LIFE

détient 10 % du   détient 50,1 % de

détient 50,2 % du vote
et 27,9 % de l'avoir du ▶ GROUPE INVESTORS

détient 23,7 % du

MONTRÉAL TRUST

détient 13,2 %
de l'avoir de

détient 51,2 % de ——— L'IMPÉRIALE

PLACEMENTS DIVERS

détient 10,4 %
d'Argus Corporation

Figure 16

202

liquidités que devaient venir gonfler régulièrement, à des échéances différentes de celles des dividendes, les intérêts des billets à ordre et des obligations. Ainsi Power allait disposer de revenus imposables, desquels elle pourrait déduire ses frais d'intérêts et d'autres dépenses.

Aujourd'hui aucun homme d'affaires n'ignore l'existence de ces procédés de planification fiscale. Mais, en 1972, on commençait seulement à les utiliser après les modifications apportées par le gouvernement fédéral à la Loi sur les impôts. La nouvelle loi autorisait la déductibilité des intérêts sur les emprunts destinés à l'achat d'actions à dividendes.

Cette mesure fiscale contribue aujourd'hui à stimuler les investissements en augmentant les montants qu'un particulier peut investir en utilisant de l'argent emprunté. Le coût réel de l'emprunt est ainsi réduit de façon significative.

Cette mesure n'avait toutefois pas été votée dans le but de permettre aux compagnies de restructurer leurs avoirs. L'application qu'en firent Parisien et Desmarais ne manqua pas d'attirer l'attention. Tout le personnel affecté au service fiscal de la firme de comptables Touche Ross de Montréal fut occupé par l'opération pendant des semaines. La manoeuvre fut louée pour son brio par les uns, décriée pour son mauvais goût par les autres.

Il faut dire que cette mesure avait eu comme objectif de rendre les compagnies canadiennes plus concurrentielles en face des compagnies étrangères en cas d'offres publiques d'achat. Avant la nouvelle loi, les compagnies canadiennes ne pouvaient déduire de leurs revenus les frais d'intérêts encourus pour l'achat d'actions comportant des dividendes. Lorsqu'une compagnie étrangère, qui jouissait d'une telle mesure dans son pays, voulait acheter une entreprise canadienne, elle empruntait et bénéficiait d'un avantage marqué sur ses concurrentes canadiennes. Celles-ci ne pouvaient faire de contre-offres si elles ne disposaient pas de suffisamment d'argent comptant, car le coût d'un emprunt se serait ajouté au prix d'achat. Il était donc devenu courant de voir les compagnies canadiennes passer entre les mains d'intérêts étrangers.

Le public et les compagnies savaient que cette mesure serait

203

adoptée. Une commission royale d'enquête, mise sur pied en 1959, avait publié à la fin des années 60 un rapport recommandant cette adoption. Votée en 1970, la loi entra en vigueur en 1972, afin de laisser aux compagnies et aux juristes le temps d'en comprendre toutes les implications.

Desmarais et ses collègues de Power avaient étudié cette loi. Ils en conclurent qu'elle pouvait leur permettre de réduire les impôts de Canada Steamship Lines, même si tel n'était pas l'objectif premier du législateur. Les autorités fédérales ne contestèrent pas cette manoeuvre, ce qui démontre que Desmarais et ses collaborateurs avaient vu juste. Leur interprétation des nouvelles dispositions était originale et audacieuse. Elle permit à Desmarais de passer à l'avant-garde de ceux qui les utilisèrent pour bâtir des empires multimilliardaires durant les années 70.

Il est piquant de constater que si Desmarais et ses administrateurs avaient renoncé à utiliser cette manoeuvre, ils auraient été accusés par les autres actionnaires de Power d'avoir mal défendu leurs intérêts...

NOTES

1. Selon une maxime bien connue du milieu des affaires, celui qui déclare des dividendes détient la mainmise effective sur une entreprise.

2. *Monetary Times,* juillet-août 1970, p. 31.

3. Durant la deuxième moitié de 1970, Power augmenta sa mise dans Consolidated-Bathurst à 36,5 p. 100.

4. Bill Turner est l'actuel président de Consolidated-Bathurst.

5. Une semaine après la vente de ses avoirs à Canada Steamship Lines, Power revendit à Robert Campeau ses intérêts dans Campeau Corporation, comme cela est expliqué au chapitre 9.

CHAPITRE 11

Le jeu du pouvoir
(premier acte)

En 1974, Paul Desmarais avait atteint le sommet de la gloire. Du moins était-il au sommet de la pyramide constituée par les avoirs de Power Corporation. C'était sa récompense pour les risques financiers qu'il avait courus et les cinq années de dur travail qu'il venait de consacrer à la restructuration de Power et de ses filiales. Il possédait enfin le pouvoir qu'il avait tant cherché.

Mais il avait dû en payer le prix. Une dure grève de quatre mois à *La Presse*, qui se termina en février 1972, lui avait causé des pertes de l'ordre de 3,5 millions de dollars pour l'année 1971.

Les négociations relatives au renouvellement des contrats de travail étaient devenues difficiles lorsque les représentants patronaux et syndicaux avaient abordé des problèmes qui allaient bien au-delà des questions salariales. Les administrateurs du quotidien voulaient diminuer le pouvoir des syndicats et saisir l'occasion offerte par le conflit de travail pour se séparer de certains journalistes indésirables. Les syndiqués désiraient, quant à eux, obtenir des garanties face à une automatisation de plus en plus poussée de la production. Mais le véritable enjeu du conflit portait sur le contenu idéologique des articles publiés par *La Presse*.

Au Canada anglais, ces questions sont rarement débattues. Les administrateurs d'un journal définissent son orientation comme n'importe quel chef d'entreprise définit le cadre dans lequel ses employés exercent leur activité. Les directeurs sélectionnent les informations qu'ils publient en fonction de la politique du journal. Quant aux journalistes, on attend d'eux qu'ils rapportent les faits objectivement. Ce système est renforcé par certains impératifs de publication et les journalistes mécontents doivent partir.

En 1971, la vague d'agitation sociale qui traversait le Québec touchait la salle de rédaction de *La Presse*. La Belle Province émergeait à peine de la «grande noirceur» qui avait caractérisé l'époque de Duplessis. Divers groupes lançaient des appels à des changements plus radicaux que ceux jugés acceptables par l'ensemble de la population. Certains cherchaient à renégocier la place du Québec dans le Canada tandis que d'autres réclamaient l'indépendance pure et simple de la province.

Les journalistes de *La Presse* souhaitaient voir ces questions débattues dans les pages du quotidien. Certains voulaient même utiliser le journal pour la promotion de l'idée d'indépendance, tandis que d'autres désiraient lui donner une orientation plus socialiste. Mais *La Presse* était (et est restée) une publication destinée aux classes moyennes et prônant des valeurs bourgeoises. Selon la philosophie du journal, si des changements sociaux étaient nécessaires, ils devaient se réaliser de manière progressive et non par à-coups. Cette conception était celle de Desmarais. D'une part, il était ardent fédéraliste et d'autre part il n'était pas disposé à tolérer que *La Presse* (ou d'ailleurs tout autre quotidien placé sous sa coupe) défendît des valeurs différentes des siennes.

Les dirigeants du journal, soucieux de faire respecter les convictions de Desmarais, décidèrent de purger *La Presse* de ses éléments indésirables. La stratégie qu'ils adoptèrent était simple: ils laisseraient traîner en longueur les pourparlers avec les quatre syndicats chargés de la production et de la distribution du journal, puis ils déclareraient un lock-out dès la fin de la période réglementaire de négociation. Ils espéraient ainsi voir les syndicats déclencher la grève et mettre en place des piquets que les journalistes syndiqués

206

n'oseraient pas franchir. Les journalistes n'étant pas eux-mêmes en grève, l'administration aurait beau jeu de congédier ceux d'entre eux qui ne se présenteraient pas au travail.

Le plan aurait pu réussir, mais les administrateurs avaient mal évalué la situation; ils avaient perdu de vue que ce qui se passait au journal était la répercussion d'événements extérieurs qui échappaient à leur prise. Comme prévu, les négociations s'étirèrent jusqu'en automne et les syndiqués furent mis en lock-out. On embaucha alors des travailleurs non syndiqués, qui reçurent une formation sur le nouvel équipement automatisé du journal, et *La Presse* continua de paraître, bien que son volume fût réduit et son tirage limité.

Les syndiqués décidèrent de ne pas installer de piquets de grève, de sorte que les journalistes n'eurent pas à se compromettre. Quant aux compagnies d'assurances, elles refusèrent d'indemniser le journal pour la baisse de ses revenus. C'est alors que tout le mouvement syndical se mit de la partie. Déjà irrités par les problèmes survenus à Consolidated-Bathurst, à Dominion Glass et à Canada Steamship Lines pendant la période de restructuration de Power, les syndicats québécois s'empressèrent de manifester leur solidarité à leurs collègues de *La Presse*. Une manifestation eut lieu devant l'immeuble du journal au début de novembre. Elle tourna à l'émeute et *La Presse* dut suspendre ses activités.

Des manifestations eurent lieu près de la résidence de Desmarais à Westmount. On l'accusait d'être fédéraliste, capitaliste, et «vendu» aux intérêts anglo-saxons du pays.

Desmarais, qui préférait généralement laisser ses administrateurs gérer ses entreprises, se trouvait malgré lui au centre de la controverse. Expliquant sa position devant les caméras de la télévision, il affirma que tant qu'il serait propriétaire du journal, il s'emploierait à tout faire pour l'empêcher de devenir le porte-parole de quelque groupe philosophique ou idéologique que ce fût. La mesure et la pondération devaient continuer de marquer les éditoriaux, et lui, Desmarais, se considérait comme responsable, en tant qu'éditeur, de la tâche de veiller au maintien de cette position modérée.

Desmarais ne s'est jamais départi de cette attitude. Si l'on en croit certains journalistes, il s'est généralement abstenu de les influencer dans leur travail. Jean Pelletier note toutefois que *La Presse* s'intéresse rarement aux activités de Power Corporation et de ses filiales. Par contre *Le Devoir* et *Le Journal de Montréal* ont publié régulièrement des reportages sur Power.

En dépit des raisons qui provoquèrent la fermeture temporaire de *La Presse,* ce sont finalement des considérations d'ordre économique qui présidèrent au règlement d'un conflit dont ni le journal ni les journalistes ne pouvaient supporter plus longtemps les coûts et les inconvénients. Pierre Péladeau avait profité de l'occasion pour ébranler la domination de *La Presse* sur le marché des quotidiens montréalais. Lancé en 1965 lors d'un autre conflit à *La Presse, Le Journal de Montréal* augmenta son tirage quotidien de 25 000 exemplaires.

Lorsqu'il devint évident que l'arrêt du travail affectait la vente de *La Presse,* obligeait à envisager la limitation de son tirage et risquait de décourager la confiance des annonceurs, comme celle des lecteurs et de l'équipe du journal, Desmarais décida d'intervenir directement en vue de résoudre le conflit. Mais un règlement semblait impossible sans l'intervention d'une tierce partie, c'est pourquoi il fit appel aux services de Brian Mulroney, un jeune avocat de Montréal dont la réputation d'habile négociateur n'était plus à faire. Mulroney entra en action et Desmarais put se mettre en retrait.

Une série de séances marathons permit à Mulroney d'acheter la paix pour Desmarais. Il accorda de généreux contrats de travail et la sécurité d'emploi aux quatre groupes de syndiqués de la production et de la distribution. Mais ces concessions étaient minimes comparées au coût du conflit lui-même. L'examen des problèmes d'administration et de politique était renvoyé à plus tard, après la reprise du travail.

Malgré le règlement du conflit, Desmarais se retrouvait dans une situation peu enviable. «Il avait accordé aux grévistes tout ce qu'ils désiraient», affirme Pelletier, de sorte que, malgré sa puissance et sa richesse, il donnait l'impression d'avoir été humilié.

Ses administrateurs ne lui avaient été d'aucun secours. Ils

avaient échoué dans la mission qui leur avait été confiée de maintenir le journal à l'abri des remous et ils avaient commis des erreurs
de jugement. Desmarais avait subi des pertes financières énormes,
et son image publique s'était détériorée. Par une ironie du sort, ceux
qui avaient voulu provoquer une purge au journal furent eux-mêmes
mis à pied. Desmarais démit les cadres supérieurs de leurs fonctions et nomma Roger Lemelin, l'auteur des *Plouffe,* président et
éditeur de *La Presse.*

Une anecdote veut que Lemelin fut choisi parce que Jacqueline
Desmarais, la femme de Paul, appréciait ses romans. Mais il est
plus probable que Desmarais engagea Lemelin parce qu'il était convaincu que ce dernier ferait un excellent administrateur. Il était propriétaire d'une fabrique de saucisses, à la tête de laquelle il avait
prouvé son sens des affaires. Desmarais était assuré que Lemelin
agirait à la tête de *La Presse* comme il l'aurait fait lui même. La
Commission royale d'enquête sur les groupements de sociétés nota
dans son rapport que si Desmarais s'abstenait d'intervenir dans les
affaires quotidiennes du journal, il n'était pas pour autant disposé à
laisser en place un directeur dont les vues ne coïncidaient pas avec
les siennes.

La première difficulté que Lemelin avait à affronter tenait à
l'orientation idéologique du journal. Avec l'aide d'un des éditoria-
listes du quotidien, il rédigea un énoncé de politique que Desmarais
et lui signèrent ensemble. Cette déclaration précisait clairement la
position des propriétaires et administrateurs du journal. Ceux-ci
comptaient sur la conscience professionnelle des journalistes pour
qu'elle fût respectée. Elle contenait en outre des directives précises
à l'intention du personnel du journal. Nul ne pourrait désormais,
après avoir pris connaissance de ces directives, prétendre discuter
le contenu des éditoriaux publiés dans *La Presse.*

Les principaux points du document, résumé ci-après, touchaient des questions économiques et culturelles. Elles traitaient
aussi de certains aspects de l'activité professionnelle des journalistes.

• Le journal *La Presse* croit en un Québec fort au sein d'une confédération canadienne suffisamment souple pour satisfaire aux

aspirations légitimes des Canadiens de langue et de culture françaises.

- Le journal *La Presse* croit à la libre entreprise telle qu'elle se pratique et évolue dans le monde, mais approuve l'intervention mesurée et planificatrice de l'État.
- Le journal *La Presse* suivra d'un oeil vigilant toute tendance qui pourrait inciter les gouvernants à franchir les limites d'un sain interventionnisme.
- Le journal *La Presse* appuiera toute initiative valable de l'État, de groupes et d'individus qui s'appliqueront à corriger les injustices sociales.
- Le journal *La Presse* exige de ses journalistes qu'ils soient des professionnels de la communication. Le journal *La Presse* mettra tous ses moyens en oeuvre pour faciliter matériellement et moralement le libre exercice de leurs fonctions, dans une atmosphère d'objectivité et d'excellence[1].

Cet énoncé de politique reflétait bon nombre des convictions de Desmarais en matière sociale, économique et politique et pouvait être considéré comme une déclaration personnelle.

Cependant Paul Desmarais et Jacques Francoeur, son associé dans le groupe des Journaux Trans-Canada, s'engageaient dans des directions différentes. En 1973 leur association fut dissoute et Francoeur poursuivit seul son chemin à la tête des hebdomadaires, laissant à Desmarais *La Presse* et les quotidiens de Sherbrooke et de Granby.

Desmarais fit alors l'acquisition de *Montréal-Matin*, un quotidien du matin qui avait appartenu à l'Union nationale, dont il fit un concurrent du *Journal de Montréal*. Ce dernier cessa ainsi de constituer une menace directe pour *La Presse*.

Avant 1975, *Montréal-Matin* avait été peu rentable. Par la suite, il ne cessa d'enregistrer des pertes et finit par absorber les profits de *La Presse*. En 1979, les administrateurs de *La Presse* convainquirent Desmarais que le meilleur moyen d'arrêter l'hémorragie était de cesser la publication de *Montréal-Matin*. Desmarais accéda à leur demande, mais ce fut une grave erreur de sa part, comme le note Jean Pelletier: «Desmarais affirma plus tard que c'était la pire des décisions à prendre car *Montréal-Matin* constituait un rempart contre *Le Journal de Montréal*.»

Une fois *Montréal-Matin* disparu, *Le Journal de Montréal* entra de nouveau en concurrence directe avec *La Presse*, bien qu'il en différât par son contenu et son style général. Audacieux, insolent et coloré, le quotidien tabloïd gagnait du terrain aux dépens du journal plein format, sobre et quelque peu ennuyeux qu'était *La Presse*.

Cependant, pour qu'une concurrence véritable pût s'établir entre les deux publications, des modifications devaient être apportées à l'une comme à l'autre. C'est *La Presse* qui avait le plus besoin de changements. Mais, sous Lemelin, non seulement les administrateurs étaient incapables de prévoir les évolutions nécessaires, mais ils y faisaient résolument obstacle. Le tirage du *Journal* continuait d'augmenter. Lemelin quitta finalement *La Presse* en 1980 et fut pour une brève période remplacé par Jean-Paul Jobin, qui céda bientôt la place à Roger D. Landry, ancien directeur du marketing du club de base-ball les Expos de Montréal. En 1981, *La Presse* devint une publication du matin et entra directement en concurrence avec *Le Journal de Montréal*.

Comme directeur de *La Presse*, Roger Lemelin eut à subir en 1978 une seconde grève. Cette fois, les enjeux étaient strictement d'ordre économique, mais la grève se déroula au moment où la fièvre indépendantiste était à son comble, peu avant le référendum de 1980 sur la souveraineté-association. (*La Presse* et les quotidiens de Desmarais soutinrent le camp du «non» ou refusèrent de se prononcer sur la question nationale.) Les cadres de *La Presse* purent néanmoins garder la maîtrise de la situation et éviter toute confrontation idéologique en accordant aux journalistes les meilleures conditions de travail de toutes les salles de rédaction du Canada. Les journalistes de *La Presse* recevaient en effet le salaire d'une semaine de cinq jours pour quatre jours de travail. Ils jouissaient en outre d'excellents avantages sociaux et avaient dorénavant leur mot à dire sur la nomination du rédacteur en chef de leur section.

Pendant les années de restructuration de Power, Desmarais n'eut pas seulement à faire face à des problèmes d'ordre économique ou administratif. En octobre 1970, il figurait sur la liste des prochaines cibles du FLQ.

Durant les 30 jours que dura la Crise d'octobre, ce dernier avait fait publier la liste de ses prochaines victimes et Desmarais y figurait à titre de laquais au service des intérêts étrangers.

Pendant la Crise, les personnalités les plus en vue reçurent une protection officielle. C'est depuis cette époque que Desmarais, en dépit de son goût pour l'anonymat, est devenu un personnage public. Ses bureaux et sa résidence de Westmount sont l'objet d'une surveillance permanente et des gardes du corps l'accompagnent dans tous ses déplacements.

Les difficultés de *La Presse* et les menaces dirigées contre lui ne pouvaient amener Paul Desmarais à dévier de la route qu'il s'était tracée. Il décida de s'accommoder de ces désagréments que tout homme d'affaires de sa trempe doit s'attendre à rencontrer sur son chemin.

Il poursuivit ses plans en vue de transformer Power selon sa conception des choses. La fortune de cette société serait dorénavant liée à l'industrie financière, à l'édition, aux transports, ainsi qu'à l'industrie forestière et à celle des matériels d'emballage. Cette diversification devait permettre à Power de bénéficier indirectement de la demande des consommateurs. Elle fournirait des biens et services aux compagnies qui fournissaient d'autres biens et services aux consommateurs.

La croissance de Power devait être la conséquence de la croissance normale de ses filiales, de la diversification de ses activités par le biais d'acquisitions, et de l'accroissement de sa participation dans ses filiales. Les perspectives d'avenir s'annonçaient brillantes. Les enfants du «baby boom», malgré leur apparent rejet des valeurs matérielles, allaient devenir à leur tour, à la fin des années 70, des consommateurs et ils représenteraient alors la majeure partie de la population. Telles étaient les prévisions de Desmarais.

Lorsqu'on lui demandait ce qu'il pensait de la nouvelle génération, il ne s'inquiétait pas outre mesure des excès des jeunes, qu'il considérait comme des expériences normales. Il est réconfortant de voir qu'un homme d'affaires tel que Desmarais puisse posséder une certaine conscience de l'histoire, comme le démontrent ses commentaires sur notre époque: «Un siècle mouvementé, passionnant...

Mais je suis conscient que si on demandait la même chose à des personnes qui ont vécu à une autre époque elles répondraient probablement de la même façon[2].» Il pensait qu'il n'y avait pas lieu d'être inquiet et que tout reviendrait un jour à la normale.

Les tenants de la révolution (dont bon nombre de jeunes et de Québécois radicaux) pouvaient souhaiter des changements sociaux immédiats. Desmarais, lui, avait l'occasion unique de changer l'establishment de l'intérieur. En dépit de ce que lui reprochaient les partisans du FLQ, il était bien placé pour promouvoir les intérêts des francophones du Québec.

Tout en gérant leurs affaires, les dirigeants de Power surveillaient attentivement la moindre occasion de faire de nouvelles acquisitions. Après avoir acquis la totalité des actions de Canada Steamship Lines et remanié les avoirs de Power en conséquence, Desmarais s'était contenté d'augmenter la participation de Power dans Montréal Trust en 1972, afin de s'assurer la mainmise sur la compagnie.

Au début de 1972, d'importants blocs d'actions de Montréal Trust avaient changé de main sur les marchés boursiers. Cela faisait craindre à certains des interventions extérieures et des risques de spéculation. À cette époque, les dirigeants des institutions financières nord-américaines songeaient à étendre leurs marchés et rêvaient du jour où les demandeurs de services financiers pourraient être satisfaits par un fournisseur unique. Les lois interdisaient encore la création de ce qu'on pourrait appeler des «supermarchés financiers», mais les institutions intéressées ne manquaient pas d'exercer des pressions sur les gouvernements en faveur des changements qu'elles souhaitaient. Au demeurant, rien n'interdisait à une compagnie de faire fructifier ses avoirs en détenant une société de gestion rentable dans son portefeuille.

Malheureusement, le Montréal Trust se remettait à peine de ses difficultés administratives des années 1965-1967. Desmarais siégeait au conseil de la Société depuis 1962 à titre de représentant de La Corporation de Valeurs Trans-Canada. Comme sa position dans le Montréal Trust était encore trop faible au moment où les difficultés surgirent, il ne put influer comme il l'aurait souhaité sur l'orientation de la compagnie. Ce n'est qu'en 1967 et en 1968 qu'il commença à posséder suffisamment d'actions de la compagnie, par l'intermédiaire du Groupe Investors. Power mit indirectement la main sur le Montréal Trust en 1970, en acquérant la totalité des actions d'Investors, qui détenait une participation de 25 p. 100 dans le Montréal Trust.

Les difficultés de Montréal Trust avaient pour origine l'activité première de la compagnie, consistant à accorder des hypothèques à des clients qui les revendaient à des tiers. Les hypothèques comportaient un intérêt fixe et elles étaient revendues comme actif à long terme. Au départ, elles étaient financées par le Montréal Trust en tant que passif à court terme, parce que l'argent provenait de dépôts à court terme. Mais, au cours de la période de surchauffe économique qui affecta le marché de la construction immédiatement avant l'ouverture de l'Exposition universelle de 1967, la compagnie se trouva en présence d'un trop grand nombre de prêts hypothécaires.

Le Montréal Trust finançait des prêts à long terme par des dépôts à court terme à une époque où les taux d'intérêts à court terme étaient à la hausse et tendaient à dépasser les taux d'intérêts des prêts à long terme. Sa marge bénéficiaire s'en trouva considérablement réduite et il dut même supporter des pertes. La baisse des revenus hypothécaires fut sensible. À la fin du boom de la construction, plusieurs promoteurs se retrouvèrent avec des immeubles qu'il leur était impossible de louer. Quand ces promoteurs furent dans l'incapacité de rembourser leurs hypothèques, le Montréal Trust dut saisir les immeubles, ce qui aggrava la situation.

Ce n'est qu'en 1970 que les administrateurs commencèrent à résoudre ces problèmes en pratiquant une étroite surveillance sur la politique de prêts de la compagnie. Les premiers résultats encourageants se firent sentir en 1971. Comme Power avait pris part à la remise sur pied du Montréal Trust, il n'y avait aucune raison de laisser des étrangers tirer profit du travail accompli et des risques pris. Investors acquit suffisamment d'actions du Montréal Trust pour faire monter sa participation dans la compagnie à 50,5 p. 100, ce qui lui en assurait la direction. En 1973, Paul Britton Paine, vice-président administratif de Power et membre du comité exécutif du conseil du Montréal Trust, fut élu président et chef de la direction de cette société, et il devint l'année suivante le président de son conseil d'administration.

Pour Power, 1973 avait été une année de lente croissance interne et la même tendance s'annonçait pour 1974. L'année avait commencé par l'achat de la Société de mathématiques appliquées (SMA), une firme de services informatiques qui détenait des intérêts dans la production et la distribution de films. La SMA faisait partie du portefeuille de Gelco, la société de gestion de Parisien et Desmarais, qui détenait aussi leur participation dans Power. L'opération était destinée à éviter la naissance de conflits d'intérêts entre Gelco et Power.

En examinant de près les dessous de cette transaction, on comprend mieux la façon de fonctionner de Desmarais. Des professeurs de mathématiques de l'Université de Montréal avaient lancé la SMA. En 1968, ils faisaient une émission publique. Dès 1971, la compagnie était sur le point de faire faillite, mais certains membres des milieux d'affaires francophones du Québec jugeaient qu'il était important de permettre à la compagnie de survivre et de continuer à offrir des services informatisés en français.

La Caisse de dépôt et placement du Québec, qui avait été fondée en 1965 par le gouvernement québécois en vue de drainer les fonds accumulés par la Régie des rentes du Québec et d'autres institutions publiques, était une des principales actionnaires de la SMA. La Caisse a pris depuis une telle expansion qu'elle joue aujourd'hui un rôle majeur sur le marché boursier canadien. Les ressources financières de cette société publique de gestion sont énormes, tout comme ses besoins de profits pour alimenter la caisse de retraite. Le marché boursier canadien étant relativement étroit et le gouvernement fédéral obligeant les caisses de retraite à investir 90 p. 100 de leurs avoirs dans des titres canadiens, il était impossible pour un financier de la trempe de Desmarais de ne pas traiter un jour ou l'autre avec la Caisse.

À la demande des milieux d'affaires du Québec, Desmarais entreprit de renflouer la SMA. Mais en 1971, ce n'était pas une bonne affaire, du moins pour Power. La SMA aurait pu figurer au répertoire des études de cas des écoles de gestion. Bien conçue à l'origine, elle était simplement mal administrée. Elle était menacée de faillite et la situation exigeait un complet remaniement administratif et une révision de sa politique financière. Power ayant à s'occuper de ses propres problèmes, ce fut Gelco qui se chargea de la réorganisation de la SMA.

Il fallut attendre jusqu'en 1974 pour assister au redressement de la situation de la SMA. En 1976, elle était enfin en mesure de faire des profits. Un conflit d'intérêts était cependant sur le point d'éclater, car la SMA tirait ses revenus principalement de la vente de ses services à Power et à ses filiales. Power détenait 55 p. 100 des actions de la SMA, contre 22 p. 100 pour la Caisse, le reste étant réparti entre divers actionnaires.

Une fois la situation de la SMA bien en main, Power se trouvait de nouveau dans une position financière enviable. Desmarais pouvait désormais songer à se tourner vers d'autres préoccupations, et notamment à étendre ses activités à l'extérieur du Canada. Il voyageait beaucoup à l'étranger, ce qu'il pouvait se permettre parce que Parisien veillait au grain. Au cours de ces voyages de prospection, il découvrit, en particulier au Moyen-Orient, de nouvelles opérations à réaliser. Des possibilités de gains importants s'offraient dans les secteurs des transports et de l'énergie, comme dans celui des services en matière financière, dont avaient besoin les pays producteurs de pétrole. Enchanté de ses découvertes, Desmarais demanda au pilote du jet de Power de doter son appareil de réserves supplémentaires de carburant afin de pouvoir faire le trajet Montréal-Arabie Saoudite sans escale.

Desmarais procéda avec Power comme il l'avait fait avec Consolidated-Bathurst. Après avoir fait le nécessaire pour renforcer la compagnie et assurer sa stabilité et sa rentabilité au Canada, il devait lui faire prendre de l'expansion sur les gigantesques marchés européens et américains. Mais il lui fallait d'abord reconnaître le terrain, créer des liens et établir des relations, ce qui prenait du temps. Or Power devait se trouver confrontée au Canada à une série d'événements d'origine extérieure.

216

Tout commença dans les bureaux des cadres supérieurs de la compagnie Abitibi Paper, une des concurrentes de Consolidated-Bathurst. Abitibi était sur le point de mettre la main sur Price, qui était spécialisée dans les produits forestiers et les emballages.

C'était en 1974 et l'économie mondiale se portait mal pour deux raisons. En premier lieu il y avait eu, fin 1973, l'embargo sur le pétrole arabe, accompagné d'une augmentation de 100 p. 100 du prix du pétrole en provenance des pays de l'OPEP. Il s'ensuivit une récession à l'échelle mondiale. Puis, l'inflation qui succéda à cette augmentation des prix, conjuguée au déséquilibre de la balance commerciale des États-Unis, entraîna une dévaluation du dollar américain.

Au cours des années 60, le président des États-Unis Lyndon B. Johnson, voulut financer la guerre du Viêt-Nam et la lutte contre la pauvreté sans augmenter les impôts. Cette politique provoqua des pressions inflationnistes qui contribuèrent à provoquer la récession des années 70. Les Américains ayant augmenté leur consommation de biens et de services, il en résulta une hausse des prix mais non de la productivité. Il y avait trop d'argent pour la quantité de biens et de services disponibles.

Le dollar américain étant la devise de référence dans le commerce international, principalement en matière de pétrole, la baisse de sa valeur provoqua des perturbations dans toute l'économie mondiale. La politique de l'administration Nixon ne fit que compliquer les choses. En 1974, l'inflation atteignait 11 p. 100 aux États-Unis comme au Canada.

Il était donc plus rentable pour une compagnie désireuse de prendre de l'expansion d'acheter la capacité de production de son concurrent que de faire construire de nouvelles usines. Les coûts de production étant moindres dans le cas d'une usine en cours d'exploitation, les bénéfices s'en trouvaient accrus d'autant.

Abitibi comptait parmi les plus anciens producteurs de pâte et de papier du pays. Après la Dépression, elle avait reçu des subventions gouvernementales pendant 19 années de suite, en sorte qu'elle était à présent en excellente santé financière et pouvait se permettre de faire une offre publique d'achat sur Price, ou du moins sur

49 p. 100 de ses actions. Elle offrait 18 dollars par action, soit un total de 86,4 millions de dollars. Le cours des actions de Price était d'environ 13 dollars, mais la compagnie versait de généreux dividendes. L'offre d'Abitibi avait donc pour but de dédommager les actionnaires de Price pour les pertes éventuelles de revenus.

À 18 dollars l'action, Price constituait une véritable aubaine. Ses unités de production valaient à elles seules plusieurs fois les 86,4 millions de dollars offerts par Abitibi, tant pour l'actif que pour les revenus qu'elles produisaient. Price disposait également de liquidités, d'un bilan solide et n'avait pas de dette. Ses six usines avaient été modernisées récemment.

Dans le but d'obtenir rapidement un important bloc d'actions de Price et de devancer d'autres acheteurs éventuels, Abitibi avait adopté une stratégie consistant à offrir une prime. L'Associated Newspaper Group d'Angleterre était un des gros actionnaires de Price et les dirigeants d'Abitibi ne manquèrent pas de presser cette société de se défaire de ses titres.

Associated détenait la mainmise sur Price grâce à une participation de 18 p. 100 dans la compagnie, qu'elle avait acquise en 1961-1962, au moment où Price avait acheté Anglo-Newfoundland Development (une compagnie appartenant à Associated), afin de mettre la main sur sa production de pâtes et papier. En échange, Price avait cédé 1,7 million de ses actions.

En 1969, Abitibi et Price avaient tenté en vain de fusionner. Au début de 1974, Price avait aussi songé à mettre la main sur Abitibi, mais elle avait dû abandonner son projet devant les objections d'Associated Newspaper qui croyait que l'opération se heurterait aux obstacles suscités par les législations canadienne et britannique.

Abitibi fit connaître son offre d'achat le jeudi 14 novembre 1974 par l'intermédiaire des Bourses de Montréal et de Toronto. L'offre était valable jusqu'au mardi 19 novembre à 9 h 45 du matin, ce qui laissait à peine trois jours ouvrables aux actionnaires de Price pour prendre une décision.

L'opération, qui avait bien débuté, allait bientôt se transformer en véritable épreuve de force pour Abitibi. Toutes les compagnies canadiennes intéressées de près ou de loin à l'industrie du papier et des produits forestiers se mirent en travers de la route d'Abitibi pour l'empêcher de mettre la main sur Price.

Domtar, détenue par Argus Corporation, Argus elle-même, le Canadien Pacifique, Cemp Investment (la société de placement de la famille Bronfman), Power enfin, toutes jouèrent un rôle dans cette affaire soit comme adversaires soit comme alliées d'Abitibi. Les premiers signes d'opposition se manifestèrent le lendemain de l'annonce de l'OPA. Le président de Price, Charles Tittemore, conseilla aux actionnaires d'attendre qu'un autre acheteur se manifeste.

Intervint alors Argus Corporation. Cette société détenait 14 p. 100 des actions de Domtar, un conglomérat de l'industrie forestière qui avait une participation de 7 p. 100 dans Price. Le président du conseil d'Argus, Bud MacDougald, tentait de mettre au point une contre-offre. Il y travailla toute la journée du 15 novembre, mais dut renoncer à l'idée faute de temps. Ce week-end-là, il recevait en effet la princesse Anne et le capitaine Mark Phillips, arrivés à Toronto pour présider à l'ouverture du Royal Winter Fair, dont MacDougald était le président honoraire.

Le dimanche soir 17 novembre, le président et directeur général d'Associated Newspaper Group, Vere Harmsworth (qui devint par la suite le vicomte Rothermere à la mort de son père en juillet 1978), atterrit à Montréal. Le but de son voyage était de veiller aux intérêts d'Associated dans la transaction. Il était disposé à vendre un gros bloc d'actions de Price à Abitibi, à condition de détenir un siège au conseil d'Abitibi et de conserver une partie des actions de Price.

L'offre d'Abitibi fut prolongée d'une journée. C'est alors que les complications survinrent. La Banque d'Angleterre, qui surveillait les transactions des hommes d'affaires anglais à l'étranger, surtout si elles étaient importantes, venait de porter un coup sévère à la décision d'Associated de vendre ses actions de Price. La Banque avait en effet décidé que certaines mesures, prises durant les années 40 afin de raffermir l'économie de l'Angleterre, demeureraient en vigueur, ce qui empêchait Associated de vendre ses actions de Price à Abitibi sans subir de lourdes pertes financières. La loi anglaise exigeait le rapatriement du produit de toute vente à l'étranger, ce qui signifiait en pratique qu'Associated aurait à convertir ses dollars en livres sterling et à supporter les pertes consécutives à l'érosion de la valeur de la livre. Elle aurait également à subir les lourds taux d'imposition prévus par la loi anglaise. Découragé par de telles perspectives, Harmsworth ne savait plus que faire.

Grâce toutefois à une intéressante disposition de la loi britannique, il était possible d'éviter ces inconvénients par l'échange des actions de Price détenues par Associated contre des actions d'une autre compagnie. Associated pourrait alors soit revendre ses actions de Price, soit chercher à son tour à mettre la main sur Price. Quiconque saurait trouver une solution aux problèmes soulevés par l'OPA d'Abitibi pourrait très certainement en tirer un avantage personnel.

C'est alors que Desmarais fit son entrée sur la scène. Il était à l'étranger lorsque l'OPA fut annoncée; il ne retourna à Montréal que le 19 novembre, date à laquelle Bill Turner, le président de Consolidated-Bathurst, le mit au courant de la situation. Power détenait alors 40 p. 100 des intérêts de Consolidated-Bathurst. Dès 10 heures du matin, Desmarais avait réuni une équipe composée de conseillers juridiques et de courtiers en valeurs mobilières, ainsi que de membres du personnel de Power et de Consolidated-Bathurst, afin de préparer une contre-offre. Il rencontra ensuite un des conseillers de Harmsworth afin d'évaluer la situation et tous deux convinrent que Power, Consolidated-Bathurst et Associated uniraient leurs efforts afin de faire une offre sur Price.

Selon le plan convenu, Associated devait conserver ses actions de Price et voter dans le sens de Power dès que celle-ci aurait réussi à acquérir suffisamment de blocs d'actions de la part d'investisseurs institutionnels. En vertu de la loi canadienne sur les valeurs mobilières, Power ne pouvait approcher plus de 14 de ces investisseurs, à moins de faire, à son tour, une OPA, ce qui aurait rendu l'association impossible. Mais le plan fut abandonné dès qu'on découvrit que les investisseurs institutionnels étaient des sociétés de placement et des maisons de courtage qui conservaient des actions en fidéicommis pour des centaines de petits investisseurs.

Une nouvelle tactique fut mise en œuvre, qui s'inspirait à la fois du poker et des échecs. Comme au poker, les éléments du jeu de l'association Power-Consolidated-Bathurst-Associated étaient connus, de même que la force relative des compagnies en présence, leur capacité d'emprunter et la valeur de leur offre. Personne n'ignorait non plus que les joueurs en présence n'avaient qu'un seul but: sortir gagnants de l'affaire. La seule inconnue était de savoir à quel prix le gagnant deviendrait le perdant.

Comme des joueurs d'échecs, Desmarais et Turner s'efforcèrent d'évaluer la portée à long terme de leurs initiatives. Poker ou échecs, il fallait pénétrer les intentions de l'adversaire. Comme dit le proverbe: «À qui connaît son ennemi la victoire est à demi acquise.»

Dès que la contre-attaque de Power et de Consolidated-Bathurst fut connue, tous les autres acheteurs se retirèrent de la partie, soit parce qu'il s'agissait d'alliés de Desmarais, soit parce que personne n'osait s'aventurer sur un terrain où Desmarais était passé maître: l'échange d'actions.

Il y eut, comme on pouvait s'y attendre, un échange d'actions entre Power-Consolidated-Bathurst et Associated, et d'autres actions furent achetées sur le marché. Utilisant une marge de crédit de 80 millions de dollars consentie par la Banque Royale et la Banque de Montréal, Consolidated-Bathurst offrit un prix de 20 dollars l'action pour 4 millions d'actions de Price, ce qui correspondait à une participation de 40 p. 100. Par ailleurs, Consolidated-Bathurst et Associated procédèrent à un échange d'actions, à raison de deux actions de Price pour une action de Consolidated-Bathurst, ce qui assurait à cette dernière 18 p. 100 d'actions supplémentaires de Price, pour un total de 58 p. 100.

Non seulement l'arrangement permit à Associated de résoudre ses problèmes de devises et d'impôt, mais il était assorti d'un accord aux termes duquel, une fois libérée de ses obligations à l'égard de Price, Consolidated-Bathurst devrait fournir du papier journal à Associated.

Consolidated-Bathurst fit son offre le 20 novembre et les opérations portant sur Price furent suspendues, le temps pour les courtiers et les Bourses de Montréal et de Toronto de s'entendre sur les procédures à suivre. Abitibi avait jusqu'à 14 heures jeudi, 21 novembre, pour répondre à l'offre de Power-Consolidated-Bathurst.

Une heure avant l'expiration de ce délai, Abitibi offrait 25 dollars pour 51 p. 100 des actions de Price, dans le but évident de déconcerter les administrateurs de Power et de Consolidated-Bathurst et d'inciter les actionnaires à lui remettre leurs actions de Price.

Abitibi avait atteint la limite de sa marge de crédit. Les membres du conseil d'administration avaient autorisé au départ un montant de 86 millions de dollars pour la transaction. L'équipe de négociateurs avait maintenant besoin de 125 millions et Abitibi n'avait plus de fonds de réserve. Si Power-Consolidated-Bathurst renchérissait, Abitibi devrait abandonner la partie.

Power et Consolidated-Bathurst avaient 2 heures pour répondre, ce qu'elles firent en vendant à Abitibi les 1,8 million d'actions qu'elles avaient reçues d'Associated. Consolidated-Bathurst conserva par ailleurs les 879 000 actions de Price qu'elle avait acquises à la suite de son offre à 20 dollars.

Consolidated-Bathurst réalisa donc un profit de 25 millions de dollars, et conserva en outre une partie des actions de Price. Consolidated-Bathurst avait acquis les 1,8 million d'actions par un échange qui ne lui avait rien coûté. Il lui fallut, bien entendu, émettre des actions du trésor, ce qui dilua l'avoir de Power dans Consolidated-Bathurst (qui passa de 40 à 38 p. 100), car Associated détenait maintenant un important placement dans Consolidated-Bathurst.

Cette dernière obtint un total de 45 millions de dollars d'Abitibi, alors que ses 879 000 actions de Price lui avaient coûté 17,58 millions; elle réalisait donc un profit brut de 27,42 millions de dollars. Les frais de courtage, les intérêts et les autres frais bancaires s'élevant à quelque 2,4 millions, le profit net de Consolidated-Bathurst se monta à 25 millions de dollars.

Par ailleurs, l'opération entraînait pour Consolidated-Bathurst une perte comptable qui devait lui permettre d'obtenir une réduction d'impôts. Les actions de Price initialement détenues par Associated Newspaper ayant une valeur nominale de 36 millions de dollars, leur revente équivalait à une perte comptable de 11 millions. Cette perte était toutefois largement compensée par la valeur de 22 millions de dollars des actions de Price que Consolidated-Bathurst détenait toujours, de sorte que la transaction lui valut sur le papier un bénéfice de près de 11 millions de dollars.

La signification de ces chiffres doit être appréciée en tenant compte de la législation fiscale canadienne, des règles comptables ordinaires et des pratiques comptables de Power et de ses filiales. Consolidated-Bathurst avait reçu 25 millions de dollars payés comptant, mais l'opération se soldait pour elle par une perte nette. Quant aux frais de courtage et d'intérêts et aux autres frais, elle pouvait les déduire de ses impôts, car tout l'argent utilisé à l'achat des actions avait été emprunté. Desmarais trouvait par la même occasion un nouvel associé qui lui ouvrait les portes de la Grande-Bretagne. Enfin Consolidated-Bathurst avait signé un intéressant contrat de fourniture de papier journal avec l'Associated Newspaper Group et elle détenait dorénavant une participation appréciable dans Price.

La façon dont Power et Consolidated-Bathurst ont manoeuvré dans cette affaire est absolument fascinante. On pourrait croire que Desmarais a délibérément forcé Abitibi à offrir 25 dollars pour les actions de Price. Moins de 24 heures avant l'offre définitive d'Abitibi, Bill Turner avait en effet déclaré: «D'ici à la prochaine assemblée annuelle de la compagnie, nous aurons la mainmise de fait sur Price[3].» Or, d'après les règlements édictés par les Bourses de Montréal et de Toronto, Abitibi avait droit à une dernière contre-offre, et il était probable qu'elle userait de cette faculté. Aux propos de Turner succédèrent bientôt ceux de Desmarais dans *La Presse:* «Si Abitibi fait une contre-offre, nous mettrons la main sur Abitibi[4].»

Les propos des deux hommes étaient délibérément excessifs. Bill Turner est considéré comme un des dirigeants les plus perspicaces du Canada, au moins dans le domaine de l'industrie forestière, ce qui explique que Desmarais ait tenu à l'avoir sous sa tutelle. Il savait qu'une transaction n'est pas terminée tant que la dernière

Tableau 3

La position de Consolidated-Bathurst
par suite de l'acquisition de Price par Abitibi

	Comptant ($)	Actions ($)
Consolidated-Bathurst échange ses actions pour 1,8 million d'actions de Price dont la valeur nominale est de		36 millions
Consolidated-Bathurst vend 1,8 million d'actions de Price à Abitibi à 25 $, ce qui équivaut à un gain de	45 millions	
Consolidated-Bathurst acquiert 879 000 actions de Price au marché, à raison de 20 $ l'action, ce qui fait	- 17,58 millions	
Profit brut	27,42 millions	
Frais, intérêts, etc.	- 2,4 millions	
Profit net	25 millions	
Valeur des actions à la fin de la transaction		36 millions

Commentaires:

1) À cause de la valeur nominale de 36 millions de dollars des actions de Price acquises de l'Associated, Consolidated-Bathurst supporta une perte comptable de 11 millions de dollars lors de la transaction (25 millions de profit - 36 millions investis), même si Consolidated-Bathurst se retrouvait avec 25 millions de dollars comptant. Elle détenait néanmoins 879 000 actions de Price, évaluées à 21 975 000 dollars (879 000 X 25 $), ce qui transformait la perte comptable de 11 millions en un gain théorique de 10 975 000 dollars.

2) En dépit de ces considérations comptables, il ne faut pas oublier que Consolidated-Bathurst disposait désormais de 25 millions de dollars en argent frais.

action n'a pas été achetée, et que les commissions des valeurs mobilières n'ont pas détourné leur attention de l'opération. Il n'était pas d'autre part dans les habitudes de Desmarais d'annoncer publiquement ses intentions, à moins que pareille annonce ne visât, par exemple, à surprendre un adversaire ou à l'amener à poser un geste précis. Bref, ni Turner ni Desmarais n'auraient été assez légers pour s'exprimer ainsi en public sans un dessein précis.

Aux administrateurs d'Abitibi, épuisés, frustrés et furieux, les déclarations des deux hommes durent apparaître comme des cris de triomphe prématurés. Il y a gros à parier que ces paroles eurent pour effet d'inciter Abitibi à présenter son offre définitive.

Quelles étaient les intentions véritables des dirigeants de Power et de Consolidated-Bathurst? Alors que la récession frappait l'Amérique du Nord et que même les compagnies les mieux cotées étaient incapables d'amasser des fonds en émettant des actions, Consolidated-Bathurst, qui avait désespérément besoin de capitaux, venait de récolter 25 millions de dollars à l'aide de ce qui avait été essentiellement une émission privée d'actions. (Consolidated-Bathurst avait remis un certain nombre de ses actions du trésor à Associated en échange des actions de Price.) Par ailleurs, Consolidated-Bathurst devait recevoir peu après 23,8 millions de dollars du gouvernement du Québec pour l'île d'Anticosti dont elle était propriétaire. Elle jouissait dorénavant de précieuses liquidités qui devaient lui permettre d'envisager de s'attaquer à d'autres opérations aux États-Unis et en Europe.

En fait, Desmarais avait disposé d'un plan assez souple pour lui permettre d'atteindre l'un ou l'autre ou l'ensemble des trois objectifs suivants: mettre la main sur Price, procurer à Consolidated-Bathurst la clientèle d'Associated, réaliser un bénéfice rapide en profitant de la fluctuation des cours de Price. Dans aucune des trois hypothèses, Desmarais ne pouvait être perdant. En faisant l'acquisition de Price, il aurait pu réaliser le plus grand conglomérat de l'industrie forestière par la fusion de Price et de Consolidated-Bathurst. Son échec lui rapporta néanmoins 25 millions de dollars, ce qui relativise la notion d'échec.

Un autre homme d'affaires qui s'était engagé dans l'opération puis s'en était retiré, Bud MacDougald, n'avait pu s'empêcher de suivre le déroulement de toute l'affaire. Cet observateur connaissait les règles de la partie qui se jouait pour les avoir lui-même appliquées, aussi ne pouvait-il désapprouver le comportement de Desmarais. Mais il voyait en lui un perturbateur et il pensait qu'un jour viendrait où le parvenu de Sudbury serait remis à sa place par plus fort que lui.

NOTES

1. «Mémoire présenté par Power Corporation of Canada, Limited à la Commission royale d'enquête sur les groupements de sociétés», Montréal, le 14 novembre 1975, annexe D, pp. 50-52.

2. *L'Actualité,* janvier 1974, p. 7

3. Mathias, *Takeover*, p. 154

4. Ibid., p. 160.

CHAPITRE 12

Le jeu du pouvoir
(deuxième acte)

Toujours aussi ambitieux, Paul Desmarais tenta en 1975 d'acquérir Argus Corporation, la plus importante société de gestion canadienne à participation restreinte, après Power. S'il avait réussi, Desmarais aurait enfin eu en main les énormes capitaux dont il avait besoin pour alimenter ses projets d'expansion et d'acquisition. Il aurait disposé d'un énorme portefeuille dont un des placements — la compagnie Domtar — valait à lui seul l'achat d'Argus. Il aurait pu solder sans difficulté tout le reste des avoirs et investir ailleurs ces nouveaux fonds.

Mais la tentative échoua. Ce fut une erreur qui coûta cher à Desmarais et à Power, sur le plan financier certes, mais surtout sur le plan psychologique. La croissance même de l'empire de Paul Desmarais s'en trouva en effet considérablement retardée.

Contrairement à Power, Argus avait fait son apparition relativement tard sur la scène canadienne des affaires. Elle fut créée en 1945 par le légendaire E.P. Taylor, le magnat ontarien de la finance et de l'industrie brassicole. Ce dernier, grâce à Argus, put capitaliser

227

sur les occasions d'affaires qui se présentèrent à la fin de la guerre. Il édifia Argus Corporation selon deux principes. Il en fit d'abord, non pas une compagnie manufacturière, mais une société de gestion qui investissait dans un nombre restreint de compagnies manufacturières canadiennes. Puis, contrairement à ses vieilles habitudes de travailleur solitaire, il décida de s'adjoindre des associés qui allaient prendre une part active dans la nouvelle compagnie.

Argus était strictement une société de placements. Son personnel réduit avait pour seules tâches l'achat et la vente d'actions des compagnies choisies par Taylor. Celui-ci s'était fixé des objectifs à long terme et à court terme. Ainsi, il investissait dans des titres spéculatifs dans l'espoir de gains rapides en capital, cependant que ses autres placements possédaient un bon potentiel de croissance à long terme tout en rapportant des dividendes.

Taylor avait pour politique d'investir dans des compagnies rentables détenues par de nombreux actionnaires, dont aucun ne possédait de participation déterminante. Il faisait en sorte d'en devenir le plus important actionnaire, afin d'obtenir un ou plusieurs sièges à leur conseil d'administration. Argus détenait la mainmise sur certaines de ces compagnies avec parfois aussi peu que 5 à 20 p. 100 de leurs actions. La réputation d'Argus était telle que son influence se faisait sentir bien au-delà de la valeur réelle de sa participation dans les compagnies.

Pour mieux comprendre la situation, rappelons que ce sont les actionnaires qui élisent, à leur assemblée annuelle, les membres du conseil d'administration. C'est le nombre d'actions qu'ils détiennent qui détermine le nombre de voix dont il avait besoin. Or, la plupart des petits actionnaires se contentent d'encaisser leurs dividendes et de surveiller le cours des actions, sans se soucier des devoirs et des privilèges qui y sont rattachés. Lorsque vient le temps de l'assemblée annuelle, ces actionnaires signent une procuration qu'ils retournent au conseil d'administration en place, à moins qu'un autre actionnaire ne cherche activement à s'en emparer. Mais, la plupart du temps, ces droits de vote prennent le chemin de la corbeille à papier en même temps que la convocation à l'assemblée.

Dans certains cas où il est possible de s'entendre à l'amiable, les représentants de la société de gestion X, qui détient une participation substantielle dans la compagnie Y dont les actions sont largement répandues dans le public, élisent certains de leurs membres au conseil de Y. Ces membres protègent donc les intérêts de X en participant aux délibérations qui décident de la politique de placement de Y. Le conseil d'administration de Y doit donner son assentiment à la présence et aux avis des représentants de X.

Dans le cas contraire, si le conseil de Y détient suffisamment de procurations pour tenir les représentants de X à l'écart, il agit en conséquence. En pareille circonstance, les représentants de X se munissent toutefois de suffisamment de procurations pour faire élire leurs membres au conseil de Y. Mais si X demeure impuissante à faire élire ses représentants au conseil de Y, il ne lui reste plus qu'à choisir entre trois possibilités: renoncer à influencer la direction de Y tout en y maintenant sa participation; vendre cette participation; ou acheter d'autres actions de Y jusqu'au moment où elle détient suffisamment de droits de vote pour faire élire ses représentants.

Dans certains cas, Argus détenait assez de droits de vote pour désigner tous les membres du conseil d'administration des compagnies placées sous sa tutelle. Cela lui permettait de garder la mainmise sur le système de vote par procuration, du moins tant qu'un puissant adversaire ne s'avisait pas de contester la domination d'Argus.

Pour atteindre ses objectifs, Taylor recruta des chefs de file de la scène économique et financière canadienne. Ainsi, John A. (Bud) MacDougald travailla en collaboration avec Argus, mais il n'en devint associé qu'en 1955. MacDougald et Taylor fondèrent plutôt une nouvelle entreprise qui, entre autres, avançait des fonds à de nouvelles compagnies, achetait des compagnies en difficulté ou créait de petits conglomérats par le biais de fusions et d'acquisitions.

MacDougald prit une participation dans Argus après avoir fondé Ravelston Corporation avec d'autres actionnaires et membres du conseil d'Argus, dont un bon nombre détenaient des participations ou des postes importants dans des compagnies placées sous la tutelle d'Argus. Ravelston était une société de gestion qui détenait, jusqu'en 1973, un peu moins de 49 p. 100 des actions avec droit de vote d'Argus. Taylor en détenait pour sa part 10 p. 100, qu'il avait placées en fidéicommis avec Ravelston. Le groupe disposait donc de 59 p. 100 des actions avec droit de vote d'Argus, ce qui leur assurait la mainmise sur cette dernière. En 1973, deux ans après le retrait de Taylor de la présidence du conseil d'Argus (il conserva néanmoins ses actions), MacDougald, en portant la participation de Ravelston dans Argus à 50,9 p. 100, assurait de la mainmise sur Argus.

Taylor avait connu Desmarais au début des années 60, alors qu'il l'avait invité, lui qui n'était encore qu'une jeune et brillante étoile montante sur la scène québécoise des affaires, à faire partie du conseil de Canadian Breweries. Cette compagnie appartenait à Taylor, qui la conserva dans le portefeuille d'Argus jusqu'à la fin des années 60. Les deux hommes nouèrent avec le temps des liens d'amitié (la fille de Taylor, renommée à Toronto pour ses talents en décoration intérieure, décora la demeure des Desmarais), ce qui ouvrit de nombreuses portes à Desmarais. Mais, comme bon nombre d'hommes d'affaires canadiens, Taylor se trouva bientôt dans une situation embarrassante. Il faisait partie de la vieille garde qui avait défini les règles du jeu des affaires et qui, en théorie, servait encore de mentor à Desmarais. Or, ce dernier avait déjà commencé à modifier certaines règles du jeu.

Après que Desmarais eut joint le conseil de Canadian Breweries, Gelco, la société de gestion de Desmarais et Parisien, acheta 131 434 actions ordinaires (assorties du droit de vote) d'Argus et les revendit en 1969 à Shawinigan Industries, une filiale de Power. Shawinigan acheta d'autres actions d'Argus au marché pour porter son total à 175 484 actions et sa participation dans la compagnie à 10,4 p. 100. L'achat s'était révélé un bon investissement, Argus versant régulièrement de généreux dividendes à Gelco. Pour augmenter les revenus de Power, Gelco lui vendit ses actions d'Argus. Avec l'argent de cette vente, Gelco remboursa une partie de sa dette, versa des dividendes à ses actionnaires et effectua d'autres investissements.

Desmarais acceptait rarement le rôle d'associé minoritaire. Mais, au cours des ans, il avait élaboré des plans qui lui permettraient d'acheter Argus à la première occasion. D'ici là, il n'y avait pas de mal à détenir une participation dans Argus; mais si aucune occasion ne se présentait, il vendrait.

Selon son habitude, Desmarais cherchait à prévoir et à ne pas sous-estimer les possibilités. Il n'est donc pas surprenant, si l'on en croit certains, que Desmarais n'ait jamais terminé ses études de droit, un domaine où tout doit être nettement tranché et strictement réglementé; Desmarais aurait sans doute fait un avocat très moyen. En affaires, il faut au contraire savoir faire preuve de souplesse et être en mesure d'utiliser tous les recours possibles, car il est rare qu'on y règle une affaire par un oui ou par un non.

Desmarais savait depuis longtemps que Taylor avait épuisé toutes les occasions d'affaires qui l'intéressaient au Canada. Il savait sans doute également, ne serait-ce que par le biais des rumeurs, que Taylor avait l'intention de prendre sa retraite en 1969 et de se retirer à Lyford Cay, dans les Bahamas. Il faut néanmoins utiliser ici le mot «retraite» avec précaution, car les hommes de la trempe de E.P. Taylor ne se retirent complètement des affaires que le jour de leur mort. Seule la folie, l'incapacité physique ou la mort les empêchent en effet de poursuivre leur oeuvre. Âgé de soixante-neuf ans, Taylor était encore parfaitement capable de vaquer à ses occupations. Il désirait simplement ne plus avoir à s'occuper de l'administration quotidienne d'Argus et il était prêt à en délaisser la direction générale pour n'en conserver que la présidence. Cela lui permettrait de se consacrer à ses placements personnels, notamment des projets immobiliers à Lyford Cay. Il détenait aussi des placements à l'étranger avec d'autres associés que ceux d'Argus, et il désirait s'en occuper plus activement tout en gardant un oeil sur l'entreprise qui était à l'origine de sa fortune personnelle.

Taylor assumerait sans doute la présidence du conseil pour quelque temps encore, puis il s'abstiendrait de participer à la gestion d'Argus et finirait par vendre éventuellement ses intérêts dans la société. Desmarais se tenait aux aguets, prêt à acquérir Argus dès que Taylor se déciderait à vendre. En plus d'ajouter au pouvoir, au prestige et aux relations d'affaires de Desmarais, une position dans Argus susceptible d'entraîner une fusion Power-Argus ne pouvait que répondre à ses besoins les plus pressants. Il avait réveillé le géant endormi qu'était Power, mais la puissante société était maintenant à court de liquidités pour financer ses ambitieux projets. Argus était pour sa part un géant sur le point de s'endormir sous la férule d'une administration vieillissante et dépassée, mais elle disposait d'énormes ressources financières. À cause de la récession qui se poursuivait depuis 1974, les seuls fonds disponibles provenaient en effet du marché monétaire, sous forme de prêts dont les taux d'intérêt étaient prohibitifs.

Comme à son habitude, Desmarais avait établi une tête de pont, évalué les forces et les faiblesses de la compagnie, examiné les obstacles susceptibles de le gêner et trouvé le moyen de les contourner ou de les utiliser à son avantage. Dès qu'il jugerait que le jeu en valait la chandelle, il mobiliserait toutes ses énergies et toute sa détermination pour mettre la main sur la compagnie. L'homme clé de la situation semblait être Taylor lui-même: en plus d'être président du conseil, il détenait une large participation dans Argus, dont un peu plus de 10 p. 100 des actions avec droit de vote.

Les enfants de Taylor n'étaient guère intéressés à prendre la relève et celui-ci souhaitait désormais consacrer son temps, ses énergies et ses idées à d'autres activités. Taylor semblait diriger les destinées d'Argus, ses associés se contentant de suivre ses directives. Ces derniers étaient également âgés et n'avaient pas cru bon de préparer des plus jeunes à prendre la relève.

Pour Desmarais, tout semblait se dérouler à merveille. Power disposait des fonds nécessaire à l'acquisition de la participation de Taylor dans Argus; son crédit était assez bon pour lui permettre de financer l'emprunt nécessaire. En combinant sa participation dans Argus à celle de Taylor, Desmarais détiendrait 20 p. 100 des actions avec droit de vote, ce qui lui assurerait un siège au conseil. Dans une étape ultérieure, il pourrait procéder à un échange d'actions qui lui permettrait de mettre la main sur la compagnie à un prix dérisoire. Il lui suffirait pour cela de persuader les membres du conseil que les intérêt des actionnaires gagneraient à procéder à un tel échange. Si son argumentation échouait, il pourrait toujours procéder au financement complet de l'achat d'Argus et revendre rapidement certains des avoirs de la compagnie.

Desmarais était intéressé depuis 1969 à faire l'acquisition d'Argus, mais il aurait été prématuré de poser un tel geste à cette époque. Taylor avait alors laissé entendre qu'il n'était pas encore prêt à se départir de ses intérêts dans la société, mais que Desmarais avait bon espoir de le remplacer. Les compagnies dans lesquelles Argus avait investi rapportaient de généreux dividendes qui étaient invariablement redistribués à ses actionnaires. Desmarais n'avait donc plus qu'à patienter. Sa participation lui permettait entre-temps d'évaluer la compagnie, son rendement et l'efficacité de ses administrateurs, tout en observant si on y préparait la venue d'un éventuel successeur.

Plusieurs facteurs expliquent la décision de Desmarais de faire une offre sur Argus en 1975. Il venait tout d'abord de terminer la restructuration de Power; ainsi, pour la première fois, le fardeau de la dette de la société était assez faible pour lui permettre d'emprunter sans inquiéter ses banquiers. Il avait beaucoup emprunté pour financer ses projets jusqu'à présent, mais il détestait avoir à supporter d'énormes dettes. Cela risquait de le rendre dépendant de ses créditeurs et de limiter sa liberté d'action, car, c'est connu, les banquiers se sentent souvent le droit de dicter leur conduite à leurs débiteurs. Desmarais ne perdait jamais de vue cette vérité que trop de gens d'affaires tendent à oublier: celui qui paie la note a souvent moins de pouvoir que celui qui la lui tend.

Les taux d'intérêt, par ailleurs, avaient suffisamment baissé en 1975 pour redonner envie à Desmarais de se lancer dans une OPA. On peut objecter qu'il lui était toujours possible, depuis 1972, de déduire des impôts de Power les frais d'intérêt sur les emprunts destinés à acquérir des actions de compagnies canadiennes. Après tout, Desmarais avait déjà utilisé cette mesure fiscale d'une manière pour le moins originale. Mais comme l'emprunteur doit continuer à verser des intérêts sur ses emprunts, tout au plus cette mesure lui permet-elle de réduire ses impôts.

Prenons l'exemple d'une compagnie ou d'un particulier dont le revenu, de 100 000 dollars, est imposable à 50 p. 100. Si aucune déduction n'est permise, l'impôt à payer est de 50 000 $ (100 000 $ X 50 %).

Par contre si cette compagnie ou ce particulier a dû emprunter pour gagner ce revenu, et que les intérêts sur cet emprunt se montent à 20 000 dollars, le revenu imposable devient alors: 80 000 $ (100 000 $ - 20 000 $).

L'impôt à payer est de 40 000 $ (80 000 $ X 50 %).

L'impôt est ainsi réduit de 10 000 dollars, ce qui correspond à la moitié des intérêts versés.

Desmarais aurait à payer une partie des intérêts sur tout emprunt destiné à financer l'acquisition d'Argus; il valait donc mieux emprunter au meilleur taux possible. Il faisait ainsi preuve de prudence et d'intelligence; cela ne diminue en rien son aptitude à prendre des risques lorsque le jeu en vaut la chandelle.

N'oublions pas que l'argent nécessaire au remboursement de la dette et au remboursement des intérêts vient tôt ou tard gruger le capital nécessaire au bon fonctionnement de la compagnie. Depuis qu'il a connu de sérieux problèmes de liquidités à l'époque de la Sudbury Bus Lines, Desmarais veille à ce que le fardeau de la dette de ses compagnies ne le prive pas de toute marge de manoeuvre financière.

En 1975, Taylor était enfin disposé à liquider ses actions d'Argus afin de financer ses nouveaux projets à l'extérieur du Canada. En 1974, il avait suggéré à MacDougald de liquider Argus. Tous deux avaient alors analysé les aspects fiscaux et financiers de cette opération, mais n'y avaient pas donné suite. Taylor n'en désirait pas moins se défaire de ses actions.

Aucun successeur n'avait été désigné ou ne semblait en vue, sauf peut-être Conrad Black; il était le fils d'un des administrateurs de Ravelston, G.M. Black, qui détenait aussi des actions d'Argus. Le jeune Black était à la tête d'une petite chaîne de journaux et il avait de l'ambition. Lui et son frère Montegu étaient associés et il pouvait être intéressant de surveiller leurs faits et gestes.

Si quelqu'un devait mettre la main sur Argus, il fallait que ce soit maintenant. La société était rentable, mais elle perdait de sa vitalité. MacDougald avait dû renoncer à l'idée de faire une offre sur Price, étant à l'époque trop pris par la visite de ses invités princiers. Les administrateurs d'Argus, s'adaptant difficilement aux temps modernes, résistaient au changement. Plutôt que d'investir dans la recherche et le développement ou dans la modernisation des usines, ils se contentaient de percevoir les dividendes des filiales d'Argus, tout en laissant péricliter des compagnies telles que Massey-Ferguson. Argus était administrée selon des principes éculés; elle était sur son déclin et tôt ou tard sa chute serait irréversible.

Desmarais avait terminé la restructuration et la réorganisation de Power et il était maintenant prêt à en accélérer le rythme de croissance. Seuls un accroissement de la demande et une participation accrue dans ses filiales avaient jusqu'ici permis à Power de progresser. Il était temps de lui faire faire un pas de géant en faisant l'acquisition de la deuxième société de gestion en importance au pays. S'il parvenait à mettre la main sur Argus, Desmarais atteindrait de toute évidence le sommet de son art.

Argus détenait de nombreux placements dans des compagnies manufacturières qui se seraient difficilement intégrées au portefeuille de Power. Mais parmi elles se trouvait Domtar, un conglomérat de produits forestiers et d'emballage, qui constituait une cible de choix. Ce serait non seulement un complément parfait de Consolidated-Bathurst, mais un autre joyau à la couronne de Power.

La vente des autres placements d'Argus servirait à rembourser les emprunts contractés pour l'achat. L'occasion était belle et l'affaire s'annonçait rentable. Il s'agirait d'un fait d'armes des plus satisfaisants. Environ 148 millions de dollars seraient nécessaires à l'achat de 80 p. 100 des actions ordinaires avec droit de vote et de 80 p. 100 des actions privilégiées sans droit de vote. Argus était évaluée à 200 millions de dollars et détenait des participations déterminantes dans des compagnies qui valaient au total entre 1 et 1,5 milliard de dollars. Ces seules actions vaudraient beaucoup plus, vendues au marché séparément, que les actions d'Argus elles-mêmes. Si la transaction se déroulait sans accroc, elle permettrait à Power de mettre la main sur Domtar, de rembourser l'emprunt nécessaire à l'achat et de renflouer ses coffres grâce à la vente des autres avoirs d'Argus.

Desmarais passa à l'action un samedi de la fin de mars 1975. Il s'envola pour Lyford Cay pour y rencontrer Taylor. Il l'informa de son

Tableau 4
Comparaison entre Power et Argus

Power Corporation		Argus Corporation	
Actif: 570 000 000 $ investis dans des compagnies évaluées au total à 5 000 000 000 $		Actif: 204 000 000 $ investis dans des compagnies valant au total entre 1 et 1 500 000 000 $	
Canada Steamship Lines détient 100 % de Transport Provincial Canadian Shipbuilding, Davie Shipbuilding et Kingsway Transport	88,5 %	Dominions Stores détient 45 % de General Bakeries	23,6 %
Consolidated-Bathurst détient 96 % de Dominion Glass	38 %	Domtar détient 99 % de St. Lawrence Corporation et Hindle and Dauch	16,9 %
Groupe Investors détient 50,1 % de La Great-West et 50,5 % du Montréal Trust	56,5 %	Hollinger Mines détient 61 % de Labrador Mining, 7 % de Noranda Mines (Labrador détient 3,3 % de Noranda et Noranda détient 29 % de B.C. Forest Products)	20,1 %
L'Impériale détient 13 % du Groupe Investors	51 %	Massey-Ferguson	15,6 %
Laurentide Financial détient 99 % de Laurentide Acceptance et Union Acceptance	58 %	B.C. Forest Products	6,6 %
SMA Inc.	55 %	Standard Broadcasting détient 100 % de CFRB (Toronto) et 52 % de Bushnell Communications	48 %
Shawinigan Industries détient 10 % d'Argus Corporation	100 %		

intention d'acheter Argus. Taylor lui répondit qu'il n'avait guère de chances de réussir. Ravelston détenait en effet 50,9 p. 100 des actions avec droit de vote d'Argus et, à moins de convaincre un des actionnaires de ce groupe de se départir de ses actions, Desmarais ferait face à un obstacle insurmontable. Qui plus est, Ravelston détenait en fidéicommis les droits de vote de Taylor. MacDougald disposait donc de près de 61 p. 100 des actions avec droit de vote d'Argus...

Il se rendit le dimanche 24 mars à Palm Beach, en Floride, où il affirma à MacDougald son intention d'offrir 22 dollars pour les actions avec droit de vote d'Argus (dont le cours était de 16 dollars), et 17 dollars pour les actions sans droit de vote (le cours actuel était de 12,50 dollars). MacDougald rejeta l'offre et recommanda aux autres actionnaires d'en faire autant. Il ajouta qu'Argus n'était pas à vendre et pria Desmarais d'oublier cette idée.

Desmarais aurait dû écouter le conseil de MacDougald. Le vendredi précédent, si l'on en croit certaines anecdotes, la partie de poker des membres de la direction de Power avait davantage ressemblé à une veillée funéraire qu'à une partie de plaisir. Même s'ils demeuraient farouchement loyaux et dévoués envers Desmarais, les cadres supérieurs de la compagnie demeuraient en effet convaincus que celui-ci s'embarquait dans une aventure folle et inutile. Pour la première fois, il semblait que Desmarais, d'ordinaire brillant, pondéré et prudent, se laissait mener par son orgueil. Il avait remporté la victoire si souvent et si facilement qu'il se croyait probablement invincible. Il était persuadé de briser la solidarité du groupe Ravelston aussi sûrement que les trompettes de Josué avaient réduit les murs de Jéricho en miettes. Il était donc inutile d'essayer de le raisonner; après tout, c'était lui «le patron» et Power lui appartenait.

Desmarais n'avait aucune chance de remporter la victoire. La prime offerte pour les actions d'Argus pouvait toujours inciter quelques actionnaires isolés à se défaire de leurs actions, mais MacDougald demeurait son principal adversaire dans cette affaire. Or, celui-ci détenait 61 p. 100 des droits de vote et ses alliés le soutiendraient jusqu'au bout. Le groupe Ravelston réunissait en effet de vieux copains d'université et des associés de longue date qui partageaient la même vision du monde. Selon eux, chacun avait sa place dans la société et un rôle précis à y jouer; les gens bien s'efforçaient de rester à leur place. Or, en 1975, le monde était devenu, à leurs yeux, ingouvernable à cause des idées libérales et socialisantes qui l'agitaient; la morale avait foutu le camp et on était au bord de la révolution. Ajoutez à cela que les impôts, particulièrement sur les gains en capital, étaient selon eux beaucoup trop élevés, et vous comprendrez pourquoi des parvenus de la trempe de Desmarais n'étaient pas les bienvenus dans leurs rangs. En achetant le pouvoir à coups de millions, Desmarais ne faisait que briser l'harmonie traditionnelle qui régnait dans le monde des affaires.

Les membres du groupe Ravelston, et MacDougald en particulier, percevaient Desmarais comme un arriviste, un illustre inconnu surgi de nulle part, dont les origines ethniques et l'appartenance religieuse différaient trop des leurs pour qu'il fût pris au sérieux en tant qu'homme d'affaires. Lui-même catholique, MacDougald ne se gênait pas pour reprocher aux autres leurs origines ethniques et géographiques ou leur appartenance religieuse lorsque ceux-ci sortaient du rôle ou de la place qu'il considérait les leurs. Il était le doyen des hommes d'affaires canadiens — du moins dans son esprit — et il exigeait le respect qu'il croyait dû à son rang. Il était en affaires depuis les années 20 et il avait bâti sa fortune avec la même perspicacité et la même ténacité que Desmarais: en travaillant fort et en effectuant d'habiles placements qui lui rapportèrent d'énormes gains en capital qui, jusqu'en 1971, n'étaient pas imposables.

Il considérait, arrivé à la soixantaine, qu'il était devenu riche en vertu d'un droit divin; les nouveaux venus en affaires n'avaient qu'à bien se tenir. D'après certains observateurs, MacDougald traitait presque tout le monde comme des valets de service. Mais en dépit des préjugés raciaux ou religieux qu'il entretenait à l'endroit de Desmarais ou du ressentiment qu'il éprouvait à son égard à la suite de l'affaire Abitibi-Price, leur confrontation rappelait celle d'un jeune et d'un vieux taureaux luttant pour la suprématie.

L'heure de la relève de la garde avait sonné, mais la vieille garde refusait obstinément de céder la place. Le spectacle offert par les deux hommes était ridicule. La création par le gouvernement de la Commission royale d'enquête sur les groupements de sociétés ne fit qu'ajouter au côté burlesque de toute l'affaire.

Pendant que le gouvernement tentait en vain de contenir les monopoles et les conglomérats, MacDougald s'efforçait d'arrêter Desmarais. Il voulait lui faire payer chèrement son audace. Lorsque l'offre sur Argus fut rendue publique, Desmarais fit des démarches auprès de la Banque Royale et de la Banque Canadienne Impériale de Commerce pour obtenir le financement nécessaire à l'achat. Il lui fallait obtenir l'approbation des directeurs des deux banques. Or, MacDougald était directeur de la Banque de Commerce; il consentit le coeur joyeux un prêt qui correspondait à 40 p. 100 de la somme nécessaire. On aurait pu croire que les déclarations publiques de MacDougald n'avaient d'autre but que de faire monter les enchères.

Ce n'était toutefois pas le cas. Interrogé à savoir pourquoi il avait approuvé le prêt, MacDougald répondit qu'il l'avait fait en sachant que Desmarais ne pourrait jamais satisfaire à une des conditions posées. La demande de crédit était en effet conditionnelle à la mainmise par Desmarais sur plus de 20 p. 100 des actions avec droit de vote.

«Il n'y arrivera pas, affirma MacDougald, pour la simple raison que la direction d'Argus n'est pas à vendre[1].» Qui d'autre que lui était mieux placé pour le savoir? Il disposait de 60,9 p. 100 des actions avec droit de vote et il pouvait exercer des pressions sur les autres détenteurs, à l'exception d'une portion évaluée à 10,4 p. 100.

Pourquoi MacDougald approuva-t-il donc le prêt? «Pour augmenter les profits de la banque» fut sa réponse. «Il y a toujours des frais d'appoint», affirma -t-il en faisant allusion aux frais inhérents à toute demande de crédit, que celui-ci soit accordé ou non. «Je travaille pour la banque.»

Il y aurait de quoi rire si les questions économiques en général, et celles touchant à la concentration du pouvoir économique en particulier, ne relevaient que du domaine des affaires. Mais elles mettent aussi en jeu le dynamisme et la stabilité de notre société et il est inadmissible que quelques individus s'amusent avec pareils instruments dans le seul but de satisfaire leur orgueil.

Après sa rencontre infructueuse avec MacDougald, Desmarais

s'envola pour Palm Springs, au Nevada, et s'enferma dans la demeure de Fred C. Mannix, le magnat de la construction de Calgary qui avait longtemps siégé avec lui au conseil de la Great-West. Du fond de sa tanière, celui-ci communiqua toute la journée du lundi avec les conseillers juridiques de Power à Montréal. Le lendemain, 25 mars, Power annonçait son offre publique d'achat d'Argus, celle-ci étant conditionnelle à l'obtention de 80 p. 100 de toutes les actions avec et sans droit de vote de la compagnie.

MacDougald répondit publiquement, affirmant avec insistance qu'Argus n'était pas à vendre. À moins qu'un membre du groupe Ravelston ne changeât de camp, les jeux étaient faits. Power avait la possibilité de renoncer à son offre si elle n'obtenait pas le nombre d'actions désirées, mais les cadres de la compagnie firent savoir qu'il ne s'agissait pas d'une condition formelle.

Entre-temps, les protestations indignées de l'establishment financier de Bay Street trouvaient un écho auprès du gouvernement fédéral, qui commençait à s'inquiéter des risques de concentration du pouvoir économique que pouvait représenter une mainmise de Power sur Argus. Une semaine après l'annonce publique de l'OPA, Power faisait néanmoins parvenir une offre en bonne et due forme aux actionnaires d'Argus. Elle était datée du 3 avril 1975 et expirait le 25 avril.

Le 5 avril, le gouvernement fédéral annonçait la création d'une commission d'enquête chargée d'étudier le degré de concentration des entreprises et son impact sur l'économie canadienne. Cette nouvelle intervention ajoutait une difficulté à Desmarais dans cette lutte pour le pouvoir: Ottawa amadouait ainsi l'establishment de Toronto, qui faisait bloc derrière MacDougald pour tenter d'arrêter Desmarais. Le mandat de la commission était limité, mais elle pouvait quand même obliger les témoins à dévoiler publiquement des éléments relevant normalement du domaine privé. Elle constituait, en fait, un obstacle additionnel à la tentative de mainmise de Desmarais.

Le 8 avril 1975, le conseil d'administration d'Argus faisait parvenir à son tour une missive aux actionnaires de la compagnie, les informant de la décision du groupe Ravelston de ne pas vendre ses actions. La lettre ne faisait toutefois aucune recommandation particulière.

Malgré son offre généreuse, Desmarais ne put ébranler le groupe Ravelston; il dut se contenter d'une maigre récolte. Son seul espoir était de convaincre les membres du groupe Ravelston de le laisser siéger au conseil d'Argus en vertu de sa participation minoritaire. Peut-être aurait-il plus de succès auprès des membres individuellement? Sinon, il ne pourrait remporter la victoire que par défaut, c'est-à-dire en survivant aux actionnaires actuels et en achetant de leurs héritiers.

Il s'agissait évidemment de solutions à long terme, utiles seulement à celui qui a perdu l'initiative. Cela pouvait prendre plusieurs années et s'avérer coûteux: Power pourrait se retrouver avec une compagnie qui plafonne et dont le rendement est à la baisse.

Malheureusement pour Desmarais, on ne peut interrompre une OPA à sa guise. Tout comme au poker, les joueurs doivent attendre leur tour avant de jeter leurs cartes. Lorsque son tour viendrait, Desmarais pourrait abandonner la partie ou bluffer comme le font certains joueurs qui se retrouvent avec une mauvaise main.

Desmarais rendit visite à Taylor, de retour à Toronto depuis le début d'avril, et offrit de lui acheter ses actions d'Argus. Taylor consentait à vendre ses actions privilégiées (sans droit de vote), mais il ne pouvait vendre ses actions ordinaires (avec droit de vote), détenues en fidéicommis par Ravelston, sans l'accord du groupe. Taylor avisa Desmarais qu'à l'expiration de l'entente le liant à Ravelston, soit un an plus tard, il lui vendrait ses actions ordinaires, à condition bien sûr que Ravelston ne fasse pas d'offre.

Desmarais acheta donc les actions privilégiées d'Argus détenues par Taylor, dans l'espoir que cela inciterait les autres actionnaires à lui vendre leurs actions. On lui offrit effectivement un flot d'actions privilégiées. Lorsque l'offre expira, Power avait acquis 4 p. 100 des actions ordinaires d'Argus (avec droit de vote), ce qui portait sa participation au vote de la compagnie à 14,4 p. 100. Elle se retrouvait par ailleurs avec 80 p. 100 des actions privilégiées (sans droit de vote), ce qui lui laissait pas moins de 50,8 p. 100 de l'avoir total des actionnaires!

Aussi incroyable que cela puisse paraître, Desmarais possédait plus de la moitié des capitaux d'Argus, mais à cause d'un groupe entêté d'actionnaires minoritaires, il ne pouvait accéder à la tête de la compagnie. Les cadres de Power émirent publiquement l'espoir que les dirigeants d'Argus respecteraient les droits de tous les actionnaires en laissant Power siéger à leur conseil.

Cette déclaration provoqua un fou rire général. Après tout, avec à peine le quart de l'actif total de Power, Desmarais et Parisien en dirigeaient les destinées par le biais de Gelco, qui détenait 54 p. 100 des actions avec droit de vote de Power (à raison de 10 votes par action). Les autres actionnaires de Power recevaient bien sûr un traitement équitable, mais seuls les actionnaires détenant la majorité des droits de vote prenaient les décisions.

Du moment qu'ils recevaient régulièrement leurs dividendes, les actionnaires minoritaires de Power pouvaient difficilement se plaindre d'un tel état de choses. Même s'il y avait des objections, les membres du conseil n'en tiendraient guère compte. C'est pourquoi les actionnaires mécontents de Domglas, une filiale de Power, durent entamer des procédures judiciaires afin d'obtenir mieux que les 16 dollars l'action qu'on leur offrait. La Cour leur donna raison et leur accorda 30 dollars l'action. Mais le règlement de l'affaire survint près de huit ans plus tard et coûta une fortune en frais juridiques. Cela explique pourquoi les actionnaires minoritaires contestent rarement les décisions des actionnaires majoritaires, sinon en se départant de leurs actions.

La déclaration des dirigeants de Power ne reçut aucun accueil favorable. Power avait été mise échec et mat, elle n'était donc pas en mesure de revendiquer quoi que ce fût. En plus d'essuyer cet échec, Desmarais avait été obligé, cette année-là, de rendre publics ses livres comptables. Mais en avril 1975, il retournait voir Taylor et lui versait une généreuse prime pour ses actions ordinaires (avec droit de vote) d'Argus. Il lui fut néanmoins impossible de percer la muraille formée par le groupe Ravelston.

Même les héritiers des membres du groupe refusaient obstinément de lui vendre. Pendant ce temps, Conrad Black, qui connaissait bien les veuves et les héritiers et dont le père avait été membre du groupe, prenait ses dispositions afin de mettre la main sur le bloc d'actions de Ravelston. Il était de la même race que ces bonnes gens et on pouvait lui faire confiance. Soutenu par des amis puissants et influents, il réussit là où Desmarais avait échoué.

Desmarais fit néanmoins une dernière tentative: il proposa à Black de lui racheter ses actions d'Argus. Black fit aussitôt une contre-proposition à Desmarais: il était disposé à racheter la participation de Power dans Argus. Les négociations se poursuivirent jusqu'en 1978. Vers la fin de l'année, Desmarais acceptait de vendre sa participation de 80 millions de dollars dans Argus, y compris 26 p. 100 d'actions avec droit de vote, pour la somme de 65 millions de dollars comptants plus un billet à ordre de 15,4 millions.

La tentative de mainmise sur Argus, après avoir dégénéré en vaudeville de mauvais goût, était enfin chose du passé.

NOTE

1. *Montreal Star*, 15 avril 1975, p. B-5

CHAPITRE 13

Le jeu du pouvoir
(troisième acte):
les séquelles

Paul Desmarais mit un certain temps à se remettre de son échec. «Cela a eu pour effet de le ralentir», affirme David Schulman, un analyste financier de Montréal qui suit les activités de Desmarais depuis longtemps. «Quand on joue un aussi gros jeu, on joue pour gagner. Perdre provoque inévitablement un traumatisme.»

Desmarais ne fut d'ailleurs pas le seul à en subir le contrecoup. Ainsi, Power, dont il était le centre nerveux et l'âme dirigeante, fut profondément ébranlée par cet échec.

Non pas que les pertes financières furent dramatiques: Power recouvra même ses frais lorsque Desmarais revendit ses actions d'Argus à Conrad Black. Il s'agissait plutôt d'un choc psychologique qu'aucune compensation monétaire n'atténuerait. Aussi, même si les activités de Power se déroulaient normalement, elles manquèrent de vigueur pendant un certain temps. On continuait d'expédier les affaires courantes, mais on négligeait la planification à long terme. Desmarais digérait la défaite et guérissait ses blessures psychologiques.

Sa décision de s'entêter malgré un premier rejet de ses offres n'aida en rien sa situation. Au lieu de se retirer et de limiter ses pertes, comme il aurait dû le faire, il attendit, espérant que la chance lui sourirait. Homme d'action qu'il était, il passait maintenant à la défensive. Il possédait plus de la moitié des actions d'Argus, mais il était incapable d'avoir la mainmise sur la compagnie. Même lorsque la participation de Power dans Argus passa à 25,7 p. 100 des actions ordinaires (avec droit de vote) et à 59,9 p. 100 des actions privilégiées (sans droit de vote) en 1976, portant la participation totale de Power à 54 p. 100, Desmarais ne put accéder au conseil d'Argus. Il lui fallait encore attendre qu'une occasion favorable se présente.

Habitué à prendre l'initiative, Desmarais trouvait cette attente pénible. Il y avait de quoi devenir cinglé! L'action l'avait toujours aidé à garder l'esprit vif et alerte. L'attente le rendait au contraire amorphe et incapable de prédire les événements ou d'y réagir adéquatement. Entre 1975 et le début de 1978, Desmarais assista ainsi passivement au triomphe de MacDougald.

En décembre 1975, Desmarais dut également témoigner devant la Commission royale d'enquête sur les groupements de sociétés, créée lors de sa tentative de mainmise sur Argus. Jaloux de sa vie privée, Desmarais dut comparaître à regret sous les feux de la rampe et raconter aux commissaires certains épisodes de son histoire et de celle de Power Corporation. Répondant sans détour aux questions des commissaires, Desmarais ne révéla néanmoins que le strict nécessaire sur ses activités. Il n'avait évidemment pas affaire à l'Inquisition; les commissaires se montraient respectueux à son égard et leurs questions ne contenaient aucune trace d'agressivité. Les propos échangés relevaient davantage du colloque universitaire que de l'interrogatoire de police.

Les divers témoignages permirent néanmoins d'obtenir de précieuses informations sur le fonctionnement des sociétés canadiennes et sur le monde de la haute finance, sans compter que les renseignements obtenus par une équipe de dynamiques recherchistes permirent de mettre au jour les dessous jusque-là cachés des grandes compagnies.

Desmarais démontra qu'il savait rester diplomate et se faire le champion de la discrétion même dans les situations les plus délicates. Sa version des faits en ce qui concerne ses prises de bec avec David Kilgour, qui était président de La Great-West lorsque Power s'en porta acquéreur (voir chapitre 9), est d'ailleurs significative à cet égard.

Desmarais et Kilgour ne pouvaient guère s'entendre, compte tenu que leurs façons d'administrer étaient diamétralement opposées. Grand patron de La Great-West, Kilgour s'en croyait le maître absolu. Il y oeuvrait depuis 38 ans et il se comportait d'ailleurs un peu comme s'il en était propriétaire, même s'il recevait ses directives d'un conseil d'administration qui représentait un grand nombre d'actionnaires. Kilgour accepta mal la mainmise de Desmarais sur La Great-West, la percevant comme un échec personnel. Il fallait la venue d'un étranger pour permettre à la compagnie de se tourner résolument vers l'avenir.

Durant les négociations, Kilgour avait suggéré la création d'une nouvelle compagnie à laquelle il serait associé. Desmarais avait rejeté la proposition, préférant s'associer à des partenaires qu'il connaissait et en qui il avait confiance, dont le Canadien Pacifique. Inutile de dire que cette rebuffade ne fit qu'envenimer les relations entre les deux hommes. Un an après la transaction, Kilgour démissionnait de son poste de chef de la direction de La Great-West. Dans son témoignage, Desmarais traita néanmoins de cet épisode avec diplomatie, s'efforçant de rester neutre et de s'en tenir aux faits.

De 1975 à 1978, une sorte de traumatisme sembla paralyser le siège social de Power. Le travail s'y poursuivait au ralenti, personne n'osant faire preuve de dynamisme, d'innovation ou de créativité. On attendait les instructions de Desmarais afin de préparer la prochaine étape du plan d'ensemble. Mais celui-ci réfléchissait encore aux leçons à tirer de son échec.

Une première idée vit enfin le jour en 1975-1976. Il s'agissait de tirer parti de la crise du pétrole déclenchée par l'augmentation des prix de l'OPEP et par l'embargo sur le pétrole arabe qui avait suivi la guerre israélo-arabe de 1973. À Power, on songea quelque temps à entreposer le pétrole brut en provenance du Venezuela dans des mines abandonnées de la côte de la Nouvelle-Écosse.

Pour les provinces de l'est du Canada, le pétrole importé coûtait à cette époque meilleur marché que le pétrole de l'Alberta. L'idée de Power consistait à acheter du pétrole en grande quantité, au prix du marché, à l'entreposer jusqu'au jour où les prix grimperaient, et à le revendre en profitant de l'écart des prix. On estimait que les prix monteraient assez rapidement pour permettre à Power de payer ses frais d'entreposage et de faire des bénéfices.

Telle était la théorie; dans la pratique, il en allait cependant tout autrement. Le prix des produits pétroliers canadiens était en effet soumis à la réglementation gouvernementale; il variait donc indépendamment des prix du marché. Les revenus espérés n'auraient pu justifier les investissements nécessaires à l'implantation des installations et à l'achat du pétrole, sans compter que les fonds restaient immobilisés tant que le pétrole demeurait entreposé. Il s'agissait donc d'une idée hautement spéculative qui aurait exigé d'énormes injections de capitaux. Desmarais n'avait guère l'habitude de s'embarquer dans pareille aventure. L'idée fut donc abandonnée.

Entre-temps, Desmarais parvenait difficilement à se faire à l'idée que, dans l'histoire d'Argus, ses adversaires lui avaient barré la route à cause de ses origines ethniques et religieuses. Lui qui avait été élevé dans un esprit de tolérance, il n'y comprenait rien. Pareil illogisme s'opposait au principe qui a toujours guidé Desmarais et qui le distingue de ses collègues: si une question n'a rien à voir avec les affaires en cours, elle ne devrait nullement en influencer la planification ou le déroulement. Perdre parce qu'on s'y est mal pris ou qu'on s'est trompé est une chose, mais perdre parce qu'on est de race ou de religion différente? Rien de plus absurde!

Desmarais avait tenté de défier l'establishment réactionnaire de Toronto. Il avait eu beau s'associer à des alliés sûrs comme la

248

Banque Royale et la Banque de Commerce, il était demeuré une énigme (un étranger) et un anathème (un catholique francophone) aux yeux de ces gens d'affaires. Desmarais tira de son échec la seule conclusion qui fût digne de lui: pour prendre de l'expansion au Canada, il lui faudrait ou construire un pont entre l'establishment ontarien et lui ou passer outre l'establishment.

Conscient qu'il devait prendre son mal en patience et, dans la mesure du possible, se faire mieux connaître des gens d'affaires de Toronto, il évita d'attirer l'attention en espérant que le temps saurait effacer les séquelles causées par la lutte pour la direction d'Argus. Aussi, une fois que Black eut mis la main sur Argus après le décès de MacDougald au début de 1978, Desmarais se renseigna discrètement sur Black avant de lui proposer de racheter ses actions. Lorsque Black lui fit une contre-offre, Desmarais accepta. Il était temps pour lui de renoncer à Argus. L'obstacle était trop important à surmonter; à s'obstiner davantage, il aurait encore perdu son temps et sa crédibilité en aurait gravement souffert.

Desmarais réagissait ainsi selon son habitude: il contournait l'obstacle devenu insurmontable et s'efforçait de l'oublier. Les circonstances l'obligeaient à trouver dorénavant à l'intérieur même de Power les ressources qu'il avait espéré trouver par le biais de fusions et d'acquisitions. En fait, il était temps pour lui de consolider son emprise sur Power.

Desmarais allait se donner une nouvelle image publique. Il concentrerait ses énergies à remanier la structure interne de Power pendant quelques années, puis un nouveau Paul Desmarais referait surface dans un marché qui aurait depuis longtemps oublié le passé. De simple brasseur d'affaires déterminé et fougueux, il allait devenir, dans l'opinion publique, un capitaine d'industrie astucieux, qui établit minutieusement ses plans de croissance. En 1981, il s'agissait d'une image parfaitement acceptable, d'autant plus que le monde des affaires le perçut comme un sauveur au moment où le Canadien Pacifique, la plus grande institution d'affaires du pays, fit l'objet d'une OPA non sollicitée.

Desmarais fit preuve de souplesse tout comme en 1962, lorsqu'il fut empêché par Greyhound de prendre de l'expansion aux

États-Unis et dans les provinces de l'Est et qu'il opta pour une diversification de ses activités. En 1977 il prit toutefois la décision de poursuivre son expansion à l'extérieur du Canada.

Mais, avant même de pouvoir implanter cette nouvelle stratégie, Desmarais allait recevoir un nouveau choc. Jean Parisien, son ami personnel, son associé, son confident et son lieutenant, meurt subitement. Parisien, la véritable énigme de l'équation Gelco-Desmarais-Power, celui qui oeuvra constamment dans l'ombre de Desmarais tout en mettant à exécution les projets de ce dernier, subit une crise cardiaque à son bureau du siège social de Power à Montréal. Il s'écroule en plein travail. En entendant le bruit de la chute, Desmarais, qui occupe le bureau d'à côté, se rue dans la pièce et trouve son ami étendu par terre. Parisien mourut dans les bras de Desmarais avant l'arrivée des secours.

Privé de son bras droit, Desmarais se sentait abandonné. Dès l'époque de la Sudbury Bus Lines, il avait appris qu'un individu ne peut assurer seul le succès d'une entreprise. Il ne suffisait pas d'être ambitieux pour réussir et Desmarais avait toujours su trouver les personnes capables de le seconder. À Sudbury, il avait confié l'exploitation de la compagnie d'autobus à son chef mécanicien, un homme désireux de progresser. De la même façon, il avait confié à Parisien, qui travaillait pour la firme de comptables de Louis Desmarais, son frère, la responsabilité d'administrer ses nouvelles entreprises. Il fit de Parisien son lieutenant chargé de voir à la bonne marche de ses ambitieux projets. Que Desmarais n'ait jamais eu que Parisien comme véritable associé illustre bien que la denrée la plus rare qu'on puisse trouver dans le monde des affaires, c'est encore un partenaire loyal et fidèle, en qui l'on peut avoir confiance.

Tout en pleurant la perte de son ami, Desmarais devait songer à lui trouver un digne successeur s'il voulait poursuivre son ascension. Jusqu'au jour où il serait certain d'avoir choisi un lieutenant aussi compétent et aussi efficace que Parisien, il lui faudrait progresser lentement. Frank Knowles, qui faisait partie de Power depuis quelques années, lui servit de lieutement pour un certain temps. Pour comprendre le lien qui s'établit entre lui et Desmarais, il est essentiel de saisir les changements fondamentaux qui s'opérèrent chez Power et chez Desmarais.

Power avait reconquis sa place de grande société canadienne; son centre nerveux se trouvait à Montréal et elle oeuvrait dans un environnement bilingue. Pour les fédéralistes, elle symbolisait l'entreprise canadienne par excellence. Pour les francophones du Québec, Power et son patron symbolisaient la réussite d'un des leurs dans une province où le français acquérait enfin droit de cité dans le monde des affaires.

Desmarais devenait l'ambassadeur du monde des affaires. L'ancienne image qu'on se faisait de lui, celle d'un bagarreur se taillant une place parmi les entreprises québécoises, tendait à s'estomper. On considérait désormais Power comme un empire économique, et Desmarais en était indéniablement l'empereur. Frank Knowles était en quelque sorte son chambellan. Il gouvernait l'empire de façon brillante, mais Desmarais n'avait pas encore trouvé le remplaçant idéal de Jean Parisien.

Or, le temps, lui, n'arrêtait pas sa marche. Et si le jeu des mainmises avait été quelque peu délaissé depuis l'échec d'Argus, des changements importants ne s'en étaient pas moins produits à l'intérieur de Power au cours des années 1975 et 1976. Canada Steamship Lines, qui était devenue le bras agissant de Power depuis 1972, retourna dans le portefeuille de Power en 1975. Toutes les compagnies vendues par Power à Canada Steamship Lines en 1972 revenaient donc sous la tutelle directe de Power, y compris les dettes, les obligations et les autres engagements pris par CSL depuis. La raison sociale devint Canada Steamship Lines (1975) Limitée et la compagnie devint une simple filiale de Power.

Puis on vendit Davie Shipbuilding, une division de CSL. C'est à la suite d'une grève qui avait duré toute l'année 1975 que l'on décida de vendre la compagnie. Il était clair que les négociations n'aboutiraient pas tant que Davie serait une filiale de Power. Le syndicat prenait en effet comme prétexte que Power constituait la maison mère de Davie pour réclamer des augmentations salariales sans précédent dans toute l'industrie de la construction navale et plus élevées que ce que la direction de Davie pouvait se permettre de payer étant donné les revenus de la compagnie. Le syndicat refusait de plier et les négociations étaient au point mort; Davie fut vendue en 1976.

251

En 1977, la SMA, la société de services informatisés, fut aussi vendue, soulageant les administrateurs de Power de bien des maux de tête. La même année, La Corporation de Valeurs Trans-Canada vendit sa participation de 51 p. 100 dans L'Impériale, Compagnie d'Assurance-Vie. Dans les années 60, elle avait constitué le premier achat de Gelco, que Desmarais venait tout juste d'acquérir dans le but de diversifier ses placements. L'Impériale avait représenté un placement rentable pendant des années, mais, comme un vieux cheval de bataille, elle avait fait son temps.

Cette vente permit d'ailleurs d'éclaircir une situation un peu illogique: Power détenait, en effet, deux compagnies d'assurances concurrentes dans son portefeuille. Les organismes de réglementation et les administrateurs de L'Impériale s'étaient opposés à toute idée de fusion entre L'Impériale et La Great-West. Desmarais était donc bien avisé de se défaire d'une des deux compagnies. Comme La Great-West convenait mieux à ses projets d'avenir, L'Impériale fut mise en vente dès 1974. Le Groupe La Laurentienne, dont le siège social était à Québec et qui était alors en pleine expansion, en fit l'acquisition en 1977. Trans-Canada racheta par la suite la participation de 13,2 p. 100 que L'Impériale détenait dans le Groupe Investors et que Desmarais désirait conserver.

Comme La Great-West constituait un des joyaux du portefeuille de Power, la vente de L'Impériale ne provoqua aucun regret. Deux ans avant la mainmise du Groupe Investors sur La Great-West en 1970, celle-ci essuyait des pertes. Mais Desmarais y effectua un revirement de situation dont il était coutumier et, après la démission de Kilgour en 1971, il nomma James Burns à titre de directeur de la société. Jusque-là, Burns avait été cadre et directeur de la commercialisation de La Great-West aux États-Unis.

Burns ne cadrait pas vraiment avec les pratiques excessivement prudentes et rétrogrades de l'industrie de l'assurance. Desmarais le choisit pour deux raisons: il connaissait bien le marché américain, qui semblait fort attrayant et encore inexploité, et il n'avait pas trempé dans le grenouillage qui avait précédé et suivi le rachat de La Great-West par Power. Si quelqu'un pouvait apporter du sang neuf à une compagnie démoralisée par le changement de direction et par l'implantation d'un système administratif moderne, ce ne pouvait être qu'un personnage relativement étranger à l'ancien mode de fonctionnement de la compagnie. Burns représentait le candidat idéal à la direction de La Great-West: il pensait comme Desmarais, jouissait de la confiance de ce dernier et saurait diriger l'entreprise à la satisfaction de Desmarais.

Tous deux étaient convaincus que les États-Unis étaient mûrs pour une pénétration de leur marché et Burns dirigea l'opération de main de maître. Après avoir consolidé la position de La Great-West à titre de plus importante compagnie d'assurances du pays, Burns entreprit un ambitieux et dynamique programme d'expansion aux États-Unis, à partir de la position déjà bien établie de la compagnie dans le Mid-West américain. Ce fut certes le plus beau coup de La Great-West!

Les compagnies d'assurances oeuvrant aux États-Unis doivent obtenir un permis d'exploitation dans chaque État individuellement. Le processus prit donc un certain temps mais, en 1981, La Great-West était à l'oeuvre dans 49 des 50 États américains. Elle comptait d'ailleurs s'en tenir à ce nombre, car, pour obtenir un permis d'exploitation dans le cinquantième État (New York), elle aurait été tenue de respecter la législation new-yorkaise sur tout le territoire américain, ce qui aurait invalidé son permis dans d'autres États. La concurrence étant particulièrement forte dans l'État de New York, elle renonça à y prendre pied.

Power réussit par ailleurs à cette époque l'établissement tant attendu de liens industriels et financiers avec l'Europe. En 1978, la Banque de Paris et des Pays-Bas (mieux connue sous le nom de Paribas), dont le siège social était à Paris, acheta, par l'intermédiaire de sa filiale Paribas Participations, 20 p. 100 de l'avoir de Power, dont 10 p. 100 des actions avec droit de vote de cette dernière. Un administrateur de Paribas fut élu au conseil de Power en vertu de cette opération, qui devait servir de tremplin à la banque, désireuse de venir s'établir au Canada.

La transaction était le résultat de nombreuses années de sollicitation de la part de Pierre Moussa, assistant et successeur éventuel du président du conseil de Paribas. Mi-Français, mi-Égyptien,

Moussa faisait partie de ceux qui contribuèrent au redressement économique de la France après la guerre. Après des études en économie et en sciences politiques, Moussa se joignit au ministère français des Finances, travaillant au service du commerce extérieur, d'où il fut recruté en 1954 pour devenir l'assistant d'un ministre dont les portefeuilles changeaient aussi souvent que les gouvernements dans les années 50. Moussa suivit son employeur à la trace jusqu'en 1962, au moment où la France fut invitée à envoyer un haut fonctionnaire à la Banque mondiale pour y prendre charge de sa division africaine. Moussa fut choisi pour le poste. Trois ans plus tard, Moussa était de retour en France, où il joua un rôle important dans l'industrie de l'assurance. Il fut recruté en 1969 par le président du conseil de Paribas à titre d'assistant et de successeur éventuel.

Pendant neuf ans, Moussa seconda son employeur dans la tâche d'augmenter le pouvoir économique déjà considérable de Paribas. Pendant que le président s'efforçait d'étendre les activités européennes de Paribas, Moussa recherchait les occasions d'affaires à l'étranger. Power n'était pas un nom totalement inconnu des dirigeants de la banque, car Paribas avait détenu une modeste participation dans une des filiales de Power, Laurentide Finance, dans les années 60.

Moussa s'intéressait à Desmarais et à Power. Desmarais était bilingue et Power jouissait d'un certain poids dans les cercles d'affaires québécois et canadiens. Pour une banque parisienne désireuse de participer au développement économique du Québec et, éventuellement, de pénétrer le marché américain, c'étaient des éléments à ne pas négliger. Moussa fit donc ardemment la cour à Power au début des années 70, mais sans succès, et il abandonna la partie.

En 1977, Desmarais entreprenait la restructuration de Power dans le but de détenir plus de pouvoir sur celle-ci. Le mot se répandit dans les milieux financiers internationaux que de gros blocs d'actions de Power allaient être émis sur le marché, et que Desmarais préférait les offrir à des institutions financières et bancaires européennes.

Moussa, qui avait été habitué tout au long de sa carrière à

prendre des risques et à saisir les bonnes occasions, ne manqua pas d'approcher à nouveau Desmarais. Après avoir écouté les projets de ce dernier, Moussa lui fit savoir que Paribas souhaitait acquérir toutes les actions disponibles de Power et devenir dans les faits l'un des partenaires les plus importants de Desmarais, qui aurait ainsi la chance de pénétrer le marché européen conformément à ses objectifs. Desmarais accepta.

En restructurant Power, Desmarais voulait renforcer sa mainmise sur les actions avec droit de vote de la compagnie et augmenter sa participation financière dans celle-ci. Il se devait de réorganiser la structure du capital social de Power, qui avait augmenté de manière désordonnée avec les années à la suite de différentes émissions d'actions. Par ailleurs, Peter Thomson encaisserait bientôt les actions de Power émises spécialement à son intention, ainsi que celles qui lui avaient été remises par Gelco en 1968 en échange de ses actions avec droit de vote de Power. Et la date limite pour disposer de revenus gagnés avant 1972 approchait, conformément à la Loi de l'impôt de 1972.

Par le biais de Prime Investors, l'un des nombreux véhicules personnels ou familiaux de placement de Desmarais, celui-ci acheta de la Caisse de dépôt et placement du Québec et de Peter Thomson des blocs d'actions qui élevèrent sa participation dans Power de 52 à 63 p. 100. Il déboursa 30 millions de dollars.

Huit mois plus tard, en février 1978, Prime Investors offrit, par l'intermédiaire des Bourses de Vancouver, de Montréal et de Toronto, de payer 11 dollars l'action pour un minimum de 2,5 millions d'actions ordinaires de classes A et B de Power. Une fois le nombre de 2,5 millions d'actions atteint, les actions supplémentaires seraient transférées à Paribas. Lorsque l'offre prit fin, Prime Investors avait acquis 5 millions d'actions de Power, et la moitié fut immédiatement revendue à Paribas à raison de 11 dollars l'action, pour un total de 27,5 millions de dollars.

À la même époque, le conseil de Power autorisa le rachat de 3,25 millions de ses actions privilégiées de second rang de série A. Le nombre de ces actions en circulation était de 3 757 979, dont 61 p. 100 étaient détenues par Desmarais ou par une de ses compagnies privées de gestion, ainsi que par la société fiduciaire de la famille Parisien. Les actions furent rachetées au prorata du nombre reçu, c'est-à-dire que Power ne s'engageait à prendre qu'une partie des actions offertes si elle récoltait plus de 3,25 millions d'actions. Si, par exemple, l'offre dépassait de 10 p. 100 les 3,25 millions d'actions demandées, chaque détenteur ne pourrait vendre que 90 p. 100 de ses actions.

Ce rachat permettait à Power de retirer de la circulation des actions privilégiées convertibles en actions ordinaires une fois parvenues à maturité, ce qui aurait alors dilué la valeur des actions ordinaires. Cela permettait aussi d'enlever le dividende fixe dont ces actions étaient assorties, ce qui soulageait le trésor de Power. En conséquence, il ne serait plus nécessaire d'émettre 3,25 millions d'actions ordinaires (comportant un droit de vote chacune) qui auraient modifié la structure de la direction de Power.

Cette restructuration du capital de Power assurait à Desmarais une meilleure mainmise sur la compagnie, ainsi que de meilleurs dividendes. La société de gestion qui détenait la participation du regretté Jean Parisien dans Gelco bénéficia aussi de ce remaniement, mais les actions qui assuraient la mainmise sur Gelco se retrouvèrent entre les mains de Desmarais. Au contraire des actions privilégiées qui ne paient d'habitude que des dividendes fixes, les actions privilégiées participantes et les actions ordinaires détenues par Desmarais lui assuraient de participer aux bénéfices, qu'ils fussent élevés ou non. Les détenteurs de ces actions bénéficieraient de toute amélioration éventuelle du rendement de Power et de ses filiales, cependant que les détenteurs d'actions bénéfices recevraient dans tous les cas leur seul dividende fixe.

La restructuration permit donc de rationaliser la structure financière de Power, mais aussi de préparer la dernière phase de la restructuration, qui diminuerait l'impact, pour les actionnaires, des nouvelles mesures de la révision de la Loi de l'impôt de 1972 qui entreraient bientôt en vigueur. Selon la nouvelle disposition de la loi, les bénéfices non répartis depuis 1972 devaient être redistribués aux actionnaires, sinon ils seraient fortement imposés.

En décembre 1978, Power retira de la circulation les actions privilégiées de second rang de série A qui avaient été rachetées. Puis 102 millions de dollars de bénéfices non répartis furent capitalisés (c'est-à-dire convertis en valeur par action), à raison de 8 dollars par action pour toutes les classes d'actions de Power. Cela porta de 5 à 13 dollars la valeur au pair des actions privilégiées portant intérêt à 6 p. 100 (assorties de 10 droits de vote). Elles furent reclassées comme actions privilégiées participantes et conservèrent leurs droits et privilèges. Les actions ordinaires de classes A et B furent reclassées en actions ordinaires (assorties d'un droit de vote) sans valeur au pair et leur nombre autorisé (le maximum qui pouvait être émis sans que soit convoquée une assemblée annuelle des actionnaires) passa de 30 à près de 60 millions d'actions.

Une fois ces remaniements terminés, la structure financière de Power s'en trouva simplifiée (Power ne comportait plus que trois types d'actions: ordinaires, privilégiées et privilégiées participantes) et Desmarais se retrouva avec un nouvel associé, Paribas, qui détenait 20 p. 100 de l'avoir et 10 p. 100 des droits de vote de Power. Desmarais détenait pour sa part 73 p. 100 des droits de vote, soit 98 p. 100 des 1 389 904 actions privilégiées participantes (assorties de 10 droits de vote) et 43 p. 100 des actions ordinaires en circulation.

Parallèlement à la restructuration financière de Power, et une fois l'expansion de La Great-West aux États-Unis bien entreprise, James Burns fut choisi pour assumer la présidence de Power. La nomination eut lieu à la fin de 1978; elle indiquait que Power, au Canada du moins, allait bientôt intégrer ses services financiers.

Mais Burns aurait tout d'abord à assumer le rôle de lieutenant de Desmarais. Il convenait parfaitement pour ce poste, si l'on en croit l'analyste financier David Schulman. «Il réussit ce qu'il entreprend sans faire d'histoires, explique-t-il. Il ne donne rien pour rien non plus. Chercher à l'interviewer, c'est comme manger un mets chinois. Vous avez le ventre plein quand vous avez terminé votre repas, mais une heure plus tard, vous avez encore faim.»

Burns avait déjà fait ses preuves à La Great-West, où il contribua à mettre sur pied et à implanter les projets de pénétration de la compagnie aux États-Unis. Avec son expérience en marketing et en finance, il pourrait être extrêmement utile au siège social de

257

Power. Il était par ailleurs diplômé de Harvard, il savait garder son sang-froid, il savait aussi s'exprimer en public sans trahir ses pensées et il était ambitieux.

Burns, lorsqu'il arriva à Power, s'occupa en priorité de la vente de la participation de 57,9 p. 100 de Power dans Laurentide Financial, qui fusionnait avec une filiale de la Banque Provinciale du Canada. Les négociations avaient commencé à la fin de 1978 et la transaction devait avoir lieu au début de 1979. Power devait recevoir deux actions de la nouvelle compagnie en échange de 2,75 actions de Laurentide. La nouvelle compagnie continuerait à porter le même nom, mais à titre de filiale de la Banque Provinciale; elle ne serait plus qu'un placement supplémentaire dans le portefeuille de Power.

Au début de 1978, à la suite de la vente de L'Impériale au cours de laquelle Power acquit les 13,2 p. 100 d'actions du Groupe Investors détenues par L'Impériale, Power offrit d'acheter toutes les actions ordinaires et privilégiées d'Investors en circulation. En même temps, Investors avait offert d'acheter toutes les actions de La Great-West. À la fin de l'année, Power avait augmenté sa participation dans Investors à 96,7 p. 100 du capital social et à 99 p. 100 du droit de vote de cette dernière, et Investors avait acquis 95,7 p. 100 de La Great-West.

Cela eut tout d'abord pour effet de garnir les coffres de Power. Il s'agissait en effet de deux des placements les plus rentables de Power, qui rapportaient de généreux dividendes à leurs actionnaires. En augmentant sa participation dans ces deux compagnies, Power mettait la main sur ces rentrées de fonds. Cela eut aussi pour effet de mettre en place les bases d'un éventuel système de coopération entre les diverses institutions financières du portefeuille de Power, qui pourraient ainsi s'échanger davantage de biens et de services.

Le Montréal Trust donna un indice de ce qui se tramait lorsqu'il obtint une charte fédérale. Constitué à l'origine en vertu de la charte provinciale du Québec, le Montréal Trust n'avait théoriquement pas besoin de charte fédérale pour fonctionner ailleurs au pays, mais il était soumis à la réglementation provinciale, c'est-à-dire, à la limite, au pouvoir politique. Or, en 1978, le Parti québécois était au pouvoir et préparait un référendum sur la question de la souveraineté du

Québec. Il valait donc mieux parer à toute éventualité, d'autant plus que la charte fédérale accordait plus de liberté à la compagnie sur les plans de la diversification, de la planification et de la croissance. La charte fédérale servirait de protection au Montréal Trust si les choses devaient tourner mal au Québec.

Burns était occupé à mettre au pas les institutions financières placées sous la tutelle de Power; chacune d'entre elles avait une identité, des pratiques, des produits et des services qui lui étaient propres, et il ne serait pas facile de créer une certaine uniformité dans tout cela. La tâche de les amener à travailler ensemble représentait un défi encore plus grand. Mais, déjà à cette époque, la notion de services financiers intégrés était devenue plus qu'une simple idée: on préparait son implantation. On anticipait même une déréglementation future des banques, dont les services sont strictement définis par la loi fédérale. Si un industriel ou un financier qui avait des placements dans l'industrie des services financiers voulait entrer dans la danse, il était temps pour lui de s'y préparer.

Dans les institutions financières placées sous la tutelle de Power, la mode était à la «synergie». Généralement, ce terme signifie que l'association de plusieurs facteurs, aussi imperceptibles soient-ils, produit un effet plus grand que la somme des effets de chacun de ces facteurs agissant indépendamment. Appliquée aux institutions financières, la synergie implique que les sociétés de gestion et les banques, les compagnies d'assurances et même les maisons de placement peuvent très bien se compléter en offrant sous un même toit une grande diversité de services financiers. Les consommateurs n'auraient désormais à faire qu'«un seul arrêt» pour satisfaire tous leurs besoins dans ce domaine. On supposait que les consommateurs, de plus en plus pressés, apprécieraient l'économie de temps ainsi réalisée. Il ne faisait aucun doute que ces nouveaux «supermarchés» financiers rapporteraient des revenus, des bénéfices et des dividendes accrus à leur société mère.

Il suffisait d'amener ces institutions à fonctionner ensemble. Pourtant, même si le Montréal Trust offrait des services de fidéicommis au Groupe Investors depuis leur association en 1969, il leur restait encore beaucoup de chemin à faire avant de parvenir à la synergie complète. Car, bien que parfaitement logique, ce concept de complémentarité ne peut être implanté qu'à partir du moment où des compagnies qui fonctionnent selon des principes administratifs différents réussissent à coordonner leurs activités.

Des difficultés semblables surgirent lorsque le gouvernement fédéral décida d'unifier les Forces armées canadiennes. Au départ, il était simplement question de rationaliser et de centraliser l'achat et la distribution du matériel militaire, dans le but de réaliser des économies d'argent et de personnel. Une fois poussée à la limite, cette idée donna naissance au projet d'unification de l'armée de terre, de l'armée de l'air et de la marine.

Au début, on gaspilla du temps et de l'énergie à tenter de rationaliser jusqu'au moindre détail, depuis la façon de marcher jusqu'à l'habillement des forces unifiées. Jusqu'à tout récemment, les Forces armées canadiennes ne semblaient plus former qu'un seul corps, tant dans l'esprit des militaires que dans celui des civils. Mais le fonctionnement et le système des trois forces n'ont pas été complètement intégrés et ne le seront jamais parce que les exigences des troupes sont totalement différentes sur terre, sur mer et dans les airs. En unifiant leur système de discipline, d'approvisionnement et de commandement, les trois forces se sont néanmoins donné les moyens d'une interaction plus efficace que si elles étaient restées séparées.

La tâche qui attendait Burns ne serait pas moins exigeante que celle à laquelle furent confrontés les dirigeants des trois forces armées canadiennes. Burns devait amener des institutions distinctes à travailler en équipe; avec le temps, de la patience et une surveillance constante, il y parviendrait sans doute. On peut néanmoins se demander si une interaction efficace est possible sans une intégration complète des services administratifs de chaque institution.

Mais, pour assurer la réussite de pareils services intégrés, encore fallait-il que cette idée intéressât les consommateurs. L'idée avait beau sembler attrayante par son aspect pratique, il n'était guère dans les habitudes des consommateurs de faire «un seul arrêt» pour obtenir des services financiers variés. Il leur aurait bien souvent fallu remettre en cause les contrats à long terme qui les liaient déjà à des compagnies d'assurances, à des institutions bancaires ou à des maisons de placement.

D'abord implanté aux États-Unis au début des années 80, ce concept fut remis en question dès 1985. L'industrie des services financiers s'était trompée. Les consommateurs ne s'opposaient certes pas à l'idée de changer leurs habitudes, mais ils le faisaient à leur rythme. Contrairement à ce qui avait été anticipé, les gens ne prirent pas d'assaut les nouveaux marchés financiers.

Non seulement l'industrie avait mal évalué le marché, mais elle avait surtout refusé de reconnaître et de comprendre un principe fondamental: en matière de services financiers, et particulièrement en ce qui concerne leurs économies, les consommateurs ont d'abord besoin d'être rassurés. Ils veulent savoir que leur argent est en sécurité et qu'ils peuvent le récupérer rapidement. Même les plus insensés, qui se laissent facilement dépouiller de leur argent, se font simplement avoir par des gens sans scrupules qui ont très bien compris ce principe.

Les consommateurs créent en somme des liens rassurants entre eux et leurs institutions financières. Ils brisent rarement ces liens dans le seul but d'obtenir des services plus pratiques; et lorsqu'ils le font, c'est qu'ils se sentent entièrement rassurés. Or, ce processus demande du temps. L'industrie des services financiers dut admettre que les changements souhaités ne se produiraient pas du jour au lendemain et qu'il faudrait plus de ressources que prévu pour les provoquer.

Au Canada, l'adoption de ce nouveau concept fut retardée par la récession qui, depuis 1981, provoquait un ralentissement chronique de l'activité économique dans tous les secteurs et toutes les régions. Burns étant occupé à des choses plus pressantes, l'idée de synergie devait attendre son heure. Entre-temps, les institutions canadiennes ne manquèrent pas d'observer les erreurs de leurs consoeurs américaines. Certaines surent en tirer des leçons.

Grâce à la percée de La Great-West aux États-Unis, les dirigeants de Power durent apprendre rapidement à coordonner leurs efforts. Le réseau américain de commercialisation, de vente et d'administration de La Great-West allait servir de base au système de services financiers intégrés que Power désirait mettre sur pied. Il faudrait y consacrer du temps et de l'argent, mais, dans un marché 10 fois plus grand qu'au Canada, les bénéfices à tirer pouvaient être énormes. Comme il l'avait toujours fait, Desmarais voulait construire pour l'avenir. Le facteur temps, qui était somme toute assez élastique, importait donc très peu.

Si toutes ces activités ne suffisaient pas à démontrer que l'histoire d'Argus était chose du passé, le rôle joué par Paul Desmarais en 1978 dans le développement des relations commerciales entre le Canada et la Chine allait constituer la preuve que celui-ci effectuait un retour en force. Dans les années 70, le gouvernement canadien avait adopté une politique indépendante et réceptive à l'égard de la Chine, qui était encore considérée, sur les cartes du Pentagone et des militaires américains, comme «territoire perdu». Or, depuis le jour où les Chinois avaient manifesté le désir de procéder à des échanges commerciaux avec les pays occidentaux, les gens d'affaires canadiens avaient été séduits à l'idée de pouvoir satisfaire avant longtemps les besoins des industries et des consommateurs d'un pays qui comprenait un milliard d'habitants. Pareille perspective provoquait invariablement la danse des millions dans l'esprit de ces exportateurs éventuels.

Mais il y avait loin du rêve à la réalité. Seuls les plus hardis et les plus téméraires des entrepreneurs canadiens répondirent à l'appel de l'Orient, car il n'était pas facile de faire affaire avec les Chinois. Ces derniers disposaient de faibles réserves en devises fortes, ils parlaient une langue inconnue et ils avaient tendance à prendre leur temps dans les négociations et à dresser les fournisseurs les uns contre les autres dans le but d'obtenir de meilleures offres. Quiconque réussissait à décrocher un contrat avec les Chinois méritait certainement son salaire. Des gens d'affaires canadiens, bien connus dans les cercles d'exportateurs pour leur impatience, commirent l'erreur de croire qu'il était peine perdue de chercher à conclure des ententes commerciales avec les Chinois, pour la raison qu'ils n'avaient pas réussi à signer de contrat le premier jour des négociations. Ils revinrent au pays et se contentèrent de con-

Power Corporation à l'été 1979

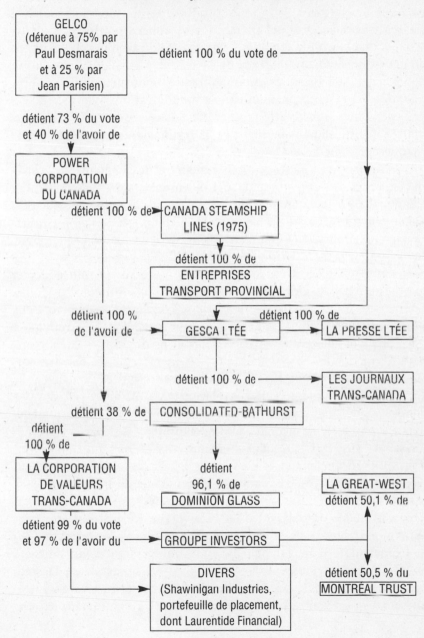

GELCO
(détenue à 75% par
Paul Desmarais
et à 25 % par
Jean Parisien)

détient 100 % du vote de

détient 73 % du vote
et 40 % de l'avoir de

POWER
CORPORATION
DU CANADA

détient 100 % de ➤ CANADA STEAMSHIP
LINES (1975)

détient 100 % de

ENTREPRISES
TRANSPORT PROVINCIAL

détient 100 %
de l'avoir de ➤ GESCA LTÉE

détient 100 % de ➤ LA PRESSE LTÉE

détient 100 % de ➤ LES JOURNAUX
TRANS-CANADA

détient 38 % de CONSOLIDATED-BATHURST

détient
100 % de

LA CORPORATION
DE VALEURS
TRANS-CANADA

détient
96,1 % de
DOMINION GLASS

LA GREAT-WEST
détient 50,1 % de

détient 99 % du vote
et 97 % de l'avoir du ➤ GROUPE INVESTORS

DIVERS
(Shawinigan Industries,
portefeuille de placement,
dont Laurentide Financial)

détient 50,5 % du
MONTRÉAL TRUST

Figure 17

centrer leur attention vers le marché américain, plus facilement accessible.

Après deux, trois et même quatre années d'efforts, les plus tenaces obtenaient de lucratifs contrats dans le cadre de la modernisation et de l'industrialisation de la Chine. Ces industriels durent subir cependant bien des contretemps: les autorités chinoises réévaluaient sans cesse leur position, annulaient les contrats ou se retiraient des négociations lorsque leurs réserves monétaires étaient insuffisantes pour financer, au rythme escompté, leur ambitieux programme de modernisation.

Trop souvent aussi, les exportateurs et les négociateurs canadiens, parce qu'ils étaient de petits entrepreneurs indépendants, s'attaquaient à un marché gigantesque avec des moyens ridicules. Cette situation n'aurait pas posé de problème véritable si le gouvernement chinois, seul et unique acheteur, ne leur avait pas compliqué la vie.

En effet, le gouvernement chinois préférait de loin négocier avec d'autres gouvernements ou avec des consortiums. En Chine, l'organisation du pouvoir est telle que les décisions se prennent aux plus hauts échelons. Les gens d'affaires canadiens se trouvaient généralement seuls à tenter de concurrencer des consortiums européens, américains ou japonais qui pouvaient remettre aux Chinois des usines clé en main. En plus de fournir une variété de biens et de services sous un même toit, ces consortiums offraient souvent des conditions de financement qui permettaient aux Chinois de contourner leur problème de manque de devises fortes.

En 1978, la Chine constituait un marché potentiel de l'ordre d'un milliard de dollars et plus, mais personne, du côté canadien, n'était encore en mesure d'exploiter pareil potentiel. Pour y arriver, il fallait faire les choses proprement. Ce sont des enseignants du Centre d'études est-asiatiques de l'Université McGill qui attirèrent l'attention d'industriels et de financiers tels que Paul Desmarais sur la Chine; mais il ne fait aucun doute que le sujet avait déjà été abordé dans les cercles d'affaires et gouvernementaux où Desmarais avait ses entrées. Au début de 1978, une agence gouvernementale chinoise invitait officiellement Desmarais à mettre sur pied une délégation d'hommes d'affaires canadiens de haut rang, les invitant à effectuer une visite en Chine dans le but d'y ouvrir la voie aux échanges commerciaux entre les deux pays.

L'occasion semblait particulièrement favorable. Les produits manufacturés canadiens, reconnus pour leur qualité, sont en demande partout dans le monde. Lorsque les prix de leurs produits sont concurrentiels, et qu'ils se sont familiarisés avec les subtilités du commerce outre-mer, les industriels canadiens trouvent rapidement preneurs à l'étranger. D'autre part, les Canadiens, parce qu'ils tiennent peu compte de l'idéologie politique de leurs partenaires commerciaux, sont généralement considérés plus sympathiques que leurs voisins américains.

La délégation canadienne qui se rendit en Chine comprenait à juste titre des capitalistes et des financiers tels que Paul Desmarais, Ian Sinclair, alors président du conseil du Canadien Pacifique, Cedric Ritchie, président et directeur général de la Banque de Nouvelle-Écosse, et Robert Scrivener, président du conseil de Northern Telecom. Après tout, il y avait des affaires à brasser et de l'argent à gagner même en Chine populaire. Ces hommes, considérés comme des chefs de file dans leur domaine, possédaient de toute évidence le pouvoir et la capacité de conclure des ententes fructueuses avec les autorités chinoises.

Il est néanmoins difficile de juger du succès de leur périple. Comme la plupart des Canadiens qui avaient déjà fait le voyage en Chine, le groupe revint sans contrat important en poche. Pour sa part, Desmarais y apprit non sans plaisir qu'il n'existe en Chine et dans tout autre pays communiste qu'un seul homme clé avec qui négocier: le gouvernement. Mais si cette découverte convenait parfaitement à sa façon de faire des affaires, il lui fallait encore travailler comme tous les autres pour obtenir un contrat.

Depuis ce voyage, la Chine et le Canada entretiennent régulièrement des échanges commerciaux amicaux. CP Air (devenue depuis Canadian Airline International) a ouvert une route aérienne vers la Chine et des pourparlers ont eu lieu en vue d'y développer le tourisme. Les Chinois n'ont par ailleurs pas manqué d'apprécier la technologie canadienne des télécommunications, qui compte parmi les meilleures du monde, et ils en ont fait l'acquisition par le biais des partenaires de Telecom Canada.

Quant à Paul Desmarais, il dut attendre jusqu'en 1986 avant de faire affaire avec la Chine, mais sa patience fut récompensée. À sa manière habituelle, il réalisa du coup une première. La Chine ne dispose en effet d'aucune ressource forestière appréciable, ce qui l'oblige à importer les pâtes et le papier nécessaires à sa consommation. Afin de réduire leurs coûts, les Chinois désiraient dans un premier temps investir dans des usines de pâtes et papier situées à l'étranger dans le but de satisfaire leurs besoins; puis, dans un deuxième temps, ils souhaitaient faire construire des usines de papier en Chine même. Les Chinois se tournèrent donc vers Paul Desmarais à cause des liens qui unissent Power à Consolidated-Bathurst.

Il en résulta une entreprise en participation dont les partenaires étaient Power, Consolidated-Bathurst et le gouvernement chinois, par le biais de la China International Trust and Investment Corporation (Société internationale d'investissement de Chine). La compagnie, qui porte le nom de Power Consolidated (Chine), acheta pour environ 95 millions de dollars une usine de pâtes et papier à Castlegar, en Colombie britannique, de British Columbia Resource Industries Corporation. La moitié de la production de cette usine ira en Chine, où elle sera transformée en papier et en produits d'emballage; elle remplacera la pâte que Consolidated-Bathurst fournissait à la Chine depuis déjà quelques années. La co-entreprise établira ensuite en Chine une usine qui fabriquera des papiers fins destinés à l'exportation.

Grâce à un prêt consenti par la Banque Royale du Canada, le gouvernement chinois avança la moitié du capital nécessaire à l'achat de l'usine de la Colombie britannique. C'était la première fois que le gouvernement chinois investissait à l'extérieur de la Chine. Grâce à Desmarais, ce fut dans une entreprise capitaliste.

CHAPITRE 14

Le début d'une ère nouvelle ou la transaction du siècle

La réputation de Desmarais en tant que maître incontesté des mainmises a son petit côté ironique. Tout au long des années 70 (y compris durant les années de restructuration de Power, mais spécialement après la bataille avec Abitibi pour la mainmise sur Price), chaque fois que le cours des actions d'une importante société canadienne fluctuait subitement à la hausse sans que personne n'en sût la cause exacte, tous les yeux se tournaient invariablement vers Paul Desmarais.

La sempiternelle question revenait sur toutes les lèvres: «Desmarais est-il en train de préparer la transaction du siècle?» Un peu comme si toute vie allait cesser d'exister au nord du 45e parallèle si Desmarais ne faisait pas de transaction importante. Pareille interrogation était somme toute compréhensible; les événements passés l'avaient déjà démontré, il pouvait en effet être très rentable d'aller dans la même direction que Desmarais.

Après avoir mis la main sur Power et rentabilisé cette dernière, Desmarais se devait en toute logique de procéder à de nouvelles acquisitions. Or, il y avait maintenant trop longtemps que

Power et Desmarais n'avaient rien accompli de vraiment spectaculaire. Si l'on suivait l'itinéraire audacieux emprunté par Desmarais ces dernières années, celui-ci avait d'abord acquis Gelco, puis La Corporation de Valeurs Trans-Canada et enfin Power. La tentative ratée de mainmise sur Argus ne pouvait que laisser soupçonner qu'il allait bientôt tenter quelque chose de plus gigantesque, de plus audacieux et de plus spectaculaire.

Il semblait parfaitement normal que Desmarais voulût jouer encore plus gros jeu. Après tout, il ne pouvait échapper aux règles du jeu du pouvoir, qui vous obligent à accroître constamment votre pouvoir si vous ne voulez pas le perdre.

Sous la direction de Desmarais, Power n'avait curieusement fait aucune acquisition majeure dans les années 70, hormis le rachat de Canada Steamship Lines en 1972. Et encore, il s'agissait alors de l'achat de toutes les actions d'une compagnie sur laquelle Power avait déjà la mainmise. Même l'offre d'achat de Price avait été menée par le biais de Consolidated-Bathurst.

Bref, depuis les années 70, Desmarais avait fait fi du mythe qui l'entourait et il s'était contenté de remodeler Power selon ses désirs et ses besoins. Tout d'abord dans la forme, la structure et le contenu de l'entreprise; ensuite dans sa structure financière afin d'en prendre solidement la direction et d'en récolter sa juste part de dividendes; puis dans sa structure administrative tant aux niveaux national et continental qu'international. Desmarais avait aussi mis sur pied diverses sociétés de placement détenues par lui ou par les membres de sa famille et dont les noms semblent se confondre tellement elles sont toutes intimement liées: Prime, Gabriel, Gelco, La Corporation de Valeurs Trans-Canada, Sanpalo, Pansolo, Nordex, Probec, Abonnec, Primgab, Beldo, Polprim, Louidem, Paquerais, Adremed, Sofiamar, etc. Ces sociétés privées constituent autant de véhicules qui acheminent, vers chacun des membres de la famille Desmarais, les dividendes en provenance de Power, de ses filiales et d'autres placements, en leur permettant de payer le minimum d'impôts possible.

En compagnie de son ami et associé Yves Pratte, Desmarais a par ailleurs effectué des placements personnels, par le biais d'une compagnie appelée Prades, dans des stations de radio et de télévision ontariennes et dans des stations de radio québécoises. Il a aussi investi à la Bourse par le biais de ses sociétés de gestion.

Quant aux intérêts divers de Power, détenus généralement par ses filiales ou ses sous-filiales, ils étaient souvent gérés de loin, mais ils convenaient toujours à la nouvelle structure de Power. Ces divisions, filiales et compagnies affiliées étaient réparties au Canada, aux États-Unis, au Royaume-Uni, en Suisse, en Allemagne et en Hollande; elles portaient des noms tels que Domglas, CB Pak, Twinpak, McMillan Bathurst, Libbey-St. Clair, Diamond Bathurst et Europa Carton, et elles fabriquaient une variété de produits, depuis le bois de charpente jusqu'au papier journal, en passant par la pellicule de plastique métallisé utilisée dans l'emballage des amuse-gueule.

Consolidated-Bathurst, qui manufacturait jusque-là des produits forestiers et d'emballage, fit son entrée dans le domaine de l'énergie en achetant une participation dans Sceptre Resources de Calgary. Domglas, une division de Consolidated-Bathurst, était grande consommatrice de gaz naturel à son usine de Redcliffe, en Alberta. Elle fonda par conséquent Redgas afin de forer et d'exploiter la gigantesque poche de gaz naturel qui repose sous cette région.

Power avait aussi une participation dans l'immobilier par le biais de ses filiales œuvrant dans le domaine financier. Le Groupe Investors détenait La Great-West, Compagnie d'Assurance-Vie, qui détenait des placements immobiliers dans des centres commerciaux, ainsi que dans des édifices résidentiels et commerciaux dans tout le Canada. Parmi ceux-ci, on retrouvait une participation dans les restaurants Wendy's du Canada, les hôtels Delta et 25 p. 100 de Canada Wonderland, un parc d'attractions géant situé au nord de Toronto. (Power a depuis vendu cette dernière participation.)

Le Montréal Trust, aussi sous la tutelle du Groupe Investors, était également une riche mine de placements allant de la société de gestion hypothécaire et immobilière à une participation de 100 p. 100 dans Sandoz Patents, la compagnie qui détient les droits et perçoit les royautés sur les médicaments Sandoz brevetés au Canada.

Au Québec, Power possédait, par le biais de Gesca, des quotidiens, des hebdomadaires, des magazines, une maison d'édition de livres populaires et de manuels scolaires, sans compter un réseau de distribution de livres et de revues. Gesca possédait aussi des intérêts dans la production et la distribution de films.

Par le biais de Canada Steamship Lines et de filiales telles que Transport Provincial, Kingsway Transport, Gelco Couriers et autres, Power transportait des marchandises et des passagers par voie terrestre et des marchandises par air et par mer.

Entre 1978 et 1981, si vous savouriez quelques moments de répit avec des copains, la bouteille qui contenait votre bière avait probablement été fabriquée par Dominion Glass et le sac d'emballage de vos chips par Twinpak. Le dépanneur qui vous avait vendu la bière et les chips était peut-être situé dans un centre commercial; en pareil cas, une filiale de Power oeuvrant dans le secteur financier était peut-être propriétaire du centre commercial, ou elle l'exploitait et y louait de l'espace, ou elle en détenait l'hypothèque. De même, les chopes dans lesquelles vous versiez la bière provenaient sans doute d'une usine appartenant à Libbey-St. Clair. (Si vous habitiez aux États-Unis, le verre à bière aurait pu provenir d'une des usines américaines de Diamond-Bathurst.) Ces verres avaient peut-être été livrés dans des contenants de carton manufacturés par MacMillan Bathurst et transportés au magasin où vous vous les étiez procurés par des camions appartenant à Kingsway Transport, la division du camionnage de Canada Steamship Lines.

Même s'il ne semblait exister aucun lien entre les diverses ramifications de Power, celles-ci formaient pourtant un tout ordonné. Le papier journal fabriqué par Consolidated-Bathurst était utilisé dans les presses des quotidiens et hebdomadaires appartenant à Gesca. Le papier de qualité supérieure servait pour sa part à l'édition des livres et des magazines. Comme La Great-West était un important souscripteur d'assurance-maladie et d'assurance-vie auprès des compagnies et de leurs employés, les filiales de Power s'assuraient tout naturellement auprès d'elle. En fait, partout où la chose était possible et autorisée par la loi, les filiales du groupe faisaient en sorte de s'échanger biens et services.

Le tout formait un système interactif et indépendant qui correspondait au vieux rêve capitaliste: faire circuler l'argent des clients à l'intérieur du système de manière à l'y conserver. Cet argent servait à payer le coût des biens achetés et des services obtenus des multiples compagnies affiliées; il passait ainsi d'une division à l'autre et se retrouvait sous forme de dividendes, de profits, de comptes recevables et d'intérêts que percevaient leurs compagnies mères. Ainsi fonctionne le système capitaliste à l'état pur, tel que décrit par Adam Smith dans *La Richesse des nations*. Plus qu'un ouvrage d'économie, ce livre constitue un modèle de fonctionnement pour une société qui recherche l'efficacité et la rentabilité maximum à travers des activités commerciales.

Les placements de Power et de Desmarais touchaient pour ainsi dire toutes les sphères d'activité économique au Canada, et ils s'étendaient aux États-Unis, à l'Europe et à l'Amérique du Sud par le biais de La Great-West et de Consolidated Bathurst. En plus de ses initiatives privées en Chine, Desmarais voyait les portes de l'Afrique, du Moyen-Orient et de l'Asie s'ouvrir par l'intermédiaire de Paribas (la Banque Financière de Paris et des Pays-Bas), son associé minoritaire dans Power.

Desmarais cultivait ses relations avec l'Asie et le Moyen-Orient depuis des années. Quant à ses liens avec la Chine, il les avait établis, comme à son habitude, dans une perspective à long terme, enthousiasmé qu'il était de se lancer dans de nouvelles aventures placées sous le signe de l'exotisme. Les seuls endroits au monde avec lesquels il n'avait pas encore de rapports étaient l'URSS, l'Arctique et l'Antarctique. On comprend son peu d'intérêt pour les régions polaires, mais ce n'était qu'une question de temps avant qu'une occasion se présentât de faire affaire avec l'Union soviétique.

En 1986, après des années de négociations, les gouvernements canadien et soviétique signèrent un traité portant sur l'impôt sur le revenu. En vertu de cet accord, les Canadiens qui brassaient des affaires en Union soviétique ne seraient imposés qu'au Canada. Auparavant, ils étaient assujettis à un double système d'imposition, même lorsqu'ils n'avaient aucun impôt à payer. Ces complications

271

avaient découragé les gens d'affaires canadiens de s'implanter en URSS pour y desservir directement leur clientèle.

Le traité fut conclu parce que les Soviétiques avaient besoin de la technologie et du savoir-faire canadiens. Dès que les négociations prirent fin, à l'automne 1986, Bernard Lamarre, président du conseil de Lavalin, la gigantesque société d'ingénierie de Montréal, se présenta à Moscou en compagnie du conseiller juridique de la société (le Très Honorable Pierre Elliott Trudeau) en vue de négocier la construction en URSS d'une usine de transformation de gaz naturel d'une valeur de 300 millions de dollars.

Desmarais faisait partie de la délégation. Pendant que Lamarre vaquait à ses occupations, Desmarais était à la recherche d'éventuelles occasions d'affaires. Lui qui accorde rarement des interviews, il ne se fit pas prier devant la presse soviétique; il parla avec enthousiasme de la collaboration possible entre les deux pays. Il s'agissait presque d'une répétition de son voyage en Chine en 1978, qui avait alors ouvert le marché chinois aux gens d'affaires canadiens de classe internationale. À nouveau, Desmarais jouait à la perfection son rôle d'ambassadeur de l'entreprise privée canadienne.

Power avait diversifié ses activités principalement durant les années 70, et surtout par le biais d'acquisitions, à une époque où le régime fiscal canadien et l'inflation galopante facilitaient la tâche aux industriels et aux financiers de sa trempe. Il valait alors mieux acheter des capacités de production existantes que d'en faire construire de nouvelles ou de diversifier les activités de ses filiales.

Ainsi, la décision d'Abitibi d'acquérir Price se fondait sur une simple question de logique. Les prix étant gonflés par l'inflation, les profits devaient être rapidement dépensés avant que l'inflation ne vînt éroder leur valeur. Ainsi, même si l'inflation annuelle se situait à 9 p. 100, l'achat d'une usine fonctionnelle et complètement équipée, dont la valeur augmentait de 30 p. 100, représentait un gain en capital de 21 p. 100. Il s'agissait par conséquent d'un bon investissement.

À l'inverse, s'il fallait un an pour construire une usine et la mettre en production, l'argent dépensé se dépréciait au rythme annuel de 9 p. 100, sans compter que l'inflation augmentait les coûts de construction. Même en étant partiellement déductible d'impôt, l'intérêt sur l'argent emprunté ajoutait aux frais. La construction d'une usine revenait donc extrêmement cher.

C'est pourquoi Power avait poursuivi sa croissance sans faire de coup d'éclat durant les années 70. Sans faire de bruit, ses filiales mettaient la main sur des compagnies complémentaires qui augmentaient la valeur d'ensemble de l'empire. Consolidated-Bathurst acquit ainsi des intérêts dans la fabrication de contenants de verre et de produits d'emballage; le Montréal Trust s'empara d'autres compagnies de fiducie; Investors acquit d'autres sociétés de placement tout en créant de nouveaux fonds d'investissement; et Canada Steamship Lines acheta des services de messagerie et de transport par camion.

En réalité, Desmarais avait acquis sa réputation de spécialiste des mainmises durant les années 60. Dans les années 70, il avait tablé sur cette réputation pour tenter, mais sans succès, de mettre la main sur Price et sur Argus. Il avait d'ailleurs renforcé son image dans des situations où, assez curieusement, il s'était contenté de jouer des rôles secondaires. Ainsi, dans le cas d'Investors, il était sans doute au courant des projets de commercialisation de la compagnie, mais il ne les a probablement pas mis sur pied, sinon en en définissant, en tant que membre du conseil, la stratégie globale.

Après tout, le rôle de Desmarais est de donner le ton à ses entreprises, qui doivent être efficaces et rentables; les administrateurs prennent bonne note de ses directives et agissent en conséquence. S'ils échouent, ils sont remplacés par des gens plus compétents.

En 1978 et en 1979, lorsque le cours des actions d'Abitibi Paper et de Price commença à fluctuer sans raison apparente, la réputation de Desmarais n'était pas étrangère aux rumeurs qui circulaient. On soupçonnait Power de vouloir mettre la main sur l'une ou l'autre compagnie, ou sur les deux, par le biais de Consolidated-Bathurst. Les spéculations allaient bon train pour deux raisons. Il y avait tout d'abord eu, à la fin de 1978, l'achat par HCI Holdings de Toronto de deux importants blocs d'actions d'Abitibi. On présuma que HCI n'était qu'une couverture utilisée par Power, car son principal actionnaire, Maurice Strong, avait depuis longtemps des liens avec Desmarais. Puis, toujours à la fin de 1978, James Burns fit remarquer que, peu après son accession prochaine à la direction générale de Power, il aurait pour mandat d'assurer la croissance de Power et de ses filiales. Presque au même moment, le directeur général de Consolidated-Bathurst, William Turner, fit savoir qu'il souhaitait augmenter la taille et étendre le marché de sa compagnie.

Toutes les indications se recoupaient: la réputation de Desmarais, le jeu du pouvoir qui l'obligeait à passer à l'action et les énormes capitaux qui dormaient dans les coffres de Power constituaient autant d'indices d'une transaction importante prochaine. La folie des acquisitions en série s'était par ailleurs emparée des grandes entreprises canadiennes à la suite de la publication du rapport de la Commission royale d'enquête sur les groupements de sociétés. Les conclusions du rapport ne faisaient que paraphraser les termes du mandat original de la Commission: la concentration de la propriété avait ses bons et ses mauvais côtés; bien dosée, elle représentait une bonne chose pour le pays. Cet ennuyeux rapport avait pour ainsi dire déclaré ouverte la chasse aux entreprises. N'importe quel financier en puissance avait désormais accès à l'information nécessaire à l'édification de son empire: documents, dossiers, études, transcription des témoignages, etc.

Les rumeurs au sujet des intentions de Desmarais cessèrent en 1979, lorsque la société Olympia & York Developments, dirigée par la famille Reichmann de Toronto, fit l'acquisition d'Abitibi et de Price. Desmarais n'avait même pas été dans le coup, sauf à titre de gros actionnaire minoritaire.

À la fin des années 70, Power était en bonne santé financière. Elle avait traversé la courte période de récession de 1977 sans difficulté et elle se laissait porter par la vague inflationniste qui déferlait. Elle disposait maintenant de liquidités, de crédit et de crédibilité; sa seule source d'ennui aurait pu provenir de sa lourde dette accumulée, mais, l'inflation aidant à en réduire le poids réel, il n'était guère utile de chercher à s'en défaire.

Power était encore l'une des plus importantes sociétés de pla-

cement du pays. Parce qu'il avait su établir des relations personnelles et d'affaires, qu'il avait su nouer des amitiés et susciter des
loyautés au cours des ans, Desmarais occupait une position
enviable au sein de l'élite canadienne des affaires aussi bien
qu'auprès du nouvel establishment francophone du pays. Il visitait
aussi régulièrement les centres d'affaires et financiers des États-
Unis, d'Europe, du Moyen-Orient et des Antilles, où il avait acquis
droit de cité dans les clubs et les cercles d'influences de classe
internationale. Certains descendants de la vieille noblesse acceptaient mal la chose, mais pareilles vétilles n'empêchaient nullement
Desmarais de commander les destinées de Power. Il appréciait les
petits privilèges rattachés à sa position, mais il continuait à prendre
ses responsabilités de chef de file de la communauté et du monde
des affaires au sérieux.

En 1977, à la suite de la victoire du Parti québécois aux élections provinciales de novembre 1976, et alors que s'engageait le
débat qui allait mener au référendum sur la souveraineté-
association en mai 1980, Desmarais prit clairement position pour le
camp fédéraliste. Il le fit non seulement par conviction personnelle,
mais aussi parce qu'il est un homme foncièrement prudent. Il était
persuadé que seul un Canada fort, uni et bilingue pouvait répondre
aux ambitions et aux aspirations des Canadiens français. Au fond, il
adoptait une attitude purement pragmatique. Après tout, les affaires
fonctionnent mieux dans un climat politique stable, et il est du devoir
des chefs d'entreprise de chercher à promouvoir cette stabilité.

Durant la campagne référendaire de 1980, Desmarais profita de
la tribune publique que lui procurait sa position de président du conseil de Power pour se prononcer à nouveau contre l'idée
d'indépendance et en faveur d'un Canada officiellement bilingue qui
offrirait des chances égales de réussite à toutes les minorités du
pays. Il réitéra par la suite sa position en tant que chancelier de
l'Université Memorial de Terre-Neuve, poste pour lequel il avait
prêté serment au printemps de 1979. Il n'y avait rien de plus étonnant et de plus amusant que de voir ce Franco-Ontarien de Sudbury,
habitué de fréquenter les milieux francophones et anglophones des
affaires, distribuer ce jour-là des diplômes et ses sages conseils
dans une université anglophone de l'est du pays.

Mais parce que Desmarais n'avait accompli aucun coup d'éclat durant les années 70 (il n'avait pu acquérir ni Argus, ni Abitibi, ni Price et personne ne savait trop ce qu'il entendait faire à l'avenir), les observateurs continuèrent de croire qu'il leur préparait une surprise à sa façon. Les rumeurs à cet effet continuaient de circuler.

En 1979, le milieu canadien des affaires découvrait l'existence de l'industrie du pétrole. Depuis la hausse dramatique des prix de l'énergie à la suite des chocs pétroliers de 1973 et de 1979, et en dépit de la réglementation sur les prix et des taxes fédérales et provinciales excessives, le pétrole et le gaz naturel constituaient des placements sûrs. Comme Power avait une participation indirecte dans l'industrie pétrolière et gazière par le biais de Consolidated-Bathurst, la rumeur voulait que Desmarais préparât un grand coup dans ce domaine.

Le moindre indice alimentait les spéculations les plus folles sur les intentions de Desmarais. N'avait-il pas noué des liens d'amitié avec le cheik Yamani, l'ex-ministre de l'Énergie d'Arabie Saoudite qui avait su orchestrer avec génie l'augmentation des prix du pétrole en provenance des pays de l'OPEP? Yamani n'avait-il pas rendu visite à Desmarais dans sa maison de campagne à La Malbaie en 1979? Desmarais n'avait-il pas déjà commencé à investir dans le domaine de l'énergie? On allait jusqu'à prétendre que les rencontres qu'il avait eues avec certains ministres du Shah, peu avant la révolution iranienne, l'avaient fortement incité à investir dans le domaine du pétrole et du gaz naturel. Desmarais n'avait-il pas aussi songé, en 1975, à entreposer du pétrole brut dans une mine abandonnée de Terre-Neuve pour le revendre au fur et à mesure que les prix augmenteraient?

Par ailleurs, le gouvernement fédéral songeait sérieusement à nationaliser l'industrie pétrolière. Cette politique de «canadianisation» allait permettre au pays de disposer à l'avenir de réserves importantes de pétrole. Dans le secteur public, Petro-Canada fut l'instrument du gouvernement fédéral, cependant que Dome Petroleum joua le même rôle dans le secteur privé.

Il pouvait s'avérer rentable d'investir dans l'industrie pétrolière... du moins lorsque le pétrole jaillissait des puits. L'exploration pétrolière coûte en effet très cher; avant de découvrir un seul puits productif, il faut parfois dépenser des fortunes en forages inutiles. Desmarais préférait les investissements sûrs, dont il pouvait mesurer les résultats à court terme, soit sous forme de déductions d'impôts, de rentrées de capitaux ou d'avoirs rapidement réalisables. Il valait donc mieux mettre la main sur une compagnie déjà productive que de se lancer dans l'exploration. Et il était préférable de confier cette tâche à Consolidated-Bathurst qu'à Power.

Par ailleurs, il pouvait être tout aussi intéressant d'investir dans d'autres secteurs industriels reliés au domaine des ressources naturelles. Les chocs pétroliers successifs, l'inflation et l'augmentation de la demande avaient provoqué une hausse généralisée des prix aussi bien que des bénéfices des compagnies. Consolidated-Bathurst oeuvrait déjà dans le domaine des ressources naturelles et Canada Steamship Lines pouvait très bien s'occuper de leur transport. Puisque Power possédait déjà une certaine compétence dans les domaines du transport et des ressources naturelles, pourquoi ne pas tenter d'acquérir une compagnie qui oeuvrait dans ces deux domaines en plus de travailler dans celui de l'énergie? Il n'existait qu'une seule société canadienne qui répondît à pareils critères, et dont les actions, négociées à la Bourse, étaient détenues par un si grand nombre d'investisseurs qu'il n'était pas impossible à un seul homme d'en prendre la direction. Il s'agissait du Canadien Pacifique.

Lorsqu'il devint évident que Desmarais avait l'intention de mettre la main sur le CP, les chroniqueurs ne purent s'empêcher de faire allusion à cette vieille histoire de thèse universitaire, à l'amitié qui liait Desmarais à Ian Sinclair et à Norris «Buck» Crump, respectivement président et ex-président du conseil du CP, à leur collaboration indéfectible au cours des années, à la suite ininterrompue de rumeurs au sujet des projets de Desmarais concernant le CP et à tous les conseils sur la manière de s'en emparer qu'il avait immanquablement reçus par tous ceux qui avaient partagé pareille ambition. Les Bourses de Montréal, de Toronto et de Vancouver étaient en effervescence à l'idée que Desmarais pouvait tenter de s'attaquer au Canadien Pacifique. Le CP était un État à l'intérieur de l'État

277

canadien, une gigantesque compagnie employant 110 000 personnes, soit l'équivalent du nombre de civils et de militaires oeuvrant pour le ministère de la Défense nationale.

La situation était parfaite. Plus de 67 000 actionnaires détenaient une participation dans le CP de par le monde, dont 72 p. 100 au Canada, 14 p. 100 aux États-Unis, 7 p. 100 au Royaume-Uni et 7 p. 100 répartis dans différents pays. Le principal actionnaire minoritaire était l'omniprésente Caisse de dépôt et placement du Québec, dont la participation s'élevait à 3 p. 100. Ian Sinclair se préparait par ailleurs à prendre sa retraite et Desmarais était encore assez jeune pour devenir son digne successeur à la tête du CP.

Le CP était une entreprise parvenue à maturité, sans actionnaire important, et dont les administrateurs assuraient la direction des activités. C'est là que résidait la clé de toutes les rumeurs, car le CP constituait une cible idéale pour Desmarais ou pour tout autre magnat assez audacieux pour vouloir s'en emparer. En effet, il n'était pas nécessaire de réunir 50,1 p. 100 des actions pour mettre la main sur la compagnie. Il suffisait de détenir assez d'actions avec droit de vote pour obtenir un ou deux sièges au conseil d'administration, et de réunir par la suite suffisamment de procurations pour mener la lutte aux autres membres du conseil au cours de la prochaine assemblée annuelle des actionnaires.

Pour quelles raisons Desmarais désirait-il s'emparer du CP? Traditionnellement dominée par les anglophones, la compagnie commençait à déménager la direction de ses activités hors du Québec à la suite de la victoire du Parti québécois aux dernières élections provinciales. Si Desmarais parvenait à ramener le CP au Québec en le rattachant à Power, une compagnie bilingue dont le siège social était situé à Montréal, cela constituerait une victoire indéniable pour le fédéralisme au Québec.

Considérations politiques et stratégiques mises à part, le CP représentait un formidable trophée de chasse pour tout homme d'affaires canadien. S'il réussissait à mettre la main sur le CP, au passé épique si étroitement lié à l'histoire du Canada, Desmarais deviendrait du coup le maître incontesté du monde des affaires du pays. À ses côtés, tous les autres feraient figure de simples joueurs dans un casino dont il serait propriétaire.

À cette époque, il en aurait coûté un demi-milliard de dollars pour mettre la main sur 15 p. 100 des actions du CP. C'était une somme énorme mais, lors de l'assemblée annuelle des actionnaires de Power en 1979, Desmarais admit que celle-ci avait accumulé d'importantes réserves et se préparait à faire un investissement de quelque 200 millions de dollars, mais qu'un placement de 500 millions n'était pas non plus à exclure si le jeu en valait la chandelle. Power disposait d'environ 100 millions de dollars en liquide, elle pouvait demander à ses filiales d'acquérir des actions du CP, elle pouvait emprunter plusieurs fois 100 millions en déposant un ou plusieurs de ses avoirs en garantie et elle pouvait également emprunter en mettant la société visée en garantie. Desmarais avait hors de tout doute les moyens de mettre la main sur le CP. Restait à savoir s'il en avait le désir.

À l'assemblée annuelle de 1980, Desmarais répéta que Power disposait de fortes liquidités et qu'elle prendrait de l'expansion à coups d'acquisitions. Malheureusement, aucune société de taille respectable ne semblait disponible; Power se contenta donc de poursuivre ses activités quotidiennes et de conserver précieusement ses liquidités. Pendant ce temps, l'économie américaine donnait des signes d'essoufflement; une récession s'annonçait, avec toutes les conséquences qu'elle pouvait avoir sur l'économie canadienne et mondiale. Les nuages s'accumulaient au-dessus des États-Unis. À la fin de 1979, l'Union soviétique avait envahi l'Afghanistan. L'administration Carter, déjà embarrassée à cause de la crise des otages en Iran, se sentait impuissante et elle répondit de manière impudente mais inefficace à l'invasion soviétique. Les tensions internationales s'accrurent lorsque d'autres troupes soviétiques pénétrèrent en Afghanistan et que les protestations des Américains se firent plus véhémentes.

Les marchés monétaires internationaux étaient pris de panique. Des valeurs telles que traites et billets à ordre se négociaient au rabais parce qu'elles ne trouvaient plus preneurs, mais le prix de l'or brisait tous les records, passant de 400 dollars américains à un sommet de 850 dollars l'once au printemps de 1980. Cette ruée vers l'or, ajoutée au marasme des marchés boursiers, ne faisait que refléter l'inquiétude des investisseurs. Si une guerre se déclarait, les actions des compagnies, les obligations et même les devises ne vaudraient pas la valeur du papier sur lequel elles avaient été imprimées.

Abattus et démoralisés sur les fronts diplomatique, politique et social, les États-Unis avaient en plus de graves difficultés économiques. Le prix élevé du pétrole, l'inflation ainsi que les énormes déficits budgétaires et commerciaux minaient la confiance des investisseurs américains et étrangers. L'économie mondiale subissait les contrecoups de ces problèmes et tout le monde ignorait ce qui allait se passer. Par-dessus tout, il y avait une crise de leadership. Personne ne savait ce que Jimmy Carter allait faire et on s'interrogeait sérieusement sur sa capacité de diriger le pays. La seule chose à faire consistait donc à parer aux besoins les plus pressants et à conserver assez de souplesse pour s'adapter aux événements à venir.

Power se garda par conséquent de prendre quelque initiative que ce fût et se contenta de surveiller les progrès de sa récente participation dans Paribas. En 1979, suivant en cela la tradition européenne, Desmarais avait acheté des actions de Paribas après que cette dernière eut acquis des actions de Power. Il s'agissait d'un placement solide, qui pouvait être liquidé facilement en cas de besoin. Les actions de Paribas étaient populaires parce que la société faisait preuve de dynamisme et prenait de l'expansion en investissant dans bon nombre des grandes sociétés industrielles européennes.

Même si Power ne détenait que 2,3 p. 100 des actions de Paribas, elle était le deuxième actionnaire en importance de la banque, ce qui lui valait un siège au conseil, composé de neuf membres. C'était le lieu rêvé pour nouer des liens avec l'élite européenne des affaires. En plus de quelques investisseurs français, la compagnie Volvo de Suède (par l'intermédiaire de sa filiale suisse Volvo Financial) avait des intérêts importants dans Paribas, de même que le Groupe Frère Bourgeois de Belgique, qui avait à sa tête l'industriel et financier Albert Frère, un homme dont l'histoire ressemblait passablement à celle de Desmarais.

Paribas n'était pas seulement une banque commerciale, mais aussi une société de gestion. Elle détenait des placements dans l'industrie européenne et ses divisions étrangères en faisaient autant de par le monde. Il s'agissait d'une entreprise évaluée à plusieurs milliards de dollars, capable de financer des projets d'envergure.

Grâce à son réseau mondial, Paribas avait établi un service de renseignements complet et détaillé sur les entreprises avec lesquelles elle faisait affaire. Ces informations circulaient dans toutes les divisions de la banque et permettaient au réseau tout entier de connaître à tout moment quelles étaient les meilleures occasions d'affaires à l'échelle internationale. Parce que Paribas détenait une participation importante dans Power depuis 1978 (soit 10 p. 100 des droits de vote et 20 p. 100 de l'avoir de Power), les deux représentants de Paribas au conseil de Power ne manquaient pas de transmettre à Desmarais les informations dont ils disposaient. Mais lorsque celui-ci occupa un siège au conseil de Paribas, Power avait la chance d'être reliée directement au réseau et de prendre part aux activités internationales de Paribas.

Mais Desmarais eut bien d'autres activités en 1980. Il transforma entre autres le nom de Canada Steamship Lines, dont les activités de transport se déroulaient davantage sur terre que sur mer, en Groupe CSL. Power Corporation of Canada, Ltd. fut pour sa part rebaptisée Power Corporation of Canada / Power Corporation du Canada. On aurait pu y voir une simple opération de maquillage, mais la question revêtait une plus grande importance qu'il n'y paraissait à première vue. Le nom fut changé un mois après la défaite du Parti québécois au référendum. Le nouveau nom venait souligner la nature bilingue et fédéraliste de Power, reconnaissable à son logo composé des lettres P, C et C entremêlées, immédiatement identifiable dans les deux langues officielles[1].

Toujours en 1980, Consolidated-Bathurst fit un important placement de 20 millions de dollars dans Sulpetro. Elle obtenait ainsi une participation de 18 p. 100 dans cette importante société pétrolière de Calgary, spécialisée dans l'exploration, l'entreposage et la vente du pétrole et du gaz naturel. Sulpetro détenait par ailleurs un intérêt de 21,25 p. 100 dans International Energy Development de Suisse, une compagnie dirigée par Maurice Strong, l'ex-directeur général de Power qui ne cesse de refaire surface lorsque cette dernière est mêlée à d'importantes opérations financières.

En 1981, Desmarais fit enfin ce que tout le monde s'attendait à le voir faire: il acquit une participation dans le Canadien Pacifique. Qu'il ait mis tant de temps à passer à l'action confirma l'impression que tous avaient: l'échec de la mainmise sur Argus l'avait ralenti. Pendant près de six ans, Desmarais s'était contenté de favoriser la croissance interne de Power et de ses filiales et de faire des acquisitions mineures. Il avait évidemment réussi à étendre ses activités au-delà des frontières canadiennes, mais il avait systématiquement évité la tentation de mettre la main sur un autre conglomérat canadien.

À l'été de 1981, Desmarais joua de nouveau un rôle important sur la scène économique canadienne. Power vendit tout d'abord le Groupe CSL pour 195 millions de dollars à une association formée de Federal Commerce and Navigation de Montréal et du président de Canada Steamship Lines, Paul Martin. Canada Steamship Lines étant une filiale à part entière de Power, cette vente eut pour effet de soulager les administrateurs de cette dernière d'un poids énorme. Power redevenait en effet une simple société de gestion et de placement.

Power acheta alors 4,4 p. 100 des actions du CP au coût de 174 millions de dollars et prit une option d'achat sur 5,6 p. 100 des actions au coût de 216 millions auprès de la Caisse de dépôt, option qui devait être exercée au plus tard au début de septembre. Lorsqu'on lui demanda quelles étaient ses intentions, Desmarais nia catégoriquement vouloir s'emparer du CP, déclarant qu'il voulait simplement acquérir une participation significative dans la compagnie. Lorsqu'on lui demanda ce qu'il entendait par là, il répondit: «Habituellement, une participation significative s'élève entre 15 et 20 p. 100, mais, dans le cas présent, nous pourrions fort bien nous contenter de 4,4 p. 100[2].»

Cette remarque n'ébranla nullement ceux qui demeuraient persuadés que Desmarais tenterait tôt ou tard de mettre la main sur le

CP. Desmarais avait une réponse toute prête à leur intention: «Le Canadien Pacifique n'est pas une compagnie ordinaire. Elle est tellement gigantesque. Nous n'avons pas besoin de la diriger et nous ne voulons pas l'administrer; nous voulons simplement avoir notre mot à y dire comme les autres actionnaires[3].»

Desmarais invitait ceux qui ne le croyaient pas à examiner de plus près comment il avait agi dans le passé. «J'ai toujours accompli ce que j'ai dit que j'accomplirais. Bon, j'ai toujours dit que je préférais être à la tête d'une compagnie, mais cette fois-ci j'affirme que je n'en ai pas l'intention[4].»

Le passé donne raison à Desmarais, mais il indique aussi qu'il possède assez de souplesse pour changer d'avis lorsque le besoin s'en fait sentir ou qu'une occasion valable se présente à lui.

De deux choses l'une, ou Desmarais disait vrai ou il avait une arrière-pensée. S'il disait vrai, son intention était simplement de faire un bon placement. Certains prétendaient même qu'il avait agi à la demande expresse des dirigeants du CP qui voulaient faire échec à une OPA non sollicitée de la part d'investisseurs canadiens et étrangers, parmi lesquels se trouvait la famille Bronfman de Montréal et sa société de gestion privée Cemp Investments. S'il avait une arrière-pensée, Desmarais mettait de toute évidence en place les éléments d'une future tentative de mainmise sur le CP. En achetant assez d'actions pour obtenir un siège au conseil, il aurait accès aux livres du CP et il pourrait juger en connaissance de cause s'il valait toujours la peine de l'acquérir. En pareil cas, il menait une expédition de reconnaissance au coût de 175 millions de dollars.

Seul l'avenir permettrait de connaître les intentions véritables de Desmarais. Entre-temps, celui-ci fit comprendre à tous qu'il n'était pas un imbécile. L'option qu'il avait prise auprès de la Caisse de dépôt lui donnait le droit d'acheter 5,6 p. 100 des actions du CP à 54 dollars chacune, pour un montant total de 216 millions. Lorsque la date limite de levée de l'option arriva, les actions du CP ne valaient plus que 44 dollars à la suite d'une sévère correction qui avait fait fondre les cours de tous les titres cotés à la Bourse. Desmarais laissa par conséquent l'option expirer.

Malgré tout, les milieux politiques et financiers craignaient de voir Desmarais à la tête de Power et du CP: une telle concentration de pouvoir entre ses mains en inquiétait plusieurs. Cette inquiétude avait pris naissance au sein même du CP. Les dirigeants des deux sociétés entreprirent par conséquent des négociations afin de parvenir à un accord marquant l'arrêt des hostilités; ils signèrent un pacte de non-agression, qui limitait la participation de jouissance de Power dans le CP à 15 p. 100 jusqu'au 31 décembre 1991. Toutefois, si un autre acheteur réussissait d'ici là à obtenir 15 p. 100 ou plus des actions du CP, Power serait libérée de son obligation et pourrait acquérir autant d'actions qu'elle le désirait. «De jouissance» faisait allusion à toute participation dans le CP par le biais de filiales sur lesquelles Power aurait pu exercer une influence déterminante.

L'accord fut conclu le 31 décembre 1981. Dans un prospectus préliminaire daté de janvier 1982 (l'un de ces prospectus d'information exigés par la Loi sur les valeurs mobilières avant toute nouvelle émission d'actions), le CP dévoilait que Power, en plus de détenir une participation directe de 4,4 p. 100 dans cette société, détenait aussi une participation indirecte de 6,7 p. 100 par l'intermédiaire de ses filiales. Les porte-parole de Power ne manquèrent cependant pas de préciser que, dans ce dernier cas, les actions étaient détenues en fidéicommis par le Montréal Trust et par La Great-West. Power n'avait aucune influence sur les droits de vote rattachés à ces actions et elle avait donc pleinement l'intention d'acheter d'autres actions du CP conformément aux termes de l'entente conclue.

Cet accord remettait de toute évidence en question l'idée même que les dirigeants du CP aient demandé l'aide de Desmarais dans le but de contrer une offre d'achat non sollicitée. En fait, si Cemp Investments s'était portée à l'assaut du CP, il est peu probable que Desmarais eût accepté de jouer les preux chevaliers. Paul Desmarais et Charles Bronfman sont en effet des associés et des amis personnels; Bronfman siège au conseil d'administration de Power et Desmarais au conseil de Cemp. Tous deux seraient mal venus de se faire la lutte. Desmarais avait par ailleurs acheté ses actions du CP d'une filiale de Cemp, ce qui démontre bien qu'il n'avait pas l'intention de bloquer une tentative de mainmise de la part des

Bronfman. Cela n'exclut toutefois pas la possibilité que Desmarais soit intervenu dans le but de barrer la route à d'autres acheteurs jugés indésirables.

Compte tenu de l'état des finances du CP, il est par ailleurs douteux que Desmarais y ait investi dans le seul but de faire un placement rentable. Peu après que celui-ci eut acheté ses actions du CP, leur cours fit une chute parce que de trop nombreuses divisions du CP éprouvaient des difficultés. Après avoir bien réussi durant la période d'inflation des années 70, principalement dans le secteur des ressources naturelles, elles étaient plutôt mal en point depuis 1981, alors que l'économie traversait une période déflationniste.

Après avoir terminé son opération de reconnaissance, Desmarais dut admettre que, même s'il était théoriquement possible à un seul homme de mettre la main sur le CP, le jeu n'en valait pas la chandelle. Même en procédant à la reconversion des avoirs du CP, le coût de la réorganisation serait trop élevé. Desmarais découvrit par ailleurs que le poste de président du conseil du CP devait être occupé par quelqu'un de l'intérieur de la compagnie. En effet, le CP est si gigantesque et sa culture d'entreprise en imprègne à un point tel tous les rouages qu'un étranger serait incapable de lui imposer sa volonté.

Il valait mieux vendre les intérêts que Power détenait dans le CP, mais il n'était pas question de subir l'énorme perte provoquée par la baisse du cours des actions. C'est pourquoi Desmarais n'en disposa pas avant 1984, année où leur cours avait suffisamment rebondi pour lui permettre de récupérer sa mise, frais de courtage et de garde compris. Comme un observateur le fit remarquer, si Desmarais s'était attaqué au CP dans les années 70, il aurait réussi la transaction du siècle. Dans les années 80, la meilleure chose à faire consistait à se tenir le plus loin possible des actions du CP.

Desmarais n'acheta jamais plus de 4,4 p. 100 des actions du CP. Dès qu'il eut constaté que le jeu n'en valait pas la chandelle, il s'empressa de laisser le dossier en suspens. Il n'était pas dans ses habitudes d'agir avec tant d'empressement, mais une situation plus urgente et plus délicate l'attendait. Le gouvernement français menaçait en effet de nationaliser Paribas.

285

NOTES

1. Il ne faudrait toutefois pas oublier que, en vertu de certaines dispositions de la Loi 101, les entreprises établies au Québec étaient désormais dans l'obligation de franciser leur raison sociale.

Dans le même ordre d'idée, on notera que la nature «bilingue» de la raison sociale de Power n'est qu'apparente. On voit mal en effet où se trouve le caractère français de l'expression «Power Corporation». D'une part, il faudrait lire «Corporation Power» si l'on avait voulu respecter la syntaxe française; d'autre part, employer le mot «corporation» à la place de «compagnie» ou de «société commerciale» équivaut à commettre un anglicisme sémantique, le mot «corporation» n'ayant pas en français le sens qu'il a en anglais. Quant au mot «power», dont l'emploi remonte, dans le cas présent, à l'époque où les fondateurs de Power Corporation investissaient dans des sociétés hydro-électriques (voir chapitre 7), il doit être pris dans le sens de «courant électrique» ou d'«énergie». De sorte qu'une traduction élégante et exacte de «Power Corporation of Canada» donnerait «Société d'énergie du Canada».

Mais Power a tellement diversifié ses activités et étendu son empire sous la tutelle de Paul Desmarais que pareille raison sociale n'aurait guère de signification de nos jours. *(N.D.T.)*

2. *Globe and Mail,* 11 août 1981, p. B-1.

3. Ibid.

4. Ibid.

CHAPITRE 15

L'affaire Paribas

Les événements qui se déroulèrent en France en 1981 et pendant une partie de 1982 présentèrent un intérêt tout particulier pour Paul Desmarais. Au cours de cette période mouvementée, celui-ci prit en effet part à une partie d'échecs qui se jouait, à l'échelle internationale, entre de puissants adversaires du domaine politique et des affaires.

La victoire de François Mitterrand (le leader du Parti socialiste français) aux élections de mai, sur le président sortant Valéry Giscard D'Estaing, déclencha une série d'événements qui se déroulèrent tout autant en coulisses que sur la place publique. C'était la première fois en 23 ans que la France se donnait un chef d'État socialiste et cette situation ne manqua pas de préoccuper les riches et les puissants.

En vertu de la constitution française, le président est le chef de l'État. Le Premier ministre, nommé à la tête du gouvernement par le président, est issu de la formation politique qui possède la majorité au parlement. Tous deux choisissent les membres du cabinet parmi les parlementaires. En théorie, le président décide de la politique du pays et le Premier ministre se charge de son application. On assiste donc à une division du pouvoir exécutif qui n'a pas cours aux États-

287

Unis, où le président est à la fois chef d'État et chef du gouvernement.

En fait, le président et le Premier ministre français jouissent tous deux d'énormément de pouvoir et d'influence, pour peu que les législateurs approuvent leurs politiques. S'ils appartiennent à la même formation politique et oeuvrent dans la même direction, leurs pouvoirs s'en trouvent décuplés. Par contre, s'ils sont incapables de s'entendre, ils peuvent paralyser le pays, ce qui ne fait qu'ajouter à la nature byzantine de la politique française.

Le président est élu lors des élections présidentielles et, sauf exception, il ne peut être amené à démissionner avant l'expiration de son mandat, d'une durée de sept ans. Le Premier ministre et son cabinet, qui forment le pouvoir exécutif, sont par contre élus lors des élections parlementaires; leur mandat est d'une durée de cinq ans. Choisis parmi les membres du parti ou de la coalition qui a la majorité des sièges, ils n'ont de pouvoir que tant qu'ils sont en poste. Ils peuvent en effet être forcés de démissionner par suite d'un vote de non-confiance du parlement. En pareil cas, ils conservent néanmoins leur siège de députés.

Ces détails sont importants dans la mesure où ils permettent de comprendre les luttes que Desmarais engagea à la suite de l'élection de François Mitterrand. En temps normal, l'élection d'un président socialiste n'aurait pas inquiété les nantis outre mesure; après tout, la constitution française veillait à assurer la division et l'équilibre des pouvoirs. Le président pouvait promettre des hausses de salaire, la nationalisation des industries et la redistribution des richesses comme bon lui semblait; tant que le Premier ministre, les ministres et l'assemblée législative ne traduisaient pas docilement ses voeux en projets de loi, il ne pouvait qu'émettre des lignes directrices générales.

Mais l'état peu reluisant de l'économie avait porté l'électorat français, traditionnellement de centre-droite, vers le centre-gauche. Les hommes politiques de droite, au pouvoir depuis les années 50, avaient été incapables de maîtriser l'inflation, qui se maintint dans les deux chiffres tout au long de la deuxième moitié des années 70; en 1981, elle se situait à 13,3 p. 100. Le coût de la vie était l'un des plus élevés du monde. Compte tenu du niveau relativement bas de leurs salaires, les Français ne parvenaient jamais à rattrapper l'inflation.

Une situation peu commune se produisit en 1981. Pour la deuxième fois seulement dans l'histoire de la Ve République, les élections présidentielles et législatives se déroulèrent la même année. L'élection de François Mitterrand avait provoqué des élections législatives anticipées et les partis de droite risquaient de perdre la majorité qui leur aurait permis de contrebalancer le pouvoir du président socialiste. Pis encore, une majorité socialiste, ou du moins une majorité de centre-gauche dominée par les socialistes, avait des chances de prendre le pouvoir. Le spectre d'une France gouvernée par un président et un premier ministre socialistes hantait désormais la haute bourgeoisie française!

L'annonce de la victoire de Mitterrand, le 10 mai 1981, sema la panique dans les rangs des magnats de la finance. Le lendemain, les marchés financiers étaient des plus actifs; les investisseurs désiraient vendre leurs titres au plus tôt pour éviter d'être expropriés par le gouvernement aux conditions édictées par lui.

On augmenta le nombre des douaniers afin de décourager les Français de sortir leur fortune en contrebande hors du pays, leur jeu favori après l'évasion fiscale. On intercepta bien un certain nombre de transferts de devises destinées à des comptes de banque en Suisse, mais l'exode massif des capitaux tant craint ne se produisit pas. Ceux que l'arrivée des socialistes au pouvoir avait réellement effrayés avaient depuis longtemps pris leurs précautions; persuadés que la politique économique de Valéry Giscard d'Estaing, le prédécesseur de Mitterrand, ne parviendrait pas à enrayer l'inflation et à préserver l'érosion des richesses, ils avaient commencé au milieu des années 70 à expédier leur avoir liquide hors du pays par le biais des banques de commerce faisant affaire à l'étranger.

La victoire des socialistes aux élections législatives donna raison à ceux qui avaient craint une telle éventualité. Assuré d'avoir un Premier ministre et une assemblée législative socialistes, Mitterrand avait les coudées franches pour aller de l'avant avec son projet de réforme de la société française. Il nomma comme Premier ministre Pierre Mauroy , un ardent socialiste et un fidèle supporteur. Mauroy avait fait campagne en promettant de nationaliser les deux principales banques françaises restées aux mains de l'entreprise privée: IndoSuez et Paribas. Selon lui, les activités internationales de ces banques privaient le pays de précieuses devises. Son programme comportait donc la nationalisation de ces deux banques et le rapatriement de leurs avoirs, même si leurs activités au pays et leur participation dans des sociétés industrielles françaises et européennes étaient loin d'être négligeables.

Plus doctrinaires que pragmatiques, les socialistes ne comprenaient pas ou feignaient de ne pas comprendre les complexités du système bancaire international et du fonctionnement de la Banque Paribas.

Paribas détenait des intérêts dans Volvo de Suède et Volvo détenait des intérêts dans Paribas. Paribas détenait des actions de Groupe Frère Bourgeois de Belgique et ce dernier détenait des actions de Paribas. La même chose s'appliquait à Power Corporation du Canada, à S. G. Warburg (une banque de commerce américaine) et à Becker Group (une banque de commerce britannique). Ces deux dernières avaient fondé avec Paribas une banque d'affaires internationale appelée Warburg-Paribas-Becker.

Dans le lexique des affaires, les bons gouvernements sont ceux qui ne se mêlent pas des activités des entreprises à moins d'y avoir été invités par celles-ci. Idéalement, ces bons gouvernements laissent aux gens d'affaires le temps de s'adapter aux nouvelles législations et de régler eux-mêmes leurs problèmes, sauf si les gens d'affaires souhaitent expressément l'aide financière et l'intervention du gouvernement. Selon cette conception, les gouvernements ont uniquement pour fonction de créer un climat propice à la prospérité des entreprises.

Tel est l'idéal. Dans la pratique cependant, un gouvernement qui intervient dans les affaires des entreprises doit justifier son geste devant l'électorat. Aussi les hommes politiques prétendent-ils souvent agir au nom du bien commun. Malheureusement, ce que les politiciens et les bureaucrates qualifient de bien commun n'est pas toujours bon pour les affaires. À l'inverse, ce qui est bon pour les affaires ne l'est pas nécessairement pour la collectivité. En affaires, il importe habituellement qu'une seule personne prenne les décisions et dirige l'action; c'est rarement le cas en politique, où les politiciens ont des comptes à rendre à des milliers et même à des millions d'électeurs.

Les partenaires de Paribas n'avaient pour leur part de comptes à rendre qu'à eux-mêmes, à leurs conseils d'administration et à leurs actionnaires. En plus d'être puissants et maîtres absolus de leurs fiefs économiques respectifs, ils étaient dans leur droit. Ils étaient prêts à faire des affaires avec le gouvernement, mais certainement pas à devenir ses associés.

«Nous ne resterons pas partenaire d'une compagnie rachetée par quelque gouvernement que ce soit», affirma Ira T. Wender, le président du conseil de S. G. Warburg, la quatrième banque de commerce en importance aux États-Unis, lorsqu'il fut question de la nationalisation de Paribas. Wender avait toutes les raisons du monde de s'inquiéter. Paribas détenait une participation directe de 20 p. 100 dans Warburg, ainsi qu'une participation indirecte de 20 p. 100 par le biais de Becker Group, une banque d'affaires britannique détenue à 27 p. 100 par Paribas. «Il n'y a rien de mal à faire des affaires avec un gouvernement étranger, mais vous n'en faites pas votre partenaire[1]», ajouta Wender sans équivoque.

Outre Paul Desmarais, le personnage le plus éminent du groupe se nommait Albert Frère; à peu près du même âge que Desmarais, il en était l'équivalent belge. Issu de la petite bourgeoisie de Charleroi, le bassin sidérurgique de la Belgique, Frère débuta en affaires en reprenant de son père, à la fin des années 40, une petite manufacture de chaînes d'acier. Il se découvrit rapidement des talents de négociateur; il fit bientôt l'acquisition de sa première aciérie, une entreprise qui éprouvait des difficultés financières, et il la remit sur pied.

En 1960, Frère acquit une importante aciérie de Charleroi et devint bientôt le pivot de toute l'industrie sidérurgique du pays. Grâce à la capacité de production de ses usines et à l'importance de sa société d'exportation, il devint par ailleurs rapidement l'un des principaux intervenants de l'industrie européenne de l'acier. À la fin des années 70, Frère avait créé une compagnie sous l'égide de laquelle presque toute l'industrie belge de l'acier fut réorganisée. Dans une manoeuvre habile, il vendit alors le tout au gouvernement belge avec un profit substantiel, malgré l'importante chute du prix de l'acier due à un surplus de production à l'échelle mondiale. Une fois ses bénéfices en poche, Frère demeura à la tête de sa compagnie d'exportation et, en vertu de l'accord conclu avec le gouvernement, il devint agent de vente pour la région de Charleroi, recevant une commission fixe pour chaque tonne d'acier vendue, quel que fût le prix de l'acier.

Non satisfait de ces résultats, Frère se lança dans la carrière de financier. Par le biais d'une société appelée Établissements Frère-Bourgeois, une filiale du Groupe Frère-Bourgeois de Charleroi, Frère avait comme objectif l'acquisition du Groupe Bruxelles Lambert (GBL), une des plus importantes sociétés privées de portefeuille de Belgique, avec des intérêts diversifiés dans des secteurs industriels et commerciaux à l'échelle internationale, dont l'immobilier, le courtage en valeurs mobilières, l'industrie bancaire, pétrolière et manufacturière.

Il s'agissait d'un cas classique de lutte entre la vieille garde et la relève. GBL avait été fondée en 1953 par le baron belge Léon Lambert, diplômé d'un lycée américain et de l'Université Yale. Il faisait partie de la troisième génération d'une famille de banquiers apparentée par les liens du mariage aux légendaires Rothschild de Paris. À son retour de Yale en 1949, le baron, alors âgé de vingt et un ans, reprit la Banque Lambert, dont les activités avaient considérablement ralenti depuis la mort de son père en 1933. Il réorganisa l'entreprise et lui imprima un style de gestion à l'américaine, ce qui désarçonna la communauté d'affaires sclérosée de Belgique. En 1949, la Banque Lambert disposait de l'équivalent de cinq millions de dollars américains en dépôts. En 1971, cette somme était passée à 700 millions de dollars américains et la banque était devenue la quatrième en importance au pays. GBL était pour sa part devenue une société évaluée à 900 millions de dollars américains, et les avoirs des sociétés placées sous sa tutelle valaient plusieurs fois ce montant.

Lorsque Frère fit son entrée en scène en 1981, le Groupe Bruxelles Lambert[2] avait besoin d'un second souffle et d'une stratégie de développement adaptée à la conjoncture moderne. Le conseil d'administration de GBL, constitué de vieux aristocrates et hommes d'affaires belges, était aussi sclérosé que l'était l'industrie bancaire au moment où Léon Lambert avait bousculé les règles du jeu dans les années 50.

On refusa à Frère un siège au conseil d'administration, même s'il détenait assez d'actions de GBL pour y avoir droit. Il continua donc à exercer des pressions sur le conseil et, par le biais d'achats d'actions et de diverses tractations, il récolta suffisamment de procurations pour se faire élire au conseil d'administration et devenir le directeur général de GBL.

Sa première tâche fut de rationaliser les activités de GBL. À cette fin, il regroupa les avoirs en cinq secteurs, à savoir les services financiers, l'industrie des médias et de l'audio-visuel, l'énergie, l'immobilier et les transports. Il investit dans la filiale belge de Paribas, Cobepa (Compagnie Belgique Participations), la troisième institution bancaire de Belgique, et il s'associa à elle dans diverses entreprises.

Tout comme Desmarais, Frère n'était pas le genre d'homme à assister sans réagir à la nationalisation de Paribas. Même si les actionnaires allaient être dédommagés, ils n'obtiendraient jamais l'équivalent des prix du marché. Les gens d'affaires détestent voir les gouvernements décider de la valeur de leurs avoirs et il leur répugnait, dans le cas présent, d'avoir à négocier avec le gouvernement français.

Mitterrand avait adopté une position claire sur la question, mais elle était jugée trop étroite et trop dogmatique pour un homme que tous considéraient par ailleurs comme l'un des hommes politiques les plus articulés d'Europe. Pour les socialistes, les avoirs déposés dans les succursales de Paribas à l'étranger équivalaient à un exode des capitaux et à une façon pour les riches et les puissants d'éviter toute forme d'imposition. Même si cet argent ne représentait qu'une infime partie des capitaux français à l'étranger, les socialistes entendaient démontrer le sérieux de leurs intentions lorsqu'ils pré-

293

tendaient assurer le rétablissement de l'économie et une meilleure répartition des richesses. Malgré son peu d'importance sur le plan économique, la nationalisation des banques allait donc constituer un symbole important aux yeux des socialistes et de la société française.

Les avoirs de Paribas étaient évalués à plus de 45 milliards de dollars américains, et la moitié de cette somme environ était placée à l'étranger dans diverses compagnies dont la banque était directement propriétaire ou auxquelles elle était associée. Aux yeux des socialistes, cet argent était propriété française. En tout, l'équivalent de 30 à 50 milliards de dollars américains appartenant à la France se trouvaient à l'étranger et les socialistes étaient bien décidés à rapatrier cet argent afin de le réinvestir au pays et de stimuler l'économie. L'objectif des socialistes était «la récupération du patrimoine», selon les paroles mêmes de Mitterrand.

Mais si les socialistes considéraient les filiales et les placements de Paribas comme patrimoine national, ils s'attaquaient du même coup, aux yeux de Desmarais, de Frère, de Volvo, de Becker et des autres associés de Paribas, à la propriété privée — la leur.

Pierre Moussa, le président du conseil de Paribas, tenta de dissuader le gouvernement de mettre son plan à exécution. Pendant ce temps, il agissait en coulisse en vue de détacher les filiales suisse et belge de Paribas, qui dirigeaient les principales activités de la société à l'étranger. (Voir à la figure 18 les liens existant entre Paribas et ses filiales.) Moussa voulait ainsi protéger les partenaires étrangers de Paribas et ses avoirs à l'étranger de toute ingérence gouvernementale.

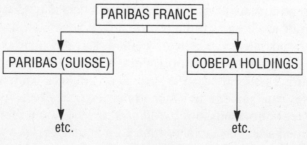

Figure 18

294

Surnommé «Arche de Noé», le plan d'urgence qu'il mit en place avait été conçu en 1978, au moment où l'électorat français commençait à se détacher de la droite, en prévision d'une éventuelle prise du pouvoir par les socialistes. Ce plan consistait simplement à couper les liens existant entre Paribas et ses filiales, de manière à réduire presque à néant la participation de Paribas dans celles-ci et à priver le gouvernement français de toute autorité sur leurs dirigeants. (Voir figure 19.) Le transfert de propriété s'effectuerait en vendant la participation de Paribas dans Paribas (Suisse) à Cobepa et la plus grande partie de la position de Paribas dans Cobepa à Paribas (Suisse).

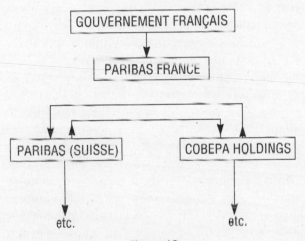

Figure 19

Le nombre d'actionnaires français, suisses et étrangers qui détenaient une participation dans Paribas (Suisse) était cependant fort élevé. Ceux-ci n'hésiteraient sans doute pas à vendre leurs actions, même au gouvernement français, si la prime s'avérait adéquate. Or, comme les socialistes se faisaient un point d'honneur de mettre la main sur Paribas, ils feraient fi des lois du marché et offriraient une prime généreuse pour conserver Paribas (Suisse) dès qu'ils réaliseraient que la mainmise sur les filiales de la banque leur échappait.

Aussi, même si Moussa conservait l'espoir de convaincre le

gouvernement de la folie que représentaient ses intentio ` quant à
Paribas, il autorisa celle-ci à transférer ses actions de ᴾaribas
(Suisse) à Cobepa et vice-versa. Presque aussitôt après l'é. ᵔction
du gouvernement, il avait en effet entrepris des négociations av ᵔc le
ministre des Finances Jacques Delors. Une série de malentenɗus
vint malheureusement compromettre ses efforts.

Moussa était membre de la fonction publique lorsqu'il fut
recruté par les socialistes au pouvoir au début des années 50. Il
oeuvra dans divers ministères en qualité d'intellectuel,
d'administrateur et de théoricien du socialisme. On lui doit un écrit
portant sur l'émergence des pays du Tiers-Monde nés après
l'écroulement de l'empire colonial français. Parmi les banquiers dont
les activités étaient menacées par les projets des socialistes, Pierre
Moussa était sans doute le seul susceptible d'approuver en esprit,
sinon dans les faits, l'idée de la nationalisation.

Dynamique et fonceur, Moussa possédait un style de gestion
qui s'apparentait davantage aux méthodes combatives des Américains qu'à la manière douce des Français. En tant que «banquier de
gauche», il suscitait l'étonnement de la communauté bancaire française aussi bien qu'internationale. Ce qui ne l'empêchait pas de voir
constamment à son affaire. En 1981, peu avant l'affaire Paribas, il
avait été nommé Banquier de l'année par le magazine *Institutional
Investor,* la bible des marchés monétaires internationaux. Il avait
bâti l'empire financier que les socialistes voulaient maintenant
exproprier et démanteler. Il s'était pris au jeu des financiers internationaux et, avec eux, avait édifié, à l'échelle mondiale, une société
bancaire puissante et diversifiée.

Moussa était persuadé que Delors, socialiste modéré et pragmatique, verrait la folie du projet de nationalisation, particulièrement
en prenant connaissance des liens internationaux que la banque
avait établis. Moussa consacra donc ses énergies à faire comprendre aux socialistes les implications juridiques de leurs intentions.

Fondées à l'étranger, toutes les filiales de Paribas étaient
assujetties aux lois de leurs pays hôtes. Parce que les lois régis-
sant les investissements, la propriété des banques aussi bien que le

transfert des devises et des richesses différaient d'un pays à l'autre, la nationalisation des filiales étrangères de Paribas serait au mieux irréalisable, au pire illégale. Leurs dirigeants s'opposeraient aux directives du gouvernement ou les ignoreraient carrément si elles contrevenaient aux lois en vigueur dans leurs pays hôtes. Non seulement le gouvernement français se retrouverait dans l'embarras, mais il s'ensuivrait probablement une baisse des cours des actions de ces sociétés. La stabilité même du système bancaire et monétaire international s'en trouverait menacée.

Jusqu'à la fin Moussa espéra sauver la situation sans avoir recours à son plan d'urgence. Il recommanda au gouvernement de mettre sur pied trois sociétés Paribas (une pour les opérations au pays et deux pour les opérations étrangères) et de ne pas toucher aux liens internationaux déjà établis. Les actions de Paribas détenues par les investisseurs étrangers (Power, Frère, Volvo, etc.) seraient échangées contre des actions des deux sociétés qui détiendraient les placements de Paribas à l'étranger.

Entre-temps, Desmarais, Frère et André de Pfyffer, secrétaire général de Volvo à Genève, préparaient la seconde étape de ce qui allait devenir «l'affaire Paribas». Dirigée par de Pfyffer, une obscure compagnie dont le siège social était à Genève, Pargesa Holding[3], devint du jour au lendemain un géant armé de liquidités et avide d'acquisitions. Comme le confirme la suite de cette affaire, les dirigeants de Pargesa furent plus astucieux que tous les politiciens de droite et socialistes de France réunis. Fondée à la fin de 1980, aux tout premiers jours de la campagne présidentielle, Pargesa avait eu pour prédécesseur Marchés Commerciaux de Genève (qui ne fit que changer son nom pour Pargesa).

À la fin d'août, de Pfyffer, un citoyen suisse membre du conseil d'administration de Paribas (Suisse), prit la tête de Pargesa. Le conseil de Pargesa fut constitué selon les lois en vigueur en Suisse, qui exigent que la majorité des membres d'une société constituée au pays soient d'origine suisse. Deux autres citoyens suisses furent donc élus au conseil, dont un ancien membre du conseil de Paribas (Suisse), ainsi qu'Albert Frère et Paul Desmarais.

Entre-temps, Moussa poursuivait ses pourparlers avec les

socialistes. À la fin d'août, il avait persuadé Delors du bien-fondé de ses recommandations. Il ne restait plus à Delors qu'à convaincre ses collègues plus doctrinaires du cabinet. Sa tentative échoua. Au début de septembre, Pierre Mauroy annonça qu'un projet de loi serait soumis à l'Assemblée nationale en vue de nationaliser les banques Paribas et IndoSuez, de même que 36 autres banques de moindre importance et une poignée de sociétés industrielles.

Le plan «Arche de Noé» entra dans sa deuxième phase, mais à un rythme plus lent que prévu; on surveillait en effet de près l'évolution du projet de loi apparaissant au menu législatif. Le gouvernement avait fait siens les arguments de Moussa selon lesquels les lois des pays étrangers rendraient difficile la nationalisation des filiales de Paribas. Tenant compte de ces difficultés éventuelles, le projet de loi octroyait de très grands pouvoirs discrétionnaires au gouvernement. Les filiales et les partenaires de Paribas avaient donc encore des chances d'échapper à la voracité du gouvernement.

Les législateurs refusèrent cependant d'entériner pareil projet de loi, qui aurait laissé au gouvernement toute latitude pour définir les conditions de nationalisation. Le pouvoir législatif refusa à juste titre de céder ses prérogatives au pouvoir exécutif, car pareille procédure aurait pu être déclarée inconstitutionnelle si elle avait été contestée. Ce projet de loi avorta et fut remplacé par un autre qui prit force de loi et qui réglait dans les moindres détails la nationalisation des banques, ne laissant aucune place pour les cas spéciaux.

Pour les partenaires de Paribas, le moment était venu de passer à l'action. Le 8 octobre 1981, le capital autorisé de Pargesa fut porté à 280 millions de francs suisses (138,6 millions de dollars américains). Au même moment, on mit en place un système complexe d'échange d'actions. Pargesa remit 600 000 actions d'une valeur de 100 francs suisses chacune à ses associés et elle émit 220 000 actions au porteur d'une valeur de 1 000 francs chacune pour fins d'échange.

Paribas fit ensuite annoncer à pleines pages dans les principaux journaux suisses qu'elle était en pleine croissance et désirait acquérir des actions de Paribas (Suisse) d'une valeur de 400 francs chacune. Paribas offrait 5 actions de Pargesa valant 5 000 francs contre 11 actions de Paribas (Suisse) valant 4 400 francs, ce qui équivalait à une prime de 12 p. 100.

Pargesa offrit également aux détenteurs d'obligations convertibles — en actions de Paribas (Suisse) — émises par Paribas Suisse (Bahamas), une filiale de Paribas (Suisse), de les échanger contre des actions de Pargesa. Le conseil d'administration de Paribas (Suisse), dont Moussa était membre, de même que de Pfyffer et Gérard Eskenazi, vice-président et directeur général de Paribas France, recommanda aux actionnaires d'accepter l'offre.

Le gouvernement français ne réagit pas, car personne ne savait, avant la présentation du projet de loi sur la nationalisation, que Moussa avait autorisé Paribas (Suisse) et Cobepa à acquérir la direction l'une de l'autre. Pour le gouvernement, tout se déroulait normalement mais, dans les faits, Paribas France n'avait plus de pouvoir sur Paribas (Suisse).

Les deux offres expiraient le 26 octobre 1981, mais, dès le 22 octobre, les participations de 20 p. 100 de Warburg et de 20 p. 100 de Cobepa dans Paribas (Suisse) revenaient presque entièrement à Pargesa. Les actionnaires publics répondirent avec autant d'empressement et remirent assez d'actions et d'obligations pour permettre à Pargesa d'avoir la mainmise sur Paribas (Suisse). Le lendemain, Pargesa était cotée à la Bourse de Genève, et le cours de ses actions monta immédiatement à 1 035 francs suisses. Le 30 octobre, de Pfyffer annonça que 924 000 actions de Paribas (Suisse) avaient été échangées contre des actions de Pargesa. Afin de faire face à ses obligations, celle-ci dut par la suite porter son capital autorisé à 700 millions de francs suisses (346,5 millions de dollars américains) en émettant 420 000 nouvelles actions au porteur (tout en augmentant dans une même proportion le nombre de ses actions à 100 francs). Elle détenait désormais une participation majoritaire de 52,3 p. 100 dans Paribas (Suisse) et il lui restait encore à convertir les obligations de cette dernière. On retrouvera le tableau définitif de l'opération à la figure 20.

Le gouvernement se retrouvait échec et mat. Il ne lui restait plus qu'à maudire publiquement les misérables qui avaient monté le coup et à promettre que justice serait faite.

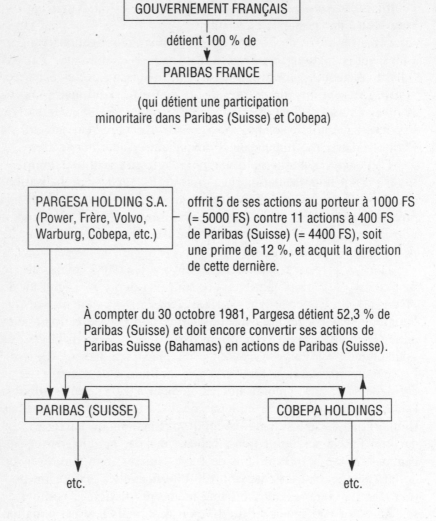

GOUVERNEMENT FRANÇAIS

détient 100 % de

PARIBAS FRANCE

(qui détient une participation
minoritaire dans Paribas (Suisse) et Cobepa)

PARGESA HOLDING S.A.
(Power, Frère, Volvo,
Warburg, Cobepa, etc.)

offrit 5 de ses actions au porteur à 1000 FS
(= 5000 FS) contre 11 actions à 400 FS
de Paribas (Suisse) (= 4400 FS), soit
une prime de 12 %, et acquit la direction
de cette dernière.

À compter du 30 octobre 1981, Pargesa détient 52,3 % de
Paribas (Suisse) et doit encore convertir ses actions de
Paribas Suisse (Bahamas) en actions de Paribas (Suisse).

PARIBAS (SUISSE)

COBEPA HOLDINGS

etc.

etc.

Figure 20

300

Mais les invectives publiques ne parvinrent pas à dissimuler les faits: les hommes d'affaires avaient gagné la partie et Paul Desmarais était au nombre des quatre associés qui dirigeaient Pargesa; la loi avait été respectée à la lettre dans trois pays, à savoir la Belgique, la France et la Suisse; le gouvernement français ne disposait d'aucun recours, sur le plan juridique, qui lui aurait permis de faire invalider le procédé employé ou le transfert des avoirs. Une fois la loi sur la nationalisation en vigueur, il ne lui restait plus qu'à accepter sa position minoritaire dans Paribas (Suisse) et Cobepa.

Le gouvernement tenta de prendre sa revanche du mieux qu'il put. Un jeune membre du cabinet, Laurent Fabius, reçut pour mission d'enquêter sur l'affaire Paribas et de punir les coupables. Même si, en vertu de la loi, il n'y avait aucune raison de poursuivre Moussa pour son rôle dans l'affaire, Fabius fit en sorte de lui rendre la vie difficile pour un certain temps.

Doué de pragmatisme en matière de châtiment, le gouvernement socialiste prit une douce revanche sur Moussa en accusant ce dernier de complicité dans un cas d'infraction à la loi du contrôle des changes. Paribas avait joué le rôle d'agent de transfert en faisant passer des pièces d'or à l'étranger pour le compte d'un riche client. Le client en question avait récupéré les pièces sous les lattes du plancher du château familial, où elles avaient été gardées à l'abri depuis 1934, et elles l'avaient précédé peu avant son départ de France. Des messagers de Paribas avaient transporté les pièces à Edmonton (Alberta), où elles furent déposées dans les coffres de la Banque Continentale, dans laquelle Paribas et Power avaient toutes deux des intérêts.

On accusa Moussa d'imposture, d'hypocrisie et d'avoir cherché à détourner l'attention du public. La contrebande des richesses est presque devenue un sport national en France, tellement elle est pratique courante. Lorsqu'ils sont découverts, ses auteurs sont rarement poursuivis en justice. Ils négocient plutôt le montant d'impôt qu'ils doivent acquitter avec les officiers de la douane et poursuivent leur chemin.

À l'accusation de trafic de devises, le gouvernement ajouta une accusation de fraude. Durant le transfert de l'or, un employé de

301

Paribas avait en effet remplacé les précieuses pièces d'or (des pièces de collection qui valaient davantage que leur pesant d'or) par des pièces de moindre valeur. Le crime fut commis par un employé que Pierre Moussa, à titre de président du conseil de Paribas, n'avait sans doute jamais vu. Mais on se servit de ce prétexte pour l'attaquer et le discréditer. Après tout, le président d'une banque ne doit-il pas porter la responsabilité des actes de ses subalternes?

Mais, en vertu de la loi, un directeur d'entreprise ne peut être tenu responsable des crimes commis par ses employés à moins d'y avoir participé activement. Dans sa défense, Moussa allégua qu'il devait surveiller les activités d'une société aux ramifications internationales comprenant plus de 120 000 employés et qu'il ne pouvait en conséquence répondre des faits et gestes de la centaine d'employés du service dans lequel la fraude avait été commise. Il fut acquitté en avril 1984. L'affaire Paribas ne manqua pas de ternir l'image du nouveau gouvernement, qui fut taxé d'incompétence. En dépit de leurs promesses électorales, les socialistes ne purent par la suite endiguer la détérioration de l'économie, ce qui ne fit qu'accentuer l'image d'ineptie qui leur était désormais accolée. Moussa n'en perdit pas moins son poste ainsi que le droit de travailler pour Paribas et ses filiales, ou pour quelque banque française que ce fût.

Dans l'espoir de pouvoir à nouveau faire des affaires en France, les fondateurs de Pargesa entamèrent quant à eux des négociations afin de faire la paix avec le gouvernement français. Ils cédèrent une partie des avoirs des filiales de Paribas à la maison mère française, mais conservèrent la mainmise sur Pargesa et, à travers elle, sur d'importantes participations dans Paribas et ses filiales. L'une des conditions du «traité de paix» stipulait que Moussa ne pourrait jamais travailler pour l'une ou l'autre des compagnies affiliées à Pargesa.

D'une manière détournée, les principaux actionnaires de Pargesa prirent néanmoins soin des leurs. En 1982, Moussa travaillait dans l'ombre pour une maison privée de placement. En 1983, il refaisait surface à Londres à titre de président du conseil de Pallas Group, une société de gestion privée dont le siège social était situé au Luxembourg et qui était à la tête d'un groupe de sociétés financières. Parmi les principaux actionnaires de la société, on retrouvait Power Corporation et le Groupe Bruxelles Lambert. Au début de 1984, Pallas fit l'acquisition de Dillon Reed de Londres, la filiale britannique d'une vénérable maison de courtage dont le siège social était à New York. Moussa en fut nommé président du conseil d'administration.

Les socialistes prirent aussi leur revanche sur les auteurs de l'affaire Paribas. En 1984, le gouvernement français accorda pour la première fois une licence à un réseau privé de télévision. Jusque-là, les Français n'avaient eu droit qu'à la télévision d'État. À l'origine, il n'y avait eu qu'une seule chaîne française, destinée principalement à l'élite intellectuelle, et qui ne fonctionnait qu'une partie de la journée. Le système comprenait à présent trois chaînes, toutes gérées par l'État, chacune desservant un segment différent de la population. Leur mandat consistait à produire et à présenter des émissions qui répondaient à divers critères de bon goût et qui devaient empêcher la culture étrangère (à savoir américaine) d'empiéter sur la culture française.

La télévision privée faisait néanmoins concurrence à la télévision française, par le biais de signaux provenant de transmetteurs à haute puissance situés en Angleterre et en Belgique. Skychannel, une superstation internationale appartenant à Rupert Murdoch (le baron américain de la presse et du spectacle d'origine australienne), vint bientôt s'ajouter à la concurrence en retransmettant des émissions américaines via satellite vers l'Europe.

Pour maintenir la «pureté de la culture française», le gouvernement décida d'autoriser la création d'une station de télévision privée qui serait la propriété d'un exploitant indépendant. La course au permis était donc ouverte.

Radio-Télédiffusion Luxembourg (RTL), le réseau privé le plus important et le plus prospère de toute l'Europe, semblait le plus susceptible d'emporter le morceau. RTL avait déjà créé des émissions originales pour le marché européen, elle possédait l'expérience du doublage des émissions étrangères et entretenait des liens étroits avec la communauté internationale des télédiffuseurs. Elle pouvait donc acquérir, produire et téléviser une grande variété d'émissions de qualité.

Au nombre des postulants, on retrouvait des investisseurs français bien intentionnés mais sans expérience. La demande la moins susceptible de retenir l'attention provenait d'un magnat italien de la télévision privée, Silvio Berlusconi, dont la programmation contenait les pires éléments de la télévision américaine, sans aucune de ses rares qualités. Films américains doublés, séries télévisées américaines doublées (séries policières à forte dose de violence) et variétés légères (à forte dose de tenues légères) étaient le lot de ses émissions.

À la stupeur générale, Berlusconi obtint le permis de diffusion. Mais si on examine la liste des propriétaires de RTL, la décision ne surprend guère. RTL appartient en effet à La Compagnie Luxembourgeoise de Télédiffusion, détenue à 54,6 p. 100 par Audiofina de Belgique. Or, Électrafina de Belgique possède 15 p. 100 des actions d'Audiofina et le Groupe Bruxelles Lambert en possède 38 p. 100 en plus de détenir 26 p. 100 d'Électrafina. Par le biais de GBL, Paribas et Cobepa, toutes liées l'une à l'autre et à RTL, Pargesa avait donc une participation indirecte dans RTL[4].

Pargesa étant sous la coupe des hommes d'affaires à l'origine de l'affaire Paribas, le gouvernement socialiste, avec à sa tête le Premier ministre Laurent Fabius, venait de prendre sa revanche. Pargesa l'emportait néanmoins sur le gouvernement par la marque de 2 à 1.

NOTES

1. «How a Swiss Bank Escaped the Guillotine», *Euromoney*, décembre 1981, p. 47.

2. Il serait vain de chercher à connaître la valeur réelle de GBL en 1981. L'inflation a provoqué une telle dévaluation du franc belge entre 1971 et 1981 que les avoirs de GBL, estimés à 7 milliards de francs belges en 1981, équivaudraient à peine à 200 millions de dollars américains. Or, cette société a connu une croissance

annuelle de 3 à 15 p. 100 pendant les années 70. Elle est comparable par consé quent à une entreprise de plusieurs milliards de dollars.

3. En 1980, le capital de Pargesa Holding S.A. s'élevait à un million de francs suisses (495 000 dollars américains) et ses revenus étaient de 162 105 francs (80 250 dollars), pour un profit de 19 969 francs (9 886 dollars).

4. Dans un intéressant revirement de situation, le gouvernement de droite de Jacques Chirac, élu en 1985, a entrepris depuis un programme de privatisation. Parmi les compagnies mises en vente, on retrouvait Paribas, dont les actions furent d'abord offertes au public français avant d'être offertes aux investisseurs étrangers. Il y eut une telle demande de la part des investisseurs français qu'on renonça à émettre des actions à l'étranger. Les actions de Paribas se négocient à l'heure actuelle à la Bourse de Paris et il sera intéressant de voir qui réussira à obtenir une participation majoritaire dans celle-ci, qui demeure une des principales banques de France, et dont une des filiales américaines est fort active dans le domaine du financement de fusions et d'acquisitions de sociétés.

Au début de 1987, le gouvernement Chirac a aussi décidé de réviser le dossier de l'attribution du permis de télédiffusion à Berlusconi. Jugeant que ce permis avait été accordé dans un contexte de partialité malsaine, le gouvernement a décidé d'octroyer deux nouveaux permis. RTI n'a pas manqué de poser à nouveau sa candidature. Par ailleurs, une filiale française de Pargesa, Parfinance, détenait déjà 8 p. 100 de la Société Métropole, qui s'est vu octroyer récemment un permis pour la sixième chaîne.

TROISIÈME PARTIE

Conclusion

CHAPITRE 16

À suivre

Il est difficile de conclure un livre sur Paul Desmarais et sur Power Corporation, car leur histoire n'a pas de fin. Bien que Desmarais soit mortel, Power lui assure l'immortalité en constituant l'héritage qu'il lègue à ses descendants, qui pourront difficilement faire mieux que leur père.

Les Canadiens ne s'en rendent pas compte, mais Desmarais leur a beaucoup donné. Lui-même ne saisit sans doute pas toute la portée de ce qu'il a accompli. Il est un exemple pour tous les Canadiens. D'origine francophone, il utilise aussi bien l'anglais que le français dans sa vie personnelle et professionnelle et il est en mesure de se mouvoir d'un milieu culturel et linguistique à l'autre sans même y penser. Quand on songe à l'histoire du pays et aux espoirs (pour ne pas dire aux intentions) des Pères de la Confédération, il est l'incarnation même du Canadien modèle.

En affaires, il est unique dans la mesure où il a su acquérir et mettre en pratique une somme incroyable de connaissances. Il lui arrive bien sûr de se tromper, mais il sait tirer parti de ses erreurs, comme il l'a démontré entre 1981 et 1983, alors qu'il a su résoudre les difficultés auxquelles il a eu à faire face durant cette période troublée.

En 1981, il acquit non seulement une participation dans le Canadien Pacifique et dans Pargesa, mais il fit appel à de nouvelles techniques de financement. Cette année-là permit de mesurer le chemin que Desmarais avait parcouru depuis 1968, alors qu'il avait acquis Power.

Si on examine attentivement chacune de ces 13 années, on obtient l'image d'un homme d'affaires doté d'un haut degré de perspicacité, de ténacité, de pragmatisme et de motivation, capable d'entraîner les autres à sa suite; il savait ce qu'il voulait et il savait comment l'obtenir. Le plus remarquable, c'est qu'il a édifié son empire selon un plan préconçu, encore qu'il fît preuve de suffisamment de souplesse pour modifier ce plan en fonction des circonstances.

Desmarais fait penser à un général qui dresse un plan d'attaque. Après avoir défini ses objectifs et calculé le temps nécessaire à leur réalisation, compte tenu des ressources disponibles, il dirige les opérations sur le terrain et ajuste son tir en fonction des circonstances. Pareille façon de procéder permet au chef véritable de demeurer en alerte et d'anticiper les événements plutôt que d'y réagir.

Presque tout au long de sa carrière, Desmarais a su planifier et financer ses activités avec souplesse et imagination, ce qui lui a permis de prospérer, de devancer son époque et de définir de nouvelles règles du jeu des affaires. Il a parfois fait preuve de vision à court terme en ne songeant qu'aux profits immédiats, mais il a également su construire pour l'avenir. Il semble être partout et toucher à tout. Parfois il spécule ou il prend des risques inutiles mais, la plupart du temps, il donne l'impression d'être le seul maître de jeu.

Paul Desmarais est aussi un homme d'affaires rusé qui ne craint pas de livrer plusieurs batailles à la fois. À première vue, il n'est guère différent des autres hommes d'affaires canadiens prospères, à ce détail près qu'il agit sur une plus grande échelle. Les affaires étant ce qu'elles sont, peu importe à quel niveau elles se déroulent, les difficultés rencontrées et les principes en cause sont partout les mêmes. Desmarais dispose simplement de ressources humaines et financières dont la plupart d'entre nous ne disposerons jamais.

310

Ainsi, lorsqu'il fit l'acquisition de Power en 1968, cette dernière était à court de liquidités même si elle disposait de nombreux avoirs. Elle subissait par ailleurs des baisses de revenus prononcées et n'était plus qu'une source d'ennuis. Il fallait de toute urgence la mettre aux soins intensifs et la réorganiser de fond en comble afin d'assurer sa survie et de garantir sa prospérité future.

Desmarais réussit à renverser la situation, mais Power ne put jamais générer les fonds nécessaires au paiement des obligations et à l'expansion de l'empire. Sans doute aurait il pu mettre sa fortune personnelle à contribution, mais, cette fortune étant pour une large part composée d'actions de Power, cette dernière aurait dû servir de garantie de toute façon. En vertu du principe même de l'accumulation des richesses, il n'est par ailleurs pas souhaitable de mettre sa fortune personnelle en jeu.

Comme tout joueur de poker averti, Desmarais ne manque pas d'encaisser une portion de ses gains avant de poursuivre la partie. Il la dépose à l'abri afin de la laisser fructifier. Cette façon de faire représente le fondement même de la richesse. Par conséquent, chaque fois qu'il se met en frais de faire une acquisition, Desmarais utilise toujours de l'argent emprunté, se munit d'un lot d'actions de Power et de ses filiales toutes prêtes à être échangées et demande le concours de ses alliés. Il tient aussi compte des considérations fiscales et de tout autre facteur qui lui permet d'avoir en main le plus d'atouts possible. Il éprouve énormément de plaisir et de satisfaction à inventer divers stratagèmes qui lui évitent d'avoir à payer ses achats comptant. Peut-être cela lui donne-t-il l'impression d'agir à sa guise et l'assurance de toujours pouvoir aller plus loin.

Lorsqu'il procède à des échanges d'actions, Desmarais rachète généralement les actions échangées. Il a aussi l'habitude de transférer la dette encourue lors de l'achat d'une compagnie à cette dernière, à moins que des considérations fiscales n'incitent Power à prendre la dette en charge. Les administrateurs de la nouvelle compagnie ont pour mot d'ordre d'effacer la dette le plus efficacement possible ou d'en transformer une partie en actif au moyen d'une émission d'actions privilégiées sans droit de vote. Desmarais ne manque pas non plus de retourner la politesse à ceux qui lui viennent en aide.

311

Il se contente au fond de contracter des dettes comme tout un chacun. Il achète une compagnie comme d'autres achètent une automobile à crédit, en s'engageant à payer par versements un certain montant fixé d'avance. La seule différence, c'est qu'il rembourse ses dettes à sa manière.

En 1981, Power avait une dette accumulée de 290 millions de dollars. Elle valait un peu plus de 932 millions et avait des revenus bruts de 121 millions[1]. Les dépenses affectées au service de la dette étaient raisonnables et payées à même les revenus bruts, mais elles étaient liées à un taux d'intérêt flottant. Aussi, lorsque le taux préférentiel des banques atteignit 19,29 p. 100 en moyenne en 1981, Power, comme toutes les compagnies canadiennes, dut verser énormément d'intérêts. Malgré sa taille et son importance, elle ne put obtenir de meilleur taux que 17 p. 100; il lui en coûta quelque 45 millions de dollars, soit une part appréciable de ses revenus. Toutefois, comme l'inflation se situait à 12,5 p. 100, les revenus étaient élevés en dépit de la flambée des taux d'intérêts.

Les pertes de revenus ne se firent véritablement sentir qu'au pire de la récession en 1982. La dette de Power se montait à 307,7 millions de dollars; le taux préférentiel atteignait la moyenne annuelle de 15,8 p. 100 et la compagnie, en dépit des taux privilégiés dont elle jouissait, devait encore verser près de 40 millions de dollars en intérêts.

Le ralentissement de l'économie eut un effet appréciable sur les revenus des filiales de Power. Les revenus bruts chutèrent de 39 p. 100, passant de 121 à 74,3 millions de dollars. Les revenus nets subirent une baisse encore plus dramatique. Une fois les coûts et frais d'exploitation enlevés, Power se retrouvait avec un revenu net de 44,8 millions, ce qui correspondait à une baisse de 50 p. 100 par rapport à l'année précédente. Les dividendes versés aux actionnaires passèrent à 1,71 dollar par action, alors qu'ils étaient de 3,41 dollars un an auparavant.

La récession fit mal à Power, mais elle ne lui porta pas de coup mortel. La compagnie était solide et solvable, et il en était de même de ses filiales. Comme beaucoup d'entreprises canadiennes, elle devait s'accommoder d'une dette trop élevée et d'une forte baisse de ses revenus. Avec une marge de manoeuvre aussi réduite et des liquidités quasi inexistantes, Desmarais ne pouvait ni se sortir de l'impasse ni réduire rapidement la dette de la compagnie sans suspendre le versement des dividendes. Une telle éventualité n'aurait pas manqué de semer la panique sur les marchés boursiers, accélérant la chute du cours des actions de Power, qui subissait déjà la baisse généralisée des marchés.

Power n'avait d'autre choix que de verser moins de dividendes à ses actionnaires tout en continuant à payer des intérêts élevés à ses créanciers. Mais si la récession devait se prolonger à ce rythme pendant trois ou quatre ans, Power aurait à faire face à une situation semblable à celle qu'elle avait connue dans les années 30, alors qu'elle était restée improductive pendant très longtemps. Il y avait même risque de voir effacés tous les gains réalisés depuis l'arrivée de Desmarais en 1968.

On peut se demander comment un homme aussi intelligent que Desmarais n'a pu voir venir les choses. La réponse est simplement que même lui n'est pas infaillible. Les forces économiques et politiques se conjuguant pour prendre tout le monde par surprise, il s'est trouvé coincé comme tous les autres capitalistes dans une situation confuse, sans compter qu'il en était à une étape de sa carrière où le succès aveuglait ses facultés.

Les difficultés survinrent lorsque le gouvernement Reagan prit des mesures afin de maîtriser l'inflation, qui s'élevait en 1980 à 13,6 p. 100 aux États-Unis. L'administration américaine fit grimper les taux d'intérêts à des sommets inégalés, de manière à mettre un frein à la demande de crédit. L'économie américaine s'arrêta net, de même que l'économie mondiale. Le système capitaliste connaissait sa pire crise des 30 dernières années.

La récession provoqua un ralentissement profond du commerce intérieur et extérieur de tous les pays touchés. Le marché pétrolier fut particulièrement affecté. La demande recula au moment même où l'offre s'accroissait par suite de l'exploitation de nouveaux champs pétrolifères, favorisée par la dernière hausse des prix du pétrole.

Les forces du marché provoquèrent une baisse dramatique des prix du pétrole, ce qui ne fit qu'ajouter à l'ampleur de la récession.

313

Personne ne savait quand elle s'arrêterait et jusqu'où elle étendrait ses ravages. Les gouvernements et les compagnies avaient accumulé des dettes énormes, persuadés qu'ils étaient que la montée des prix du pétrole continuerait d'alimenter l'inflation. Tous avaient misé sur cet espoir dans le but évident de rembourser des dettes devenues insignifiantes à cause de l'inflation; personne n'avait prévu une chute des prix du pétrole. Il n'existait donc aucun plan d'urgence pour parer à pareille éventualité.

Les effets de la crise se firent pour ainsi dire sentir du jour au lendemain et toute l'économie en souffrit. Même Desmarais, en dépit de ses «antennes» au sein de l'élite économique canadienne, ne s'attendait pas à un tel revirement de situation. S'il avait pu prévoir les conséquences de la politique de Ronald Reagan, il lui aurait quand même fallu un certain temps avant de pouvoir réduire la dette de près de 300 millions de dollars de Power.

Reagan avait pourtant lancé un avertissement à tous en promettant, lors de la campagne électorale qui le conduisit à la présidence des États-Unis, de maîtriser l'inflation. Mais personne ne le prit réellement au sérieux; personne n'imagina non plus qu'il allait prendre des mesures aussi draconiennes pour parvenir à ses fins.

Par ailleurs, à cause de ses succès personnels et de l'envergure de Power Corporation, Paul Desmarais n'était plus aussi alerte et dynamique qu'à l'époque où il était encore à la recherche du pouvoir. Il était maintenant un homme d'âge mûr, pondéré, au faîte de la gloire et du succès; il avait donc ralenti considérablement ses activités depuis qu'il avait assis sa fortune.

Les agences de publicité connaissent bien ce genre de situation. Habituées qu'elles sont à faire des études de marché et à élaborer des stratégies pour leurs clients, elles savent que ces derniers se font constamment concurrence dans le but de s'attirer l'attention, la fidélité et l'argent des consommateurs, de sorte que les stratégies de marketing sont souvent définies en termes militaires. Par exemple, on dit du leader dans son domaine qu'il est en position défensive, tandis que son principal concurrent est en position offensive. On dit par ailleurs des entreprises qui évitent d'entrer directement en concurrence avec le leader qu'elles se déplacent sur son flanc ou qu'elles lui contournent le flanc. Quant aux entreprises qui se battent pour des miettes, on dit qu'elles pratiquent la guérilla.

Dans sa longue marche vers le pouvoir, Desmarais a tour à tour occupé chacune de ces positions. Il a toutefois consciemment décidé de l'attitude à adopter en fonction des circonstances. Ainsi, lorsqu'il acquit de petites compagnies d'autobus du Québec et de l'Ontario, il faisait la guérilla, réalisant de modestes gains et évitant d'entrer en concurrence directe avec les leaders de l'industrie tels que Voyageur (jusqu'au jour où il acheta cette dernière), Travelways et Greyhound. À cette époque, il affrontait encore les réalités quotidiennes de ses entreprises.

Une fois à la tête de Transport Provincial, il constata qu'il ne pourrait étendre ses activités à l'extérieur du Québec et de l'Ontario sans affronter Greyhound. Il lui aurait alors fallu investir tous ses avoirs durement accumulés depuis 1950. Il décida donc de contourner non seulement Greyhound mais aussi toute la communauté financière sur le flanc en diversifiant ses activités et en faisant l'acquisition de Gelco et de L'Impériale. Tout en demeurant à la tête de l'industrie du transport au Québec, il devenait un nouveau challenger sur la scène québécoise des affaires.

Il se remit alors à pratiquer la guérilla à une plus haute échelle. Grâce à sa souplesse et à son agilité, il était en mesure d'anticiper les événements et d'agir rapidement. Son dynamisme, sa force de caractère et sa détermination lui permettaient de concentrer ses ressources et ses énergies afin de passer rapidement à l'action dans des buts précis.

Une fois à la tête de La Corporation de Valeurs Trans-Canada, Desmarais était en position de commande. Sous sa directive, ses employés et ses compagnies négociaient pour lui avec les clients. Il pouvait maintenant passer à l'offensive. Il possédait les ressources et la taille pour entrer directement en concurrence avec n'importe quelle compagnie d'importance, mais il n'eut pas besoin de le faire. Il était en fait dans une situation idéale.

Dans les années 60, le monde des affaires canadien était dirigé par une clique de vieilles connaissances qui étaient loin d'être des hommes d'affaires professionnels. Passablement rétrogrades, ils s'opposaient à tout changement et ils étaient incapables d'accepter l'évolution sociale qui s'était produite depuis les années 30. Pour un jeune homme qui s'était préparé à une carrière prestigieuse dans le domaine des affaires, ils étaient comme des cibles fixes.

Desmarais n'avait donc pas à employer de tactiques offensives coûteuses. Il lui suffisait de pratiquer la guérilla et de contourner ses concurrents sur le flanc, ne risquant chaque fois qu'une partie des gains qu'il avait accumulés. En agissant rapidement et en planifiant ses manoeuvres à l'avance, il empêchait ses concurrents de prédire ses mouvements. Il put ainsi s'infiltrer dans l'establishment canadien et en obtenir ce qu'il voulait.

Même lorsqu'il prit la tête de Power, il dut continuer à penser en homme vif et alerte, habitué à la guérilla, car il avait la tâche immense de redresser la situation de la compagnie et de consolider son pouvoir. Une fois devenu le maître incontesté de son domaine, il se laissa prendre au piège de la réussite et perdit sa mobilité de jadis. Lorsque les forces économiques l'assaillirent en 1981, il se trouva dans la position de celui qui doit défendre le fort.

Au lieu d'anticiper les événements, il se contentait d'y réagir. Comme tout le monde, il avait emprunté en pensant que le prix du pétrole continuerait de grimper; il avait commis l'erreur de suivre le marché de manière conventionnelle. Lorsqu'il tenta de mettre la main sur le Canadien Pacifique et qu'il participa à la mise sur pied de Pargesa, il semblait à nouveau en pleine possession de ses moyens. En réalité, il passa à l'action au moment où le cours des actions du CP était à son plus haut niveau, tout juste avant la dégringolade boursière provoquée par la récession. De même, la mise sur pied de Pargesa et le transfert des avoirs de Paribas (Suisse) survinrent en réaction à des événements extérieurs.

En fait, le succès avait aveuglé Desmarais au point de le rendre insouciant et de lui faire commettre des erreurs de calcul et de jugement. Sa principale erreur fut de ne pas respecter l'un des deux principes qui le guidèrent vers le succès: ne jamais cesser de prendre de l'expansion et ne pas craindre de s'adapter aux changements. Lorsque réunis et mis en pratique, ces deux principes permettent de conserver l'initiative en tout temps. Power et Desmarais s'en tinrent au premier de ces principes mais négligèrent d'observer le second.

Desmarais prouva néanmoins qu'il était encore capable de reprendre les choses en main. Tout au long de 1982 et de 1983, il dirigea Power comme en temps de crise, utilisant les ressources à leur maximum et réduisant les dépenses à leur minimum. Son personnel et lui planifièrent des opérations sur tous les fronts dans le but d'éliminer les dettes de Power et de lui procurer les liquidités qui lui permettraient de faire des acquisitions dès la fin de la récession.

Une fois passés les effets de la récession et aussitôt que les marchés financiers redonnèrent signe de vie, Power passa à l'action. De la fin de 1983 à l'été 1985, Desmarais élimina la dette de 300 millions de dollars de Power. À la fin de 1986, il avait de plus amassé 700 millions de dollars de capitaux. En d'autre termes, il avait rassemblé au total un million de dollars comptant grâce à une série de réorganisations internes qui donnèrent à Power une plus grande mainmise sur ses avoirs, comme le démontre une comparaison entre les avoirs de la compagnie en 1981 et ses avoirs en 1986. (Voir figures 21 et 22.)

L'argent provint de la vente de divers placements du portefeuille de Power, ainsi que de la vente d'une série d'émissions d'actions de Power et de ses filiales. De toute évidence, les dirigeants de Power ont agi en fonction des années à venir et restructuré la société en conséquence.

Power vendit tout d'abord pour la somme de 19,5 millions de dollars sa participation de 2,3 p. 100 dans Paribas. Ce placement avait été effectué en 1980, après que Paribas eut acquis en 1978 une participation dans Power. Cette façon de faire est pratique courante en Europe, où deux compagnies associées dans une entreprise conjointe détiennent chacune une partie des actions de l'autre.

Lorsque la nationalisation de Paribas eut lieu en 1982, le gouvernement français remit des obligations gouvernementales aux actionnaires touchés par cette mesure. Desmarais décida de les revendre à la Bourse de Paris et d'utiliser les fonds récoltés pour financer les investissements de Power dans Pargesa lors du remaniement de Paribas.

En 1983, Desmarais décida de simplifier sa comptabilité en liquidant deux de ses premières sociétés de gestion, La Corporation de Valeurs Trans-Canada et Shawinigan Industries, et en transférant leurs avoirs dans Power.

Le 23 avril 1984, il créait la Corporation Financière Power. Il s'agissait d'une décision importante, puisque cette société de gestion allait désormais abriter toutes les activités financières de Power. Les banques, les compagnies d'assurances et les sociétés de fonds communs de placement offriraient non seulement des services financiers intégrés, mais elles relèveraient d'une seule et même autorité centrale.

L'avenir dans ce domaine s'annonçait des plus prometteurs. La récession de 1981-1982 avait détruit plusieurs des illusions que certains entretenaient au sujet de leurs finances personnelles ou de celles de leurs entreprises. Les enfants du «baby-boom» étaient devenus des parents inquiets de l'avenir de leurs propres enfants. Ils disposaient de surplus de revenus qu'ils désiraient investir. Le choc de la récession les avait portés à réfléchir à l'avenir, à la vieillesse et à leur retraite éventuelle.

Après de nombreuses années de discussion à ce sujet, il semblait que le jour où des services financiers intégrés feraient leur apparition n'était plus très loin. Power Corporation donna donc naissance à Corporation Financière Power et lui transféra ses placements dans le Groupe Investors, La Great-West, Montréal Trustco et Pargesa. En échange, Power reçut toutes les actions de Financière Power plus des billets à ordre d'une valeur totale de 114,25 millions de dollars.

Power détenait donc la mainmise totale sur l'actif et les droits de vote de Financière Power. Deux jours plus tard, Power vendait 15 p. 100 de ses actions de Financière Power à la Caisse de dépôt et de placement du Québec contre la somme de 103,5 millions de dollars. Par la suite, elle en vendit encore 2,5 p. 100 à la Banque Royale et autant à la Banque de Nouvelle-Écosse contre la somme de 17,25 millions de dollars chaque fois, ce qui lui rapporta un total de 138 millions.

Desmarais venait pour ainsi dire de créer à partir de rien une

318

Power Corporation en 1981
(après la vente du Groupe CSL)

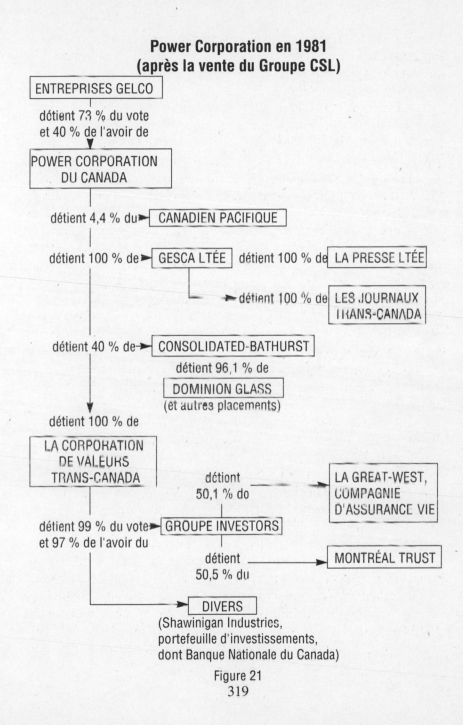

ENTREPRISES GELCO

détient 73 % du vote
et 40 % de l'avoir de

POWER CORPORATION
DU CANADA

détient 4,4 % du ➤ CANADIEN PACIFIQUE

détient 100 % de ➤ GESCA LTÉE   détient 100 % de LA PRESSE LTÉE

➤ détient 100 % de LES JOURNAUX
TRANS-CANADA

détient 40 % de ➤ CONSOLIDATED-BATHURST

détient 96,1 % de

DOMINION GLASS
(et autres placements)

détient 100 % de

LA CORPORATION
DE VALEURS
TRANS-CANADA

détient
50,1 % do   ➤ LA GREAT-WEST,
COMPAGNIE
D'ASSURANCE VIE

détient 99 % du vote ➤ GROUPE INVESTORS
et 97 % de l'avoir du

détient ——————— ➤ MONTRÉAL TRUST
50,5 % du

➤ DIVERS
(Shawinigan Industries,
portefeuille d'investissements,
dont Banque Nationale du Canada)

Figure 21
319

Power Corporation à la fin de 1986

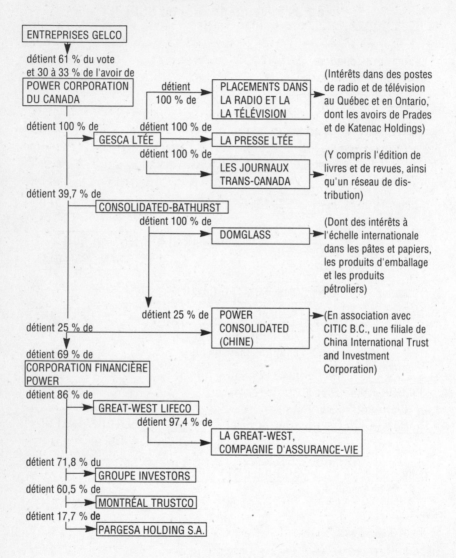

ENTREPRISES GELCO

détient 61 % du vote
et 30 à 33 % de l'avoir de

POWER CORPORATION DU CANADA — détient 100 % de → PLACEMENTS DANS LA RADIO ET LA LA TÉLÉVISION → (Intérêts dans des postes de radio et de télévision au Québec et en Ontario, dont les avoirs de Prades et de Katenac Holdings)

détient 100 % de — détient 100 % de

GESCA LTÉE → LA PRESSE LTÉE

détient 100 % de

LES JOURNAUX TRANS-CANADA → (Y compris l'édition de livres et de revues, ainsi qu'un réseau de distribution)

détient 39,7 % de

CONSOLIDATED-BATHURST

détient 100 % de

DOMGLASS → (Dont des intérêts à l'échelle internationale dans les pâtes et papiers, les produits d'emballage et les produits pétroliers)

détient 25 % de

détient 25 % de → POWER CONSOLIDATED (CHINE) → (En association avec CITIC B.C., une filiale de China International Trust and Investment Corporation)

détient 69 % de

CORPORATION FINANCIÈRE POWER

détient 86 % de

GREAT-WEST LIFECO

détient 97,4 % de

LA GREAT-WEST, COMPAGNIE D'ASSURANCE-VIE

détient 71,8 % du

GROUPE INVESTORS

détient 60,5 % de

MONTRÉAL TRUSTCO

détient 17,7 % de

PARGESA HOLDING S.A.

Figure 22

320

compagnie évaluée à 690 millions de dollars. La participation de Power dans Financière Power s'élevait à 80 p. 100, pour une valeur de 552 millions, auxquels il fallait ajouter les 114,25 millions des billets à ordre. Financière Power remboursa Power lors de la vente de ses actions et cette dernière utilisa aussitôt 100 millions pour réduire sa dette à quelque 200 millions de dollars.

Desmarais consacra le reste de l'année à consolider Financière Power et à susciter la collaboration de ses filiales nord-américaines, les incitant à se vendre des services l'une à l'autre partout où cela était autorisé par la loi. Une autre tâche l'attendait: susciter le même genre de collaboration entre les filiales de Financière Power et celles de Pargesa, dont le Groupe Bruxelles Lambert et sa société de placement de New York, Drexel Burnham Lambert.

En janvier 1985, Power vendit les 5,5 p. 100 d'actions qu'elle détenait dans la Banque Nationale du Canada pour la somme de 22,8 millions de dollars. Elle les avait acquises en 1981, alors qu'elle avait échangé des actions de Laurentide Financial Corporation acquises en 1979 lors de la fusion de Laurentide avec une filiale de la Banque Provinciale du Canada. Les actions, qui avaient été incorporées au portefeuille de Power, avaient donné de généreux dividendes.

Le produit de la vente ne fit pas long feu en regard de la dette de plus de 200 millions de dollars de Power, mais il fit disparaître une éventuelle source de conflit avec les commissions chargées de la réglementation de l'industrie financière. La participation de Power dans la banque aurait pu être considérée comme source de conflits d'intérêts, étant donné les investissements de Power dans le domaine de l'industrie financière par le biais de Financière Power. Les commissions de surveillance ne voyaient pas d'un bon oeil les investissements des compagnies industrielles dans des compagnies financières.

Elles s'inquiétaient de la possibilité de voir ces compagnies se prêter entre elles à des taux préférentiels. Desmarais se défit des actions de la Banque Nationale au moment où s'amorçait le débat public sur la question de la déréglementation de l'industrie financière.

Puis l'attention se porta sur les intentions de Power d'acquérir le Canadien Pacifique. Lorsque Desmarais avait acquis ses actions du CP en 1981, l'opposition de ses adversaires l'avait forcé d'accepter un compromis en vertu duquel il ne pouvait accumuler plus de 15 p. 100 des actions du CP en 10 ans. Toutefois, si un autre acheteur acquérait plus de 15 p. 100 des actions du CP, Desmarais serait libre d'en détenir autant qu'il le désirait.

Au début de 1985, la participation de la Caisse de dépôt dans le CP approchait les 15 p. 100 et la vieille question de savoir si Desmarais achèterait le CP ou non était à nouveau sur toutes les lèvres. Il répondit en juin de la même année en vendant sa participation dans le CP. La maison de courtage Gordon Capital acheta toutes les actions du CP détenues par Power et par Consolidated-Bathurst et les revendit sur le marché.

La transaction rapporta 218 795 500 dollars, dont 200 millions allèrent à Power, qui récupéra ainsi son placement initial dans le CP, y compris les frais de gestion et de courtage. Elle en profita pour rembourser aussitôt le reste de sa dette. Depuis, Power n'a jamais eu que des dettes à court terme.

Désormais, l'argent accumulé par Power à la suite de ventes d'avoirs ou d'émissions d'actions lui reviendrait en propre. Desmarais commença donc à accumuler des capitaux. De juin 1985 à la fin de 1986, Power amassa un total de 700 millions en liquidités à la suite d'émissions ou de ventes d'actions par Financière Power, le Montréal Trust et le Groupe Investors, et à la suite de la création d'une nouvelle société de gestion pour La Great-West.

À la même époque, Desmarais dépensa 97 millions dans l'espoir d'acquérir Télé-Métropole et 300 millions pour tenter de mettre la main sur Téléglobe Canada, la société d'État chargée des communications outre-mer. Il voulut également acquérir Domtar et Donohue, deux géants de l'industrie forestière et des produits d'emballage, dans le but de les fusionner avec Consolidated-Bathurst. Mais toutes deux avaient été acquises par la Caisse de dépôt pendant le règne du Parti québécois au début des années 80.

Les tentatives avortées de mainmise sur Télé-Métropole et sur Téléglobe empêchèrent Desmarais de remettre à ses fils une société Power entièrement remodelée. Desmarais désirait Télé-Métropole d'abord parce qu'il voyait dans cette société le coeur de Communications Power, une filiale qu'il espérait mettre sur pied. Il voulait y regrouper tous les placements que Power détenait dans le domaine des communications (quotidiens et hebdomadaires, publications, radio et télévision); la plupart de ces titres étaient présentement sous la tutelle de Gesca. Il aurait donc créé cette nouvelle compagnie de la même manière qu'il avait créé Financière Power. Il voyait déjà son plus jeune fils, André, vice-président en charge des placements de Power dans les communications, en assumer la direction générale, de la même manière que Paul, son autre fils, assumait déjà la direction générale de Financière Power.

La création d'une filiale de Power dans le domaine des communications, en plus d'assurer un fief à André Desmarais, lui permettrait de réaliser une bonne affaire. Les placements de Power dans ce domaine acquerraient plus de valeur parce qu'ils seraient regroupés et non plus éparpillés dans le portefeuille. Plusieurs de ces placements étaient trop petits pour intéresser des investisseurs, il en aurait donc coûté trop cher de les rendre publics séparément. Placés par contre sous la tutelle d'une société de gestion qui, elle, serait rendue publique, ils prendraient inévitablement de la valeur tout en permettant à Power d'obtenir des liquidités sans en perdre la direction.

Télé-Métropole jouait un rôle important en tant que producteur et distributeur d'émissions pour les 10 stations du réseau TVA. Ce seul aspect justifiait, aux yeux de Desmarais, son acquisition. Celui-ci aimait en effet élaborer des projets sur une grande échelle tout en agissant localement pour les réaliser.

Télé-Métropole (avec ses nombreuses stations affiliées) aurait pu constituer un partenaire idéal pour Radio-Télédiffusion Luxembourg (RTL), l'un des plus grands réseaux privés de télévision en Europe. Par le biais de Pargesa, Power détient une participation indirecte dans RTL, qui produit également des émissions en français et double des films étrangers en plus d'exporter ses produits dans différents pays francophones.

Télé-Métropole et RTL auraient pu s'échanger des émissions

et même s'associer dans des coproductions d'envergure internationale. Si RTL avait réussi à obtenir un permis de diffusion en France, le lien RTL - RTL France - Télé-Métropole aurait pu constituer la base d'un éventuel consortium de télévision, de cinéma et de vidéo francophone à l'échelle internationale.

Quant à Téléglobe, elle représentait plus qu'une compagnie rentable. Cette société d'État jouissait du monopole des télécommunications et de la transmission des données outre-mer. De ce fait, Téléglobe acheminait toutes les transactions effectuées par les entreprises canadiennes à l'étranger. En plus de constituer un apport important au portefeuille de Power, Téléglobe lui aurait procuré un moyen privilégié d'établir des communications entre ses filiales nord-américaines et européennes (via Paribas) du secteur financier.

Tous ne sont cependant pas de cet avis. Peut-être Desmarais désirait-il seulement acquérir une entreprise de télécommunications lucrative qui possédait un fort potentiel de croissance. Nous ne dépendons pas plus des communications que nos ancêtres, mais le flot d'informations qui circulent de nos jours est certainement plus intense qu'au siècle dernier. Les communications exigent de plus en plus d'efficacité et de rapidité. Téléglobe représente par conséquent un bon filon.

Certains pensent par ailleurs que Power voulait acquérir Téléglobe dans le seul but d'exercer des pressions sur Bell Canada, dont les services sont complémentaires à ceux de Téléglobe. Power aurait ainsi détenu un certain pouvoir de négociation advenant le cas où elle aurait manifesté le désir d'obtenir une participation dans Bell, une société qui a déclaré des bénéfices nets d'un milliard de dollars en 1985.

L'ironie du sort voulut que Power perdît ces deux batailles au moment où ses coffres étaient garnis et où elle procédait à d'importantes opérations, dont la principale avait pour but de doubler la taille du Montréal Trust. On souhaitait ainsi positionner avantageusement le Montréal Trust face aux autres institutions financières concurrentes.

Il en aurait coûté trop cher de construire de nouvelles succursales, de recruter et d'entraîner du nouveau personnel. Aussi les administrateurs du Montréal Trust, assistés des conseillers de Power, se mirent-ils à la recherche de succursales devenues inutiles pour la concurrence et qui disposaient de vastes devantures. On passa au peigne fin les institutions financières de moyenne importance. On jeta aussi un coup d'oeil du côté des banques canadiennes de moindre importance qui avaient dû fermer leurs portes ou fusionner par suite des nombreuses faillites ou quasi-faillites survenues durant les années 1984, 1985 et 1986; on comptait les acheter ou leur proposer de fusionner avec le Montréal Trust. Mais leurs dettes étaient trop élevées et risquaient même d'entraîner de sérieux problèmes.

Le Montréal Trust porta finalement son dévolu sur le Crédit Foncier, une filiale que la Banque d'Épargne cherchait à vendre depuis près d'un an parce qu'elle ne cadrait plus dans ses projets. La transaction fit passer l'actif du Montréal Trust de 3,27 milliards à 6,28 milliards de dollars et lui procura 22 succursales dotées de vastes devantures. Le Crédit Foncier disposait d'un bilan équilibré, de revenus solides et d'un portefeuille hypothécaire en santé, un atout important quand on sait que c'est le portefeuille immobilier qui est à l'origine de la plupart des difficultés que les institutions financières canadiennes ont connues depuis 1981.

Le Crédit Foncier fut rapidement intégré, et ses succursales affichèrent bientôt les couleurs vert et blanc du Montréal Trust. Il est à noter que la transaction fut conclue entre deux sociétés commerciales, sans intermédiaire. Dans le cas des offres d'achat de Télé-Métropole et de Téléglobe, c'est l'intervention d'organismes gouvernementaux qui avait permis à des entreprises de taille moyenne et en pleine expansion de faire l'acquisition de ces deux sociétés.

Si on considère les traditions du pays en matière d'accumulation des richesses, on constate que bon nombre de Canadiens se sont enrichis par leurs propres efforts après avoir reçu le mandat de le faire. La charte de la Terre de Rupert (accordée à la Compagnie de la Baie d'Hudson), les concessions accordées aux loyalistes qui édifièrent des fortunes familiales dans le sud-ouest de l'Ontario, les chartes et les droits de passage accordés aux compa-

325

gnies de chemin de fer, les chartes accordées aux banques, autant d'exemples qui démontrent comment le gouvernement a constamment aidé des groupes ou des individus à s'enrichir.

En accordant Téléglobe et Télé-Métropole à des groupes en pleine expansion, le pouvoir politique signifiait par là son intention de favoriser ces derniers. Se méfiant désormais des décisions politiques, Power retira son offre sur Domtar et sur Donohue. Elle craignait un refus de la part du nouveau gouvernement libéral du Québec, qui aurait pu considérer que Power était devenue trop gourmande.

Selon d'autres rumeurs, Power désirait s'approprier Vidéotron (qui avait fait l'acquisition de Télé-Métropole) et Memotec Industries (qui avait acheté Téléglobe). Avec Desmarais, tout est possible, en particulier l'imprévisible, surtout si le prix lui convient. Il importe désormais que le prix de ses achats lui paraisse raisonnable. Depuis qu'il s'est retrouvé avec des actions du CP surévaluées, il est devenu plus sensible à ce détail. S'il tient réellement à Téléglobe et à Télé-Métropole, il trouvera bien le moyen de les acquérir sans avoir à payer un prix exorbitant. Comme les deux achats seraient sujets à l'approbation du CRTC, il devrait toutefois s'ingénier à faire en sorte qu'un refus provoque un scandale national.

On rapporta aussi que Desmarais désirait acheter Unimédia, propriété de son ancien associé Jacques Francoeur. Cet achat aurait placé *Le Soleil* de Québec et *Le Droit* d'Ottawa sous la coupe de Power, de même que 30 hebdomadaires avec des revenus évalués à 250 millions de dollars[2]. On prétendit enfin que Desmarais était tenté par Sóquip (une société de distribution d'énergie appartenant au gouvernement du Québec) ou par une banque. Avec la baisse des prix du pétrole et du cours des actions des sociétés pétrolières, le moment était propice à un investissement massif dans une industrie appelée à connaître une reprise au cours des prochaines années.

Mais Power et Desmarais ont sans doute trop de chats à fouetter à l'étranger pour prêter attention à toutes ces rumeurs et suppositions. Il est en effet peu probable que Power réussisse de nouvelles acquisitions majeures au pays. Pour l'essentiel, le gâteau économique canadien est déjà distribué. À moins que les conglomérats existants ne se fragmentent ou puissent être avalés tout entiers, les principales sociétés canadiennes devront se satisfaire de leur part. Si elles veulent poursuivre leur croissance, elles devront suivre l'exemple de Paul Desmarais, de Robert Campeau et de quelques autres pionniers qui ont commencé à investir à l'extérieur du Canada.

Desmarais a mis de l'ordre dans ses affaires au Canada. Il a tout d'abord planifié sa succession, de manière à remettre à ses fils et à ses principaux conseillers une société libre de toute dette et bien structurée. Son fils André prendra éventuellement la tête de la division des communications et son fils Paul héritera de Financière Power et de Power Corporation. Il a également rendu la structure de Power compréhensible aux yeux du public investisseur, de façon à ce que le marché reflète le mieux possible la valeur réelle de la société et de ses filiales. Enfin, il peut se consacrer à ses intérêts à l'étranger en étant assuré de posséder derrière lui une structure solide pour l'appuyer dans ses démarches. Desmarais est désormais en mesure de jouer un rôle majeur à l'échelle de la planète. Il peut agir par le biais de Pargesa, dans laquelle il a augmenté la participation de Power à 17,2 p. 100 en 1987, après avoir obtenu l'approbation du gouvernement suisse. Il a aussi lancé une offensive personnelle en Union soviétique.

La raison d'un tel intérêt pour les affaires internationales est simple. Paul Desmarais est en bonne position pour influencer le cours de l'histoire: dans son nouveau rôle d'ambassadeur des entreprises, il sert d'intermédiaire entre le monde capitaliste et le monde communiste. Pendant ce temps, ses fils s'occupent de diriger Power comme il leur a appris à le faire. Ils ont pour mission de préserver la fortune familiale et de tenter de la faire fructifier, mais il est douteux qu'ils parviennent jamais à surpasser les réalisations de leur père. On dit d'eux qu'ils ne possèdent pas son désir de construire.

Ce que Desmarais fera des quelque 700 millions de dollars qui s'accumulent dans les coffres de Power et de ses filiales depuis l'été 1985 pourrait très bien marquer le couronnement de sa carrière. Les analystes financiers regardent d'un air soupçonneux cette fortune en liquidités, qui ne rapportera réellement que lorsqu'elle sera investie dans des titres à haut rendement ou utilisée pour mettre la main sur d'autres sociétés.

Desmarais dispose directement de cette fortune par le biais de Power et des conseils d'administration de ses filiales, et indirectement par le biais des sociétés placées sous la tutelle de Power. Cette richesse qui dort n'affecte pas de façon appréciable les revenus de Power puisqu'elle est répartie à tous les niveaux de l'empire et que les revenus d'intérêts sont de toute façon ajoutés aux autres revenus.

À quoi servira cet argent? On peut supposer en toute logique que Desmarais désire encore faire l'acquisition d'une société de gestion diversifiée. Pareille somme lui donnerait la souplesse et la mobilité tant désirées par les acquéreurs qui n'ont souvent que des billets à ordre, des obligations de troisième ordre ou des actions privilégiées à offrir.

Tous les chasseurs d'aubaines qui réussissent connaissent les vertus de l'argent. Celui-ci les place invariablement en position de force. S'ils jugent que leur offre est raisonnable, ils n'ont qu'à déposer l'argent comptant sur la table pour constater l'effet miraculeux qu'il produit sur le vendeur.

Si cette vérité a besoin d'être illustrée, il suffit de songer à la lutte que Robert Campeau mena pour acquérir Allied Stores aux États-Unis. Les analystes financiers n'arrivent toujours pas à concevoir que Campeau ait pu payer 4,5 milliards de dollars une entreprise qui valait au mieux 3,5 ou 4 milliards.

Campeau, à court de capital, finança l'opération en s'endettant auprès des banques, en émettant des obligations de troisième ordre et en signant des billets à ordre. Compte tenu des risques de la transaction, chaque intermédiaire chargé de lever les fonds nécessaires exigea des frais supplémentaires. Tous ces petits suppléments ne firent que majorer d'autant la note à payer.

Desmarais n'aura sûrement pas à subir le même sort. Où qu'il utilise sa fortune, il le fera sur une grande échelle et ses conquêtes ne manqueront ni d'intérêt ni d'envergure. Il se portera à l'assaut d'un nouveau royaume et l'intégrera à son empire, qui sera plus magnifique et plus puissant que jamais.

Desmarais n'ayant désormais plus rien à prouver à qui que ce soit en matière d'acquisitions, on pourrait croire que la fin de son règne approche. Mais tel n'est pas le cas. Chaque fois qu'il étend son empire, les territoires ainsi conquis constituent pour lui le point de départ vers de nouvelles aventures et de nouveaux projets de conquête. C'est pourquoi l'histoire de Paul Desmarais et de Power Corporation ne peut avoir de fin. Car même s'il ne l'atteindra jamais, Desmarais vise le pouvoir économique absolu. Et il ne cessera de chercher à étendre son empire qu'au moment de rendre son dernier souffle.

NOTES

1. La même année où Power vendit le Groupe CSL (l'ex-Canada Steamship Lines) pour 195 millions de dollars, elle acheta une participation dans le Canadien Pacifique au coût de 1/4 millions. À la fin de l'année, l'avoir total de Power s'était accru à 932 millions de dollars, de 807,5 millions qu'il était un an auparavant. Pourtant, son bilan ne faisait plus état des revenus consolidés du Groupe CSL. Le revenu brut de Power se montait à 384 millions en 1980, et le revenu net à 86 millions. Le revenu brut de 1981 s'élevait à 121 millions, ce qui reflétait la perte des revenus de CSL, et le revenu net passa à 87,8 millions, principalement parce que l'économie glissait lentement vers la récession.

2. Conrad Black et sa société Argus Corporation sont à nouveau venus hanter Paul Desmarais en mettant la main sur Unimédia au cours d'une récente transaction. (N D T.)

ANNEXE A

Aperçu du fonctionnement
d'une société par actions

Lorsqu'une société constituée désire réunir des fonds sans s'endetter, elle émet des actions de trésorerie à l'intention des investisseurs, qui deviennent ainsi copropriétaires de l'entreprise. S'il s'agit d'une émission privée, le nombre des éventuels actionnaires est limité par les lois sur les valeurs mobilières en vigueur dans la province où l'émission a lieu. Si le nombre d'actions offertes dépasse la limite permise, l'émission devient publique et la compagnie doit publier un prospectus expliquant en détail ses activités et ce que les administrateurs (dont les noms et les antécédents doivent être inclus dans le prospectus) entendent faire des fonds recueillis.

Dans le cas d'une émission publique, la compagnie vend généralement des actions ordinaires. Si elle désire acquérir de l'équipement ou de la machinerie, elle peut, par exemple, émettre un million d'actions ordinaires d'une valeur d'un dollar chacune, pour amasser la somme nécessaire à ces achats. Une fois vendues, les actions sont dites «en circulation».

En achetant des actions, les investisseurs espèrent que la

compagnie réalisera des profits. Comme ils sont copropriétaires de la compagnie, ils ont droit à une participation aux bénéfices qu'elle touche sous forme de dividendes. Ces dividendes représentent une partie des bénéfices nets de l'entreprise, l'autre partie étant conservée sous forme de réserves pour tout investissement futur. La responsabilité de l'investisseur étant limitée à la seule valeur des actions qu'il détient, il ne peut en aucun cas être poursuivi par les créanciers de la compagnie si jamais celle-ci fait faillite.

Chaque action ordinaire est assortie d'un droit de vote, c'est-à-dire d'un droit de regard dans les affaires de la compagnie, et comporte généralement un dividende, mais sans qu'il y ait de garantie à ce sujet. Le droit de vote équivaut à une forme de compensation pour les risques encourus, mais peu d'actionnaires se soucient réellement de ce privilège. Ils préfèrent recevoir des dividendes et voir la valeur de leurs actions s'accroître sur les marchés boursiers.

Pour les administrateurs, par contre, le droit de vote est crucial. Ce sont en effet les actionnaires qui élisent le conseil d'administration; celui-ci décide des orientations et de la planification à long terme de la compagnie, et il en désigne les cadres. Sans cette façon de procéder, des sociétés telles que le Canadien Pacifique verraient leurs activités paralysées chaque fois qu'une décision doit être prise. Le CP devrait en effet consulter plus de 70 000 actionnaires répartis sur trois continents...

Le conseil d'administration est autorisé par la loi à agir au nom des actionnaires. Il est élu par ces derniers, à raison d'un vote par siège à pourvoir et par action. Un actionnaire qui détient 50,1 p. 100 des droits de vote peut donc élire les administrateurs de son choix, ce qui lui confère la mainmise sur le conseil et sur la compagnie.

Tous les ans, les compagnies doivent obligatoirement tenir une assemblée des actionnaires, au cours de laquelle ceux-ci entendent le rapport des administrateurs sur la situation de la compagnie avant de décider par vote s'ils renouvellent ou non leur confiance aux membres du conseil. Faute d'en avoir le temps et les moyens, les petits actionnaires assistent rarement à ces assemblées annuelles. Ils votent par procuration et, généralement, ces votes échouent entre les mains des membres du conseil, qui les utilisent pour conserver leurs postes.

Si les actionnaires les y autorisent, les administrateurs peuvent émettre de nouvelles actions pour combler de nouveaux besoins financiers. Cela équivaut à imprimer de la monnaie, car, tout comme les billets de banque, les actions sont des billets à ordre, à cette différence près que les actionnaires sont copropriétaires de la compagnie alors que personne ne peut être copropriétaire du gouvernement! Il suffit de comparer la qualité du travail d'imprimerie dans le cas d'un certificat d'action et dans celui d'un billet de banque pour constater que les sociétés constituées jouissent de privilèges que ne connaît pas le commun des mortels.

Les compagnies peuvent émettre diverses catégories d'actions, comportant chacune différents privilèges et restrictions. Ainsi, les actions privilégiées ne comportent aucun droit de vote, mais leurs détenteurs sont généralement assurés de recevoir un dividende fixe. Une action privilégiée à 7 %, dont la valeur nominale est de 100 dollars, comporterait par conséquent un dividende de 7 dollars par année. En cas de faillite de la compagnie, les détenteurs d'actions privilégiées jouissent par ailleurs des mêmes droits que les créanciers détenant des garanties, ce qui explique qu'ils soient «actionnaires privilégiés». (Les actionnaires ordinaires n'ont pour leur part aucun recours.)

Émettre des actions privilégiées équivaut donc à emprunter de l'argent sans avoir à effectuer de versements mensuels. Le dividende correspond à l'intérêt et la valeur nominale de l'action correspond au capital. Le détenteur d'actions privilégiées est par ailleurs libre de les vendre au prix du marché ou de se faire rembourser, quand bon lui semble, par la compagnie, à un prix correspondant à leur valeur comptable à ce moment.

Les actions privilégiées participantes offrent quant à elles non seulement une participation aux profits mais un dividende fixe. Elles peuvent également être assorties d'un droit de vote. En fait, toutes les catégories d'actions peuvent être assorties d'un droit de vote si les actionnaires en décident ainsi.

La plupart des grandes sociétés par actions comportent les diverses catégories d'actions que nous venons de voir, réparties dans des proportions variables.

333

BIBLIOGRAPHIE

Ouvrages parus en français

Arnopoulos, S.M., *Hors du Québec point de salut?*, Montréal, Libre Expression, 1982.

Arnopoulos, S.M. et D. Clift, *Le fait anglais au Québec*, Montréal, Libre Expression, 1979.

Brealey, R. et S. Myers, *Principes de gestion financière des sociétés*, Montréal, McGraw-Hill, 1984.

Clift, D., *Le Déclin du nationalisme au Québec*, Montréal, Libre Expression, 1981.

Francis, D., *Le Monopole*, Montréal, Les Éditions de l'Homme, 1987.

Goldenberg, S., *C.P.*, Montréal, Les Éditions de l'Homme, 1984.

Institut canadien des valeurs mobilières, *Comment placer son argent dans des valeurs mobilières au Canada*, Montréal, 1984.

—— ——, *Le Placement: termes et définitions*, Montréal, 1976.

Keable, J., *L'Information sous influence*, Montréal, VLB Éditeur, 1985.

Lorimer, J., *La Cité des promoteurs*, Montréal, Boréal Express, 1981.

McDonald, L.I., *Mulroney*, Montréal, Les Éditions de l'Homme, 1984.

McQueen, R., *Les Banquiers canadiens*, Montréal, Libre Expression, 1985.

Newman, P.C., *L'Establishment canadien*, Montréal, Les Éditions de l'Homme, 1981.

Pelletier, G., *Les Années d'impatience, 1950-1960*, Montréal, Stanké, 1983.

Smith, A., *Recherche sur la nature et les causes de la richesse des nations*, Paris, Gallimard, 1976.

Sun Tzu, *L'Art de la guerre*, Paris, Flammarion, 1978.

Autres ouvrages de référence

Addey, K., *Napoleon*, Londres, Evergreen, 1983.

335

Andrews, K.R., *The Concept of Corporate Strategy,* Homewood, Ill., Richard D. Irwin, Inc., 1980.

Arnopoulos, S.M., *Voices from French Ontario,* Kingston, Ont., et Montréal, McGill-Queen's University Press, 1982.

Behiels, M.D., *Prelude to Quebec's Quiet Revolution: Liberalism versus Neo-nationalism, 1945-1960,* Kingston, Ont., et Montréal, McGill-Queen's University Press, 1985.

Berle, A.A. et G.C. Means, *The Modern Corporation and Private Property,* New York, Harcourt, Brace & World, Inc., 1932, édition révisée en 1960, 1965 et 1968.

Clement, W., *The Canadian Corporate Elite: An Analysis of Economic Power,* Toronto, McClelland and Stewart, 1975.

Clift, D., *Quebec Nationalism in Crisis,* Kingston, Ont., et Montréal, McGill-Queen's University Press, 1982.

Cobban, A., *A History of Modern France, Vol. 3: 1871-1962,* Middlesex, Angleterre, Penguin, 1979.

Cook, D., *Charles de Gaulle: A Biography,* New York, G.P. Putnam's Sons, 1983.

Dales, J.H., *Hydroelectricity and Industrial Development, Quebec, 1898-1940,* Cambridge, Mass., Harvard University Press, 1957.

Drucker, P., *Innovation and Entrepreneurship,* New York, Harper & Row, 1985.

Engel, L. et B. Boyd, *How to Buy Stocks,* New York, Bantam, 1983.

Francis, J.C., *Investments, Analysis and Management,* New York, McGraw-Hill Book Company, 1980.

Heilbroner, R.L., *The Worldly Philosophers,* New York, Simon & Schuster, 1980.

Jacobs, J., *Cities and the Wealth of Nations,* New York, Vintage, 1985.

Jaher, F.C., éd., *The Rich, the Well-born, and the Powerful — Elites and Upper Classes in History,* Chicago, University of Illinois Press, 1973.

Johnson, D.W. et F.P. Johnson, *Joining Together: Group Theory and Group Skills,* Englewood Cliffs, N.J., Prentice-Hall, 1982.

Keirsey, D. et M. Bates, *Please Understand Me: Character and Temperament Types,* Del Mar, Cal., Prometheus Nemesis Book Company, 1984.

Kruhlak, O., R. Schultz et S. Probihuschy, *The Canadian Political Process,* Toronto, Holt, Rinehart and Winston of Canada, Ltd., 1970.

Lower, J.A., *Canada: An Outline History,* Toronto, McGraw-Hill Ryerson Ltd., 1973.

Lundberg, F., *The Rich and the Super-rich,* New York, Bantam, 1969.

MacKay, C., *Extraordinary Delusions and the Madness of Crowds*, New York, Farrar, Strauss and Giroux, 1932.

Malcolm, A.H., *The Canadians*, Toronto, Paperjacks, 1986.

Mathias, P., *Takeover*, Toronto, MacLean-Hunter/A Financial Post Book, 1976.

Mayer, M., *The Money Bazaars: Understanding the Banking Revolution around Us*, New York, Mentor, 1985.

McKnaught, K., *The Pelican History of Canada*, Middlesex, Angleterre, Pelican, 1983.

Moffitt, M., *The World's Money: International Banking from Bretton Woods to the Brink of Insolvency*, New York, Simon & Schuster, 1983.

Nelles, H.V., *The Politics of Development: Forests, Mines, and Hydro-electric Power in Ontario, 1849-1941*, Toronto, MacMillan of Canada, 1974.

Newman, P.C., éd., *Debrett's Illustrated Guide to the Canadian Establishment*, Toronto, Methuen, 1983.

Peacock, W.E., *Corporate Combat*, New York, Berkeley, 1986.

Porter, J., *The Vertical Mosaic: An Analysis of Social Class and Power in Canada*, Toronto, University of Toronto Press, 1969.

Rohmer, R., *E.P. Taylor*, Halifax, N.-É., Goodread Biographies, 1983.

«Smith, Adam», pseud., *The Money Game*, New York, Dell, 1969.

————, *Paper Money*, New York, Dell, 1981.

Snow, E., *Red Star over China*, New York, Grove Press, 1968.

von Clausewitz, C., *On War*, éd. A. Rapaport, Middlesex, Angleterre, Penguin, 1982.

Rapports

Rapport de la Commission royale d'enquête sur les groupements de sociétés, Approvisionnements et Services Canada, Ottawa, mars 1978.

Douville, J.E., N. Heimlich et N. Majendie, *Étude Nº 10: La société Power Corporation of Canada, Limited, Une analyse de sa structure*, Approvisionnements et Services Canada, Ottawa, août 1976.

Articles

Guindon, H., "Conservatism, Liberalism and Socialism in Canada: An Interpretation", in Kruhlak et al., *The Canadian Political Process*.

Thompson, D.N., "Perspectives on Power: Views on the Report of the Royal Commission on Corporate Concentration", *Canadian Public Policy*, automne 1980, VI(4), p. 678-82.

Journaux

The Calgary Herald
The Financial Post
The Financial Times of Canada
The Halifax Chronicle-Herald
The Montreal Gazette
The Montreal Star
The Ottawa Citizen

The Sudbury Star
The Toronto Star
The Wall Street Journal
The Winnipeg Free Press
The Winnipeg Tribune
The Vancouver Province
The Vancouver Sun

Périodiques

The Banker
Business Week
Canadian Business
The Economist
Euromoney
Executive Magazine
Finance (du Québec)
Forbes

The Globe and Mail ROB
    Magazine
International Banker
MacLean's
Le MacLean/L'Actualité
Monetary Times (sous divers
    formats et différents titres,
    de 1920 à 1972)

Film

Société Radio-Canada, «Le président», de la série L'Establishment canadien, 1980.

Transcriptions d'audiences

Audiences publiques de la Commission royale d'enquête sur les groupements de sociétés, 10 décembre 1975. Témoignages de Paul Desmarais, Jean Parisien et Peter Curry de Power Corporation.
Audiences du Conseil de la radiodiffusion et des télécommunications canadiennes (CRTC). Témoignage de Paul Desmarais au sujet du mémoire soumis par Power Corporation à l'appui de sa demande d'acquisition de Télé-Métropole Limitée, mars 1986.

Rapport annuels

Cobepa
Consolidated-Bathurst Inc.
Corporation Financière Power
Groupe Bruxelles Lambert S.A.
Groupe Investors

La Great-West, Compagnie
    d'Assurance-Vie
Montréal Trust
Pargesa Holding S.A.
Power Corporation du Canada

INDEX

339

341

V

Van Horne, Sir William, 132-133
Volvo, 280, 290, 297
Voyageur et Voyageur-Colonial, les services
　　d'autobus, 98

W

Warburg, 290, 291
Warnock-Hersey International (WHI), 158,
　　159, 167-168
Webster, la famille, 101
Wender, Ira T., 291
Woodward, C.N., 101

Y

Yamani, le cheik, 27, 276
Yellow Coach Lines de Sudbury, la, 79, 80

TABLE DES MATIÈRES

Ouvrages parus chez les éditeurs du groupe Sogides

* Pour l'Amérique du Nord seulement
** Pour l'Europe seulement
Sans * pour l'Europe et l'Amérique du Nord

LES EDITIONS DE L'HOMME

ANIMAUX

* **Art du dressage, L'**, Chartier Gilles
Bien nourrir son chat, D'Orangeville Christianz
Cheval, Le, Leblanc Michel
Chien dans votre vie, Le, Swan Marguerite
Éducation du chien de 0 à 6 mois, L', DeBuyser Dr Colette et Dr Dohasse Joël
Encyclopédie des oiseaux, Godfrey W. Earl
Guide de l'oiseau de compagnie, Le, Dr R. Dean Axelson
Mammifère de mon pays,, Duchesnay St-Denis J. et Dumais Rolland
* **Mon chat, le soigner, le guérir**, D'Orangeville Christian
Observations sur les mammifères, Provencher Paul
Papillons du Québec, Les, Veilleux Christian et PrévostBernard
Petite ferme, T.1, Les animaux, Trait Jean-Claude

Vous et vos petits rongeurs, Eylat Martin
Vous et vos poissons d'aquarium, Ganiel Sonia
Vous et votre berger allemand, Eylat Martin
Vous et votre boxer, Herriot Sylvain
Vous et votre caniche, Shira Sav
Vous et votre chat de gouttière, Gadi Sol
Vous et votre chow-chow, Pierre Boistel
Vous et votre collie, Ethier Léon
Vous et votre doberman, Denis Paula
Vous et votre fox-terrier, Eylat Martin
Vous et votre husky, Eylat Marti
Vous et vos oiseaux de compagnie, Huard-Viau Jacqueline
Vous et votre schnauzer, Eylat Martin
Vous et votre setter anglais, Eylat Martin
Vous et votre siamois, Eylat Odette
Vous et votre teckel, Boistel Pierre
Vous et votre yorkshire, Larochelle Sandra

ARTISANAT/ARTS MÉNAGERS

Appareils électro-ménagers, Prentice-Hall du Canada
* **Art du pliage du papier**, Harbin Robert
Artisanat québécois, T.1, Simard Cyril

Artisanat québécois, T.2, Simard Cyril
Artisanat québécois, T.3, Simard Cyril
Artisanat québécois, T.4, Simard Cyril, Bouchard Jean-Louis

Bon Fignolage, Le, Arvisais Dolorès A.
Coffret artisanat, Simard Cyril
* Construire des cabanes d'oiseaux, Dion André
Construire sa maison en bois rustique, Mann D.
    et Skinulis R.
Crochet Jacquard, Le, Thérien Brigitte
Cuir, Le, Saint-Hilaire Louis et Vogt Walter
Dentelle, T.1, La, De Seve Andrée-Anne
Dentelle, T.2, La, De Seve Andrée-Anne
Dessiner et aménager son terrain, Prentice-Hall du Canada
Encyclopédie de la maison québécoise, Lessard Michel
Encyclopédie des antiquités, Lessard Michel
Entretien et réparation de la maison, Prentice-Hall du
    Canada

Guide du chauffage au bois, Flager Gordon
J'apprends à dessiner, Nassh Joanna
Je décore avec des fleurs, Bassili Mimi
J'isole mieux, Eakes Jon
Mécanique de mon auto, La, Time-Life
Outils manuels, Les, Prentice Hall du Canada
Petits appareils électriques, Prentice-Hall du Canada
Piscines, Barbecues et patio
Taxidermie, La, Labrie Jean
Terre cuite, Fortier Robert
Tissage, Le, Grisé-Allard Jeanne et Galarneau Germaine
Tout sur le macramé, Harvey Virginia L.
Trucs ménagers, Godin Lucille
Vitrail, Le, Bettinger Claude

ART CULINAIRE

À table avec soeur Angèle, Soeur Angèle
Art d'apprêter les restes, L', Lapointe Suzanne
Art de la cuisine chinoise, L', Chan Stella
Art de la table, L', Du Coffre Marguerite
Barbecue, Le, Dard Patrice
Bien manger à bon compte, Gauvin Jocelyne
Boîte à lunch, La, Lambert Lagacé Louise
Brunches & petits déjeuners en fête, Bergeron Yolande
100 recettes de pain faciles à réaliser, Saint-Pierre
    Angéline
Cheddar, Le, Clubb Angela
Cocktails & punchs au vin, Poister John
Cocktails de Jacques Normand, Normand Jacques
Coffret la cuisine
Confitures, Les, Godard Misette
Congélation de A à Z, La, Hood Joan
Congélation des aliments, Lapointe Suzanne
Conserves, Les, Sansregret Berthe
Cornichons, Ketchups et Marinades, Chesman Andrea
Cuisine au wok, Solomon Charmaine
Cuisine aux micro-ondes 1 et 2 portions, Marchand
    Marie-Paul
Cuisine chinoise, La, Gervais Lizette
* Cuisine chinoise traditionnelle, La, Chen Jean
* Cuisine créative Campbell, La, Cie Campbell
Cuisine de Pol Martin, Martin Pol
* Cuisine du monde entier avec Weight Watchers,
    Weight Watchers
Cuisine facile aux micro-ondes, Saint-Amour Pauline
Cuisine joyeuse de soeur Angèle, La, Soeur Angèle
Cuisine micro-ondes, La, Benoît Jehane
Cuisine santé pour les aînés, Hunter Denyse

Cuisiner avec le four à convection, Benoît Jehane
Cuisinez selon le régime Scarsdale, Corlin Judith
Cuisinier chasseur, Le, Hugueney Gérard
Entrées chaudes et froides, Dard Patrice
Faire son pain soi-même, Murray Gill Janice
Faire son vin soi-même, Beaucage André
Fine cuisine aux micro-ondes, La, Dard Patrice
Fondues & flambées de maman Lapointe, Lapointe
    Suzanne
Fondues, Les, Dard Partice
Menus pour recevoir, Letellier Julien
Muffins, Les, Clubb Angela
Nouvelle cuisine micro-ondes, La, Marchand Marie-Paul et
    Grenier Nicole
Nouvelle cuisine micro-ondes II, La, Marchand
    Marie-Paul et Grenier Nicole
Pâtés à toutes les sauces, Les, Lapointe Lucette
Patés et galantines, Dard Patrice
Pâtisserie, La, Bellot Maurice-Marie
Poissons et fruits de mer, Dard Patrice
Poissons et fruits de mer, Sansregret Berthe
Recettes au blender, Huot Juliette
Recettes canadiennes de Laura Secord, Canadian Home
    Economics Association
Recettes de gibier, Lapointe Suzanne
Recettes de maman Lapointe, Les, Lapointe Suzanne
Recettes Molson, Beaulieu Marcel
Robot culinaire, le, Martin Pol
Salades des 4 saisons et leurs
vinaigrettes, Dard Patrice
Salades, sandwichs, hors d'oeuvre, Martin Pol
Soupes, potages et veloutés, Dard Patrice

BIOGRAPHIES POPULAIRES

Daniel Johnson, T.1, Godin Pierre
Daniel Johnson, T.2, Godin Pierre
Daniel Johnson - Coffret, Godin Pierre
Dans la fosse aux lions, Chrétien Jean
* Dans la tempête, Lachance Micheline
Duplessis, T.1 - L'ascension, Black Conrad
Duplessis, T.2 - Le pouvoir, Black Conrad
Duplessis - Coffret, Black Conrad
Dynastie des Bronfman, La, Newman Peter C.

Establishment canadien, L', Newman Peter C.
* Maître de l'orchestre, Le, Nicholson Georges
Maurice Richard, Pellerin Jean
Mulroney, Macdonald L.I.
Nouveaux Riches, Les, Newman Peter C
Prince de l'Église, Le, Lachance Micheline
Saga des Molson, La, Woods Shirley
* Une femme au sommet - Son excellence Jeanne Sauvé, Woods Shirley E.

DIÉTÉTIQUE

Combler ses besoins en calcium, Hunter Denyse
Contrôlez votre poids, Ostiguy Dr Jean-Paul
* Cuisine sage, Lambert Lagacé Louise
* Diète rotation, La, Katahn Dr Martin
Diététique dans la vie quotidienne, Lambert-Lagacé Louise
Livre des vitamines, Le, Mervyn Léonard
* Malgrir en santé, Hunter Denyse
* Menu de santé, Lambert-Lagacé Louise
Oubliez vos allergies, et... bon appétit, Association de l'information sur les allergies

Petite & grande cuisine végétarienne, Bédard Manon
* Plan d'attaque Weight Watchers, Le, Nidetch Jean
Plan d'attaque plus Weight Watchers, Le, Nidetch Jean
Recettes pour aider à maigrir, Ostiguy Dr Jean-Paul
* Régimes pour maigrir, Beaudoin Marie-Josée
Sage bouffe de 2 à 6 ans, La, Lambert-Lagacé Louise
Weight Watchers - cuisine rapide et savoureuse, Weight Watchers
Weight Watchers-Agenda 85 -Français, Weight Watchers
Weight Watchers-Agenda 85 -Anglais, Weight Watchers

DIVERS

* Acheter ou vendre sa maison, Brisebois Lucille
* Acheter et vendre sa maison ou son condominium, Brisebois Lucille
* Acheter une franchise, Levasseur Pierre
* Bourse, La, Brown Mark
* Chaînes stéréophoniques, Les, Poirier Gilles
* Choix de carrières, T.1, Milot Guy
* Choix de carrières, T.2, Milot Guy
* Choix de carrières, T.3, Milot Guy
* Comment rédiger son curriculum vitae, Brazeau Julie
Comprendre le marketing, Levasseur Pierre
Conseils aux inventeurs, Robic Raymond
* Devenir exportateur, Levasseur Pierre
* Dictionnaire économique et financier, Lafond Eugène
* Faire son testament soi-même, Me Poirier Gérald, Lescault Nadeau Martine (notaire)
* Faites fructifier votre argent, Zimmer Henri B.
Finances, Les, Hutzler Laurie H.
* Gérer ses ressources humaines, Levasseur Pierre
* Gestionnaire, Le, Colwell Marian
* Guide de la haute-fidélité, Le, Prin Michel
* Je cherche un emploi, Brazeau Julie
* Lancer son entreprise, Levasseur Pierre
Leadership, Le, Cribbin, James J.

Livre de l'étiquette, Le, Du Coffre Marguerite
* Loi et vos droits, La, Marchand Me Paul-Émile
Meeting, Le, Holland Gary
Mémo, Le, Reimold Cheryl
Notre mariage (étiquette et planification), Du Coffre, Marguerite
Patron, Le, Reimold Cheryl
Relations publiques, Les, Doin Richard, Lamarre Daniel
* Règles d'or de la vente, Les, Kahn George N.
* Roulez sans vous faire rouler, T.3, Edmonston Philippe
Savoir vivre aujourd'hui, Fortin Jacques Marcelle
Séjour dans les auberges du Québec, Cazelais Normand et Coulon Jacques
Stratégies de placements, Nadeau Nicole
Temps des fêtes au Québec, Le, Montpetit Raymond
Tenir maison, Gaudet-Smet Françoise
* Tout ce que vous devez savoir sur le condominium, Dubois Robert
Univers de l'astronomie, L', Tocquet Robert
Vente, La, Hopkins Tom
* Votre argent, Dubois Robert
Votre système vidéo, Boisvert Michel et Lafrance André A.
* Week-end à New York, Tavernier-Cartier Lise

ENFANCE

* **Aider son enfant en maternelle,** Pedneault-Pontbriand Louise
* **Aider votre enfant à lire et à écrire,** Doyon-Richard Louise
Alimentation futures mamans, Gougeon Réjeanne et Sekely Trude
Années clés de mon enfant, Les, Caplan Frank et Theresa
Art de l'allaitement maternel, L', Ligue internationale La Leche
* **Autorité des parents dans la famille,** Rosemond John K.
Avoir des enfants après 35 ans, Robert Isabelle
Bientôt maman, Whalley J., Simkin P. et Keppler A.
Comment amuser nos enfants, Stanké Louis
* **Comment nourrir son enfant,** Lambert-Lagacé Louise
Deuxième année de mon enfant, La, Caplan Frank et Theresa
* **Développement psychomoteur du bébé,** Calvet Didier
Douze premiers mois de mon enfant, Les, Caplan Frank
* **En attendant notre enfant,** Pratte-Marchessault Yvette
* **Encyclopédie de la santé de l'enfant** Feinbloom Richard
Enfant stressé, L', Elkind David
Enfant unique, L', Peck Ellen
Évoluer avec ses enfants, Gagné Pierre Paul
Femme enceinte, La, Bradley Robert A.
Fille ou garçon, Langendoen Sally et Proctor William
* **Frères-soeurs,** Mcdermott Dr. John F. Jr.

Futur Père, Pratte-Marchessault Yvette
Jouons avec les lettres, Doyon-Richard Louise
Langage de votre enfant, Le, Langevin Claude
Maman et son nouveau-né, La, Sekely Trude
Manuel Johnson et Johnson des premiers soins, Le, Dr Rosenberg Stephen N.
Massage des bébés, Le, Auckette Amédia D.
Merveilleuse histoire de la naissance, La, Gendron Dr Lionel
Mon enfant naîtra-t-il en bonne santé? Scher Jonathan et Dix Carol
Pour bébé, le sein ou le biberon? Pratte-Marchessault Yvette
Pour vous future maman, Sekely Trude
Préparez votre enfant à l'école, Doyon-Richard Louise
Psychologie de l'enfant, Cholette-Pérusse Françoise
Respirations et positions d'accouchement, Dussault Joanne
Soins de la première année de bébé, Kelly Paula
Tout se joue avant la maternelle, Ibuka Masaru
Un enfant naît dans la chambre de naissance, Fortin Nolin Louise
Viens jouer, Villeneuve Michel José
Vivez sereinement votre maternité, Vellay Dr Pierre
Vivre une grossesse sans risque, Fried Dr Peter A.

ÉSOTÉRISME

Coffret - Passé - Présent - Avenir
Graphologie, La, Santoy Claude
Hypnotisme, L', Manolesco Jean
Lire dans les lignes de la main, Morin Michel

Prévisions astrologiques 1985, Hirsig Huguette
Vos rêves sont des miroirs, Cayla Henri
* **Votre avenir par les cartes,** Stanké Louis

HISTOIRE

Arrivants, Les, Collectif

* **Civilisation chinoise, La,** Guay Michel

INFORMATIQUE

* **Découvrir son ordinateur personnel,** Faguy François

Guide d'achat des micro-ordinateurs, Le, Blanc Pierre
Informatique, L', Cone E. Paul

4

PHOTOGRAPHIE (ÉQUIPEMENT ET TECHNIQUE)

* **Apprenez la photographie avec Antoine Desilets,** Desilets Antoine
Chasse photographique, Coiteux Louis
8/Super 8/16, Lafrance André
Initiation à la Photographie, London Barbara
Initiation à la Photographie-Canon, London Barbara
Initiation à la Photographie-Minolta, London Barbara
Initiation à la Photographie-Nikon, London Barbara

Initiation à la Photographie-Olympus, London Barbara
Initiation à la Photographie-Pentax, London Barbara
* **Je développe mes photos,** Desilets Antoine
* **Je prends des photos,** Desilets Antoine
* **Photo à la portée de tous,** Desilets Antoine
Photo guide, Desilets Antoine

PSYCHOLOGIE

Âge démasqué, L', De Ravinel Hubert
* **Aider mon patron à m'aider,** Houde Eugène
* **Amour de l'exigence à la préférence,** Auger Lucien
Au-delà de l'intelligence humaine, Pouliot Élise
Auto-développement, L', Garneau Jean
Bonheur au travail, Le, Houde Eugène
Bonheur possible, Le, Blondin Robert
Chimin de l'amour, La, Liebowitz Michael
Coeur à l'ouvrage, Le, Lefebvre Gérald
Coffret psychologie moderne Colère, La, Tavris Carol
* **Comment animer un groupe,** Office Catéchèsce
* **Comment avoir des enfants heureux,** Azerrad Jacob
* **Comment déborder d'énergie,** Simard Jean-Paul
Comment vaincre la gêne, Catta Rene-Salvator
* **Communication dans le couple, La,** Granger Luc
* **Communication et épanouissement personnel,** Auger Lucien
Comprendre la névrose et aider les névrosés, Ellis Albert
* **Contact,** Zunin Nathalie
* **Courage de vivre, Le,** Kiev Docteur A.
Courage et discipline au travail, Houde Eugène
Dynamique des groupes, Aubry J.-M. et Saint-Arnaud Y.
Élever des enfants sans perdre la boule, Auger Lucien
* **Émotivité et efficacité au travail,** Houde Eugène
Enfant paraît... et le couple demeure, L', Dorman Marsha et Klein Diane
Enfants de l'autre, Les, Paris Erna
* **Être soi-même,** Corkille Briggs D.
* **Facteur chance, Le,** Gunther Max
* **Fantasmes créateurs, Les,** Singer Jérôme
Infidélité, L', Leigh Wendy
Intuition, L', Goldberg Philip
* **J'aime,** Saint-Arnaud Yves
Journal intime intensif, Progoff Ira
Miracle de l'amour, Un, Kaufman Barry Neil

* **Mise en forme psychologique,** Corrière Richard
* **Parle-moi... J'ai des choses à te dire,** Salome Jacques
Penser heureux, Auger Lucien
* **Personne humaine, La,** Saint-Arnaud Yves
* **Plaisirs du stress, Les,** Hanson Dr Peter G.
* **Première impression, La,** Kleinke Chris. L.
Prévenir et surmonter la déprime, Auger Lucien
* **Prévoir les belles années de la retraite,** D. Gordon Michael
* **Psychologie dans la vie quotidienne,** Blank Dr Léonard
* **Psychologie de l'amour romantique,** Braden Docteur N.
* **Qui es-tu grand-mère? Et toi grand-père?** Eylat Odette
* **S'affirmer et communiquer,** Beaudry Madeleine
* **S'aider soi-même,** Auger Lucien
* **S'aider soi-même d'avantage,** Auger Lucien
* **S'aimer pour la vie,** Wanderer Dr Zev
* **Savoir organiser, savoir décider,** Lefebvre Gérald
* **Savoir relaxer et combattre le stress,** Jacobson Dr Edmund
* **Se changer,** Mahoney Michael
* **Se comprendre soi-même par des tests,** Collectif
* **Se concentrer pour être heureux,** Simard Jean-Paul
Se connaître soi-même, Artaud Gérard
* **Se contrôler par le biofeedback,** Ligonde Paultre
* **Se créer par la Gestalt,** Zinker Joseph
* **S'entraider,** Limoges Jacques
* **Se guérir de la sottise,** Auger Lucien
Séparation du couple, La, Weiss Robert S.
Sexualité au bureau, La, Horn Patrice
Syndrome prémenstruel, Le, Shreeve Dr Caroline
* **Vaincre ses peurs,** Auger Lucien
Vivre à deux: plaisir ou cauchemar, Duval Jean-Marie
* **Vivre avec sa tête ou avec son coeur,** Auger Lucien
Vivre c'est vendre, Chaput Jean-Marc
* **Vivre jeune,** Waldo Myra
* **Vouloir c'est pouvoir,** Hull Raymond

5

JARDINAGE

Culture des fleurs, des fruits, Prentice-Hall du Canada
Encyclopédie du jardinier, Perron W.H.
Guide complet du jardinage, Wilson Charles
J'aime les violettes africaines, Davidson Robert

Petite ferme, T. 2 - Jardin potager, Trait Jean-Claude
Plantes d'intérieur, Les, Pouliot Paul
Techniques du jardinage, Les, Pouliot Paul
* Terrariums, Les, Kayatta Ken

JEUX/DIVERTISSEMENTS

Améliorons notre bridge, Durand Charles
* Bridge, Le, Beaulieu Viviane
Clés du scrabble, Les, Sigal Pierre A.
Collectionner les timbres, Taschereau Yves
* Dictionnaire des mots croisés, noms communs, Lasnier
   Paul
* Dictionnaire des mots croisés, noms propres, Piquette
   Robert

* Dictionnaire raisonné des mots croisés, Charron
   Jacqueline
Finales aux échecs, Les, Santoy Claude
Jeux de société, Stanké Louis
* Jouons ensemble, Provost Pierre
Livre des patiences, Le, Bezanovska M. et Kitchevats P.
* Ouverture aux échecs, Coudari Camille
Scrabble, Le, Gallez Daniel
Techniques du billard, Morin Pierre

LINGUISTIQUE

* Anglais par la méthode choc, L', Morgan Jean-Louis
* J'apprends l'anglais, Silicani Gino

Petit dictionnaire du joual, Turenne Auguste
Secrétaire bilingue, La, Lebel Wilfrid

LIVRES PRATIQUES

Bonnes idées de maman Lapointe, Les, Lapointe Lucette *
Chasse-taches, Le, Cassimatis Jack
* Maîtriser son doigté sur un clavier, Lemire Jean-Paul

Se protéger contre le vol, Kabundi Marcel et Normandeau
   André
Temps c'est de l'argent, Le, Davenport Rita

MUSIQUE ET CINÉMA

* Guitare, La, Collins Peter
Piano sans professeur, Le, Evans Roger

Wolfgang Amadeus Mozart raconté en 50 chefs-d'oeuvre,
   Roussel Paul

NOTRE TRADITION

Coffret notre tradition Écoles de rang au Québec, Les,
   Dorion Jacques
Encyclopédie du Québec, T.1, Landry Louis
Encyclopédie du Québec, T.2, Landry Louis
Histoire de la chanson québécoise, L'Herbier Benoît
Maison traditionnelle, La, Lessard Micheline

Moulins à eau de la vallée du Saint-Laurent, Adam
   Villeneuve
Objets familiers de nos ancêtres, Genet Nicole
* Sculpture ancienne au Québec, La, Porter John R. et Bélisle
   Jean
Vive la compagnie, Daigneault Pierre

6

ROMANS/ESSAIS

Adieu Québec, Bruneau André
Baie d'Hudson, La, Newman Peter C.
Bien-pensants, Les, Berton Pierre
Bousille et les justes, Gélinas Gratien
Coffret Joey
C.P., Susan Goldenberg
Commettants de Caridad, Les, Thériault Yves
Deux Innocents en Chine Rouge, Hébert Jacques
Dome, Jim Lyon
* **Frères divorcés, Les**, Godin Pierre
IBM, Sobel Robert
Insolences du Frère Untel, Les, Untel Frère
ITT, Sobel Robert
J'parle tout seul, Coderre Emile

Lamia, Thyraud de Vosjoli P.L.
Mensonge amoureux, Le, Blondin Robert
Nadia, Aubin Benoît
Oui, Lévesque René
Premiers sur la lune, Armstrong Neil
* **Sur les ailes du temps (Air Canada)**, Smith Philip
Telle est ma position, Mulroney Brian
Terrosisme québécois, Le, Morf Gustave
* **Trois semaines dans le hall du Sénat**, Hébert Jacques
Un doux équilibre, King Annabelle
* **Un second souffle**, Hébert Diane
Vrai visage de Duplessis, Le, Laporte Pierre

SANTÉ ET ESTHÉTIQUE

Allergies, Les, Delorme Dr Pierre
Art de se maquiller, L', Moizó Alain
* **Bien vivre sa ménopause**, Gendron Dr Lionel
Cellulite, La, Ostiguy Dr Jean-Paul
Cellulite, La, Léonard Dr Gérard J.
Être belle pour la vie, Meredith Bronwen
Exercices pour les aînés, Godfrey Dr Charles, Feldman Michael
Face lifting par l'exercice, Le, Runge Senta Maria
Grandir en 100 exercises, Berthelet Pierre
Hystérectomie, L', Alix Suzanne
Médecine esthétique, La, Lanctot Guylaine
Obésité et cellulite, enfin la solution, Léonard Dr Gérard J.
Perdre son ventre en 30 jours H-F, Burstein Nancy et Matthews Roy
Santé, un capital à préserver, Peeters E.G.

Travailler devant un écran, Feeley Dr Helen
Coffret 30 jours
30 jours pour avoir de beaux cheveux, Davis Julie
30 jours pour avoir de beaux ongles, Bozic Patricia
30 jours pour avoir de beaux seins, Larkin Régina
30 jours pour avoir un beau teint, Zizmor Dr Jonathan
30 jours pour cesser de fumer, Holland Gary et Weiss Herman
30 jours pour mieux organiser, Holland Gary
30 jours pour perdre son ventre (homme), Matthews Roy, Burnstein Nancy
30 jours pour redevenir un couple amoureux, Nida Patricia K. et Cooney Kevin
30 jours pour un plus grand épanouissement sexuel, Schneider Alan et Laiken Deidre
* **Vos yeux**, Chartrand Marie et Lepage-Durand Micheline

SEXOLOGIE

Adolescente veut savoir, L', Gendron Lionel
Faic voir, Fleischhaner H.
Guide illustré du plaisir sexuel, Corey Dr Robert E.
Helg, Bender Erich F.
* **Ma sexualité de 0 à 6 ans**, Robert Jocelyne
* **Ma sexualité de 6 à 9 ans**, Robert Jocelyne
* **Ma sexualité de 9 à 12 ans**, Robert Jocelyne

Plaisir partagé, Le, Gary-Bishop Hélène
* **Première expérience sexuelle, La**, Gendron Lionel
* **Sexe au féminin, Le**, Kerr Carmen
* **Sexualité du jeune adolescent**, Gendron Lionel
* **Sexualité dynamique, La**, Lefort Dr Paul
* **Shiatsu et sensualité**, Rioux Yuki

7

≡SPORTS≡

100 trucs de billard, Morin Pierre
Le programme pour être en forme
Apprenez à patiner, Marcotte Gaston
Arc et la chasse, L', Guardon Greg
* Armes de chasse, Les, Petit Martinon Charles
* Badminton, Le, Corbeil Jean
* Canadiens de 1910 à nos jours, Les, Turowetz Allan et Goyens Chrystian
* Carte et boussole, Kjellstrom Bjorn
* Chasse au petit gibier, La, Paquet Yvon-Louis
Chasse et gibier du Québec, Bergeron Raymond
Chasseurs sachez chasser, Lapierre Lucie
* Comment se sortir du trou au golf, Brien Luc
* Comment vivre dans la nature, Rivière Bill
* Corrigez vos défauts au golf, Bergeron Yves
Curling, Le, Lukowich E.
Devenir gardien de but au hockey, Allair François
Encyclopédie de la chasse au Québec, Leiffet Bernard
Entraînement, poids-haltères, L', Ryan Frank
Exercices à deux, Gregor Carol
Golf au féminin, Le, Bergeron Yves
Grand livre des sports, Le, Le groupe Diagram
Guide complet du judo, Arpin Louis
* Guide complet du self-defense, Arpin Louis
Guide d'achat de l'équipement de tennis, Chevalier Richard et Gilbert Yvon
Guide de l'alpinisme, Le, Cappon Massimo
Guide de survie de l'armée américaine
Guide des jeux scouts, Association des scouts
Guide du judo au sol, Arpin Louis
Guide du self-defense, Arpin Louis
Guide du trappeur, Le, Provencher Paul
Hatha yoga, Piuze Suzanne
* J'apprends à nager, Lacoursière Réjean
* Jogging, Le, Chevalier Richard
Jouez gagnant au golf, Brien Luc
Larry Robinson, le jeu défensif, Robinson Larry
Lutte olympique, La, Sauvé Marcel
* Manuel de pilotage, Transport Canada

* Marathon pour tous, Anctil Pierre
Maxi-performance, Garfield Charles A. et Bennett Hal Zina
* Médecine sportive, Mirkin Dr Gabe
Mon coup de patin, Wild John
Musculation pour tous, Laferrière Serge
Natation de compétition, La, Lacoursière Réjean
Partons en camping, Satterfield Archie et Bauer Eddie
Partons sac au dos, Satterfield Archie et Bauer Eddie
Passes au hockey, Champleau Claude
Pêche à la mouche, La, Marleau Serge
Pêche à la mouche, Vincent Serge-J.
Pêche au Québec, La, Chamberland Michel
* Planche à voile, La, Maillefer Gérald
* Programme XBX, Aviation Royale du Canada
Provencher, le dernier coureur des bois, Provencher Paul
Racquetball, Corbeil Jean
Racquetball plus, Corbeil Jean
Raquette, La, Osgoode William
* Rivières et lacs canotables, Fédération québécoise du canot-camping
* S'améliorer au tennis, Chevalier Richard
Secrets du baseball, Les, Raymond Claude
Ski de fond, Le, Roy Benoît
* Ski de randonnée, Le, Corbeil Jean
Soccer, Le, Schwartz Georges
Stratégie au hockey, Meagher John W.
Surhommes du sport, Les, Desjardins Maurice
* Taxidermie, La, Labrie Jean
Techniques du billard, Morin Pierre
* Technique du golf, Brien Luc
Techniques du hockey en URSS, Dyotte Guy
* Techniques du tennis, Ellwanger
* Tennis, Le, Roch Denis
Tous les secrets de la chasse, Chamberland Michel
Vivre en forêt, Provencher Paul
Voie du guerrier, La, Di Villadorata
Volley-ball, Le, Fédération de volley-ball
Yoga des sphères, Le, Leclerq Bruno

le jour,
éditeur

ANIMAUX

Guide du chat et de son maître, Laliberté Robert
Guide du chien et de son maître, Laliberté Robert

Poissons de nos eaux, Melançon Claude

ART CULINAIRE ET DIÉTÉTIQUE

Armoire aux herbes, L', Mary Jean
Breuvages pour diabétiques, Binet Suzanne
Cuisine du jour, La, Pauly Robert
Cuisine sans cholestérol, Boudreau-Pagé
Desserts pour diabétiques, Binet Suzanne
Jus de santé, Les, Brunet Jean-Marc

Mangez ce qui vous chante, Pearson Dr Leo
Mangez, réfléchissez et devenez svelte, Kothkin Leonid
Nutrition de l'athlète, Brunet Jean-Marc
Recettes Soeur Berthe - été, Sansregret soeur Berthe
Recettes Soeur Berthe - printemps, Sansregret soeur Berthe

ARTISANAT/ARTS MÉNAGERS

Diagrammes de courtepointes, Faucher Lucille
Douze oonts nouveaux trucs, Grisé-Allard Jeanne
Encore des trucs, Grisé-Allard Jeanne

Mille trucs madame, Grisé-Allard Jeanne
Toujours des trucs, Grisé-Allard Jeanne

DIVERS

Administrateur de la prise de décision, Filiatreault P. et
    Perreault Y.G.
Administration, développement, Laflamme Marcel
Assemblées délibérantes, Béland Claude
Assoiffés du crédit, Les, Féd. des A.C.E.F.
Baie James, La, Bourassa Robert
Bien s'assurer, Boudreault Carole
Cent ans d'injustice, Hertel François
Ces mains qui vous racontent, Boucher André-Pierre
550 métiers et professions, Charneux Helmy
Coopératives d'habitation, Les, Leduc Murielle
Dangers de l'énergie nucléaire, Les, Brunet Jean-Marc

Dis papa c'est encore loin, Corpatnauy Francis
Dossier pollution, Chaput Marcel
Énergie aujourd'hui et demain, De Martigny François
Entreprise et le marketing, L', Brousseau
Forts de l'Outaouais, Les, Dunn Guillaume
Grève de l'amiante, La, Trudeau Pierre
Hiérarchie ethnique dans la grande entreprise, Rainville
    Jean
Impossible Québec, Brillant Jacques
Initiation au coopératisme, Béland Claude
Julius Caesar, Roux Jean-Louis
Lapokalipso, Duguay Raoul

9

Lune de trop, Une, Gagnon Alphonse
Manifeste de l'Infonie, Duguay Raoul
Mouvement coopératif québécois, Deschêne Gaston
Obscénité et liberté, Hébert Jacques
Philosophie du pouvoir, Blais Martin
Pourquoi le bill 60, Gérin-Lajoie P.

Stratégie et organisation, Desforges Jean et Vianney C.
Trois jours en prison, Hébert Jacques
Vers un monde coopératif, Davidovic Georges
Vivre sur la terre, St-Pierre Hélène
Voyage à Terre-Neuve, De Gébineau comte

ENFANCE

Aidez votre enfant à choisir, Simon Dr Sydney B.
Deux caresses par jour, Minden Harold
Être mère, Bombeck Erma
Parents efficaces, Gordon Thomas

Parents gagnants, Nicholson Luree
Psychologie de l'adolescent, Pérusse-Cholette Françoise
1500 prénoms et significations, Grisé Allard J.

ÉSOTÉRISME

* Astrologie et la sexualité, L', Justason Barbara
Astrologie et vous, L', Boucher André-Pierre
* Astrologie pratique, L', Reinicke Wolfgang
Faire se carte du ciel, Filbey John
Grand livre de la cartomancie, Le, Von Lentner G.
* Grand livre des horoscopes chinois, Le, Lau Theodora
Graphologie, La, Cobbert Anne
* Horoscope et énergie psychique, Hamaker-Zondag
Horoscope chinois, Del Sol Paula

Lu dans les cartes, Jones Marthy
* Pendule et baguette, Kirchner Georg
* Pratique du tarot, La, Thierens E.
Preuves de l'astrologie, Comiré André
Qui êtes-vous? L'astrologie répond, Tiphaine
Synastrie, La, Thornton Penny Traité d'astrologie, Hirsig Huguette
Votre destin par les cartes, Dee Nerys

HISTOIRE

Administration en Nouvelle-France, L', Lanctot Gustave
Histoire de Rougemont, Bédard Suzanne
Lutte pour l'information, La, Godin Pierre
Mémoires politiques, Chaloult René
Rébellion de 1837, Saint-Eustache, Globensky Maximillien

Relations des Jésuites T.2
Relations des Jésuites T.3
Relations des Jésuites T.4
Relations des Jésuites T.5

JEUX/DIVERTISSEMENTS

Backgammon, Lesage Denis

LINGUISTIQUE

Des mots et des phrases, T. 1,, Dagenais Gérard
Des mots et des phrases, T. 2, Dagenais Gérard

Joual de Troie, Marcel Jean

NOTRE TRADITION

Ah mes aïeux, Hébert Jacques

Lettre à un Français qui veut émigrer au Québec, Dubuc Carl

OUVRAGES DE RÉFÉRENCE

Petit répertoire des excuses, Le, Charbonneau Christine et Caron Nelson

Règles d'or de la vente, Les, Kahn George N.

PSYCHOLOGIE

* **Adieu,** Halpern Dr Howard
  Adieu Tarzan, Frank Helen
* **Agressivité créatrice,** Bach Dr George
  Aimer, c'est choisir d'être heureux, Kaufman Barry Neil
* **Aimer son prochain comme soi-même,** Murphy Joseph
* **Anti-stress, L',** Eylat Odette
  Arrête! tu m'exaspères, Bach Dr George
  Art d'engager la conversation et de se faire des amis, L', Grabor Don
* **Art de convaincre, L',** Ryborz Heinz
* **Art d'être égoïste, L',** Kirschner Joseph
* **Au centre de soi,** Gendlin Dr Eugène
* **Auto-hypnose, L',** Le Cron M. Leslie
  Autre femme, L', Sevigny Hélène
  Bains Flottants, Les, Hutchison Michael
* **Bien dans sa peau grâce à la technique Alexander,** Stransky Judith
  Ces hommes qui ne communiquent pas, Naifeh S. et White S.G.
  Ces vérités vont changer votre vie, Murphy Joseph
  Chemin infaillible du succès, Le, Stone W. Clément
  Clefs de la confiance, Les, Gibb Dr Jack
  Comment aimer vivre seul, Shanon Lynn
* **Comment devenir des parents doués,** Lewis David
* **Comment dominer et influencer les autres,** Gabriel H W.
  Comment s'arrêter de fumer, McFarland J. Wayne
* **Comment vaincre la timidité en amour,** Weber Éric
  Contacts en or avec votre clientèle, Sapin Gold Carol
* **Contrôle de soi par la relaxation,** Marcotte Claude
* **Couple homosexuel, Le,** McWhirter David P. et Mattison Andres M.
* **Devenir autonome,** St-Armand Yves
* **Dire oui à l'amour,** Buscaglia Léo
* **Ennemis intimes,** Bach Dr George
  États d'esprit, Glasser Dr William **Être efficace,** Hanot Marc
  Être homme, Goldberg Dr Herb
  Famille moderne et son avenir, La, Richar Lyn
  Gagner le match, Gallwey Timothy
  Gestalt, La, Polster Erving

  Guide du succès, Le, Hopkins Tom
  Harmonie, une poursuite du succès, L' Vincent Raymond
* **Homme au dessert, Un,** Friedman Sonya
  Homme en devenir, L', Houston Jean
* **Homme nouveau, L', Bodymind,** Dychtwald Ken
  Influence de la couleur, L', Wood Betty
  Jouer le tout pour le tout, Frederick Carl
  Maigrir sans obsession, Orback Susie
  Maîtriser la douleur, Bogin Meg
  Maîtriser son destin, Kirschner Joseph
  Manifester son affection, Bach Dr George
* **Mémoire, La,** Loftus Elizabeth
* **Mémoire à tout âge, La,** Dereskey Ladislaus
* **Mère et fille,** Horwick Kathleen
* **Miracle de votre esprit,** Murphy Joseph
* **Négocier entre vaincre et convaincre,** Warschaw Dr Tessa
  Nouvelles Relations entre hommes et femmes, Guldberg Herb
* **On n'a rien pour rien,** Vincent Raymond
* **Oracle de votre subconscient, L,** Murphy Joseph
  Parapsychologie, La, Ryzl Milan
* **Parler pour qu'on vous écoute,** Brien Micheline
  Partenaires, Bach Dr George
* **Pensée constructive et bon sens,** Vincent Dr Raymond
  Personnalité, La, Buscaglia Léo
  Personne n'est parfait, Weisinger Dr H.
  Pourquoi ne pleures-tu pas?, Yahraes Herbert, McKnew Donald H. Jr., Cytryn Leon
  Pourquoi remettre à plus tard? Burka Jane B. et Yuen L. M.
  Pouvoir de votre cerveau, Le, Brown Barbara
  Prospérité, La, Roy Maurice
* **Psy-jeux,** Masters Robert
* **Puissance de votre subconscient, La,** Murphy Dr Joseph
  Reconquête de soi, La, Paupst Dr James C.
  Réfléchissez et devenez riche, Hill Napoléon
* **Réussir,** Hanot Marc
  Rythmes de votre corps, Les, Weston Lee

S'aimer ou le défi des relations humaines,
  Buscaglia Léo*
Se vider dans la vie et au travail, Pines Ayala M.
* Secrets de la communication, Bandler Richard
Sous le masque du succès, Harvey Joan C. et Datz Cynthia *
* Succès par la pensée constructive, Le, Hill Napoléon
Technostress, Brod Craig
* Thérapies au féminin, Les, Brunel Dominique
Tout ce qu'il y a de mieux, Vincent Raymond
Triomphez de vous-même et des autres, Murphy Dr Joseph

Univers de mon subsconscient, L', Dr Ray Vincent
Vaincre la dépression par la
volonté et l'action, Marcotte Claude
Vers le succès, Kassoria Dr Irène C.
Vieillir en beauté, Oberleder Muriel
Vivre avec les imperfections de l'autre, Janda Dr Louis H.
* Vivre c'est vendre, Chaput Jean-Marc
* Vivre heureux avec le strict nécessaire, Kirschner Josef
Votre perception extra sensorielle, Milan Dr Ryzl
Votre talon d'Achille, Bloomfield Dr. Harold

ROMANS/ESSAIS

À la mort de mes 20 ans, Gagnon P.O.
Affrontement, L', Lamoureux Henri
Bois brûlé, Roux Jean-Louis
100 000e exemplaire, Le, Dufresne Jacques
C't'a ton tour Laura Cadieux, Tremblay Michel
Cité dans l'oeuf, La, Tremblay Michel
Coeur de la baleine bleue, Le Poulin Jacques
Coffret petit jour, Martucci Abbé Jean
Colin-Maillard, Hémon Louis
Contes pour buveurs attardés, Tremblay Michel
Contes érotiques indiens, Schwart Herbert
Crise d'octobre, Pelletier Gérard
Cyrille Vaillancourt, Lamarche Jacques
Desjardins Al., Homme au service, Lamarche Jacques
De Z à A, Losique Serge
Deux Millième étage, Le, CarrierRoch
D'Iberville, Pellerin Jean
Dragon d'eau, Le, Holland R.F.
Équilibre instable, L', Deniset Louis
Éternellement vôtre, Péloquin Claude
Femme d'aujourd'hui, La, Landsberg Michele
Femme de demain, Keeton Kathy
Femmes et politique, Cohen Yolande
Filles de joie et filles du roi, Lanctot Gustave
Floralie où es-tu, Carrier Roch

Fou, Le, Châtillon Pierre
Français langue du Québec, Le, Laurin Camille
Hommes forts du Québec, Weider Ben
Il est par là le soleil, Carrier Roch
J'ai le goût de vivre, Delisle Isabelle
J'avais oublié que l'amour, Doré-Joyal Yves
Jean-Paul ou les hasards de la vie, Bellier Marcel
Johnny Bungalow, Villeneuve Paul
Jolis Deuils, Carrier Roch
Lettres d'amour, Champagne Maurice
Louis Riel patriote, Bowsfield Hartwell
Louis Riel un homme à pendre, Osier E.B.
Ma chienne de vie, Labrosse Jean-Guy
Marche du bonheur, La, Gilbert Normand
Mémoires d'un Esquimau, Metayer Maurice
Mon cheval pour un royaume, Poulin J.
Neige et le feu, La, Baillargeon Pierre
N'Tsuk, Thériault Yves
Opération Orchidée, Villon Christiane
Orphelin esclave de notre monde, Labrosse Jean
Oslovik fait la bombe, Oslovik
Parlez-moi d'humour, Hudon Normand
Scandale est nécessaire, Le, Baillargeon Pierre
Vivre en amour, Delisle Lapierre

SANTÉ

Alcool et la nutrition, L', Brunet Jean-Marc
Bruit et la santé, Le, Brunet Jean-Marc
Chaleur peut vous guérir, La, Brunet Jean-Marc
Échec au vieillissement prématuré, Blais J.
Greffe des cheveux vivants, Guy Dr
Guérir votre foie, Jean-Marc Brunet
Information santé, Brunet Jean-Marc
Magie en médecine, Sylva Raymond
Maigrir naturellement, Lauzon Jean-Luc

Mort lente par le sucre, Duruisseau Jean-Paul
40 ans, âge d'or, Taylor Eric
Recettes naturistes pour arthritiques et rhumatisants,
  Cuillerier Luc
Santé de l'arthritique et du rhumatisant, Labelle Yvan
* Tao de longue vie, Le, Soo Chee
Vaincre l'insomnie, Filion Michel,Boisvert Jean-Marie,
  Melanson Danielle
Vos aliments sont empoisonnés, Leduc Paul

12

SEXOLOGIE

* **Aimer les hommes pour toutes sortes de bonnes raisons,** * Nir Dr Yehuda
* **Apprentissage sexuel au féminin, L'**, Kassoria Irene
* **Comment faire l'amour à la même personne pour le reste de votre vie**, O'Connor Dagmar
* **Comment faire l'amour à un homme**, Penney Alexandra
* **Comment faire l'amour ensemble**, Penney Alexandra
  Dépression nerveuse et le corps, La, Lowen Dr Alexander
  Drogues, Les, Boutot Bruno

* **Femme célibataire et la sexualité, La**, Robert M.
* **Jeux de nuit**, Bruchez Chantal
  Magie du sexe, La, Penney Alexandra
* **Massage en profondeur, Le**, Bélair Michel
  Massage pour tous, Le, Morand Gilles
  Première fois, La, L'Heureux Christine
  Rapport sur l'amour et la sexualité, Brecher Edward
  Sexualité expliquée aux adolescents, La, Boudreau Yves
  Sexualité expliquée aux enfants, La, Cholette Pérusse F.

SPORTS

Baseball-Montréal, Leblanc Bertrand
Chasse au Québec, Deyglun Serge
Chasse et gibier du Québec, Guardon Greg
Exercice physique pour tous, Bohemier Guy
Grande forme, Baer Brigitte
Guide des pistes cyclables, Guy Côté
Guide des rivières du Québec, Fédération canot-kayac
Lecture des cartes, Godin Serge
Offensive rouge, L', Boulonne Gérard

Pêche et coopération au Québec, Larocque Paul
Pêche sportive au Québec, Deyglun Serge
Raquette, La, Lortie Gérard
Santé par le yoga, Piuze Suzanne
Saumon, Le, Dubé Jean-Paul
Ski nordique de randonnée, Brady Michael
Technique canadienne de ski, O'Connor Lorne
Truite et la pêche à la mouche, La, Ruel Jeannot
Voile, un jeu d'enfants, La, Brunet Mario

Quinze

ROMANS/ESSAIS/THÉATRE

Andersen Marguerite,
De mémoire de femme
Aquin Hubert,
Blocs erratiques
Archambault Gilles,
La fleur aux dents
Les pins parasols
Plaisirs de la mélancolie
Atwood Margaret,
Les danseuses et autres nouvelles
La femme comestible
Marquée au corps
Audet Noël,
Ah, L'amour l'amour

Baillie Robert,
La couvade
Des filles de beauté
Barcelo François,
Agénor, Agénor, Agénor et Agénor
Beaudin Beaupré Aline,
L'aventure de Blanche Morti
Beaudry Marguerite,
Tout un été l'hiver
Beaulieu Germaine,
Sortie d'elle(s) mutante

Marchessault Jovette,
La mère des herbes
Marcotte Gilles,
La littérature et le reste
Marteau Robert,
Entre temps
Martel Émile,
Les gants jetés
Martel Pierre,
Y'a pas de métro à Gélude-
La-Roche
Monette Madeleine,
Le double suspect
Petites violences
Monfils Nadine,
Laura Colombe, contes
La velue
Ouellette Fernand,
La mort vive
Tu regardais intensément Geneviève
Paquin Carole,
Une esclave bien payée
Paré Paul,
L'improbable autopsie
Payel Thomas,
Le miroir persan
Poupart Jean-Marie,
Bourru mouillé
Robert Suzanne,
Les trois soeurs de personneVulpera
Robertson Heat,
Beauté tragique

Ross Rolande,
Le long des paupières brunes
Roy Gabrielle,
Fragiles lumières de la terre
Saint-Georges Gérard,
1, place du Québec Paris VIe
Sansfaçon Jean-Robert,
Loft Story
Saurel Pierre,
IXE-13
Savoie Roger,
Le philosophe chat
Svirsky Grigori,
Tragédie polaire, nouvelles
Szucsany Désirée,
La passe
Thériault Yves,
Aaron
Agaguk
Le dompteur d'ours
La fille laide
Les vendeurs du temple
Turgeon Pierre,
Faire sa mort comme faire l'amour
La première personne
Prochainement sur cet écran
Un, deux, trois
Trudel Sylvain,
Le souffle de l'Harmattan
Vigneault Réjean,
Baby-boomers

COLLECTIFS DE NOUVELLES

Fuites et poursuites
Dix contes et nouvelles fantastiques
Dix nouvelles humoristiques

Dix nouvelles de science-fiction québécoise
Aimer
Crever l'écran

LIVRES DE POCHES 10/10

Aquin Hubert,
Blocs erratiques
Brouillet Chrystine,
Chère voisine
Dubé Marcel,
Un simple soldat
Gélinas Gratien,
Bousille et les justes
Ti-Coq
Harvey Jean-Charles,
Les demi-civilisés

Laberge Albert,
La scouine
Thériault Yves,
Aaron
Agaguk
Cul-de-sac
La fille laide
Le dernier havre
Le temps du carcajou
Tayaout

15

Turgeon Pierre,
Faire sa mort comme faire l'amour
La première personne

NOTRE TRADITION

Aucoin Gérard,
L'oiseau de la vérité
Bergeron Bertrand,
Les barbes-bleues
Deschênes Donald,
C'était la plus jolie des filles
Desjardins Philémon et Gilles Lamontagne,
Le corbeau du mont de la Jeunesse
Dupont Jean-Claude,
Contes de bûcherons

Gauthier Chassé Hélène,
À diable-vent
Laforte Conrad,
Menteries drôles et merveilleuse
Légaré Clément,
La bête à sept têtes
Pierre La Fève

DIVERS

A.S.D.E.Q.,
Québec et ses partenaires
Qui décide au Québec?
Bailey Arthur,
Pour une économie du bon sens
Bergeron Gérard,
Indépendance oui mais
Bowering George,
En eaux trouble
Boissonnault Pierre,
L'hybride abattu
Collectif Clio,
L'histoire des femmes au Québec
Clavel Maurice,
Dieu est Dieu nom de Dieu
Centre des dirigeants d'entreprise,
Relations du travail
Creighton Donald,
Canada - Les débuts
héroiques
De Lamirande Claire,
Papineau
Dupont Pierre,
15 novembre 76
Dupont Pierre et Gisèle Tremblay,
Les syndicats en crise
Fontaine Mario
Tout sur les p'tits journaux z'artistiques
Gagnon G., A. Sicotte et G. Bourrassa,
Tant que le monde s'ouvrira
Gamma groupe,

La société de conservation
Garfinkel Bernie,
Liv Ullmann Ingmar Bergman
Genuist Paul,
La faillite du Canada anglais
Haley Louise,
Le ciel de mon pays, T.1
Le ciel de mon pays, T.2
Harbron John D.,
Le Québec sans le Canada
Hébert Jacques et Maurice F. Strong,
Le grand branle-bas
Matte René,
Nouveau Canada à notre mesure
Monnet François-Mario,
Le défi québécois
Mosher Terry-Ailsin,
L'humour d'Aislin
Pichette Jean,
Guide raisonné des jurons
Powell Robert,
L'esprit libre
Roy Jean,
Montréal ville d'avenir
Sanger Clyde,
Sauver le monde
Schirm François,
Personne ne voudra savoir
Therrien Paul,
Les mémoires de J.E.Bernier

Achevé   Imprimerie
d'imprimer Gagné Ltée
au Canada Louiseville